Christian Füller

Muss mein Kind aufs Gymnasium?

Christian Füller

Muss mein Kind aufs Gymnasium?

Bildungserfolg ohne Druck

Dudenverlag
Berlin

Für Lennart und Robert

INHALT

Einleitung	9
1 Flucht ins Abitur	14
2 Sterbende Hauptschule	34
3 Slow Abi: die Lernrevolution	58
4 Leere Lehrstellen, volle Unis	95
5 Turbo-Abi: die Macht der Eltern	119
6 Inklusion: verwehrtes Menschenrecht	145
7 Der Roboter lehrt und lenkt	168
8 Eine Schule, die über die digitale Welt nachdenkt	198
Übersicht Infokästen	223
Anmerkungen	224
Literaturverzeichnis	234

EINLEITUNG

Im Frühjahr 2018 wurden Baden-Württembergs Abiturienten weltberühmt. Kaum hatten sie ihr Englisch-Abitur geschrieben, schlugen Tausende Prüflinge Alarm. »Das Abitur 2018 im Fach Englisch war unfair!«, schimpften sie in einer Petition: zu schwer und nicht mit dem Vorjahresabi zu vergleichen. Selbst die *New York Times* widmete sich dem Abi-Protest im Ländle. »Sich zu beschweren, dass deine Abschlussprüfungen zu hart sind, ist fast schon Tradition«, lästerte die angesehene Zeitung. Aber diese Abiturienten jammerten, »noch bevor die Ergebnisse veröffentlicht wurden«.[1]

Das deutsche Abitur war lange der Inbegriff für eine ernste und schwere Prüfung. Nun aber wollen Abiturienten die Hochschulreife nicht nur bestehen, sie wollen sie narrensicher haben. Was wie eine skurrile Anekdote wirkt, steht beispielhaft für einen erstaunlichen Wandel, der das Abitur erfasst hat. Der Umschwung hatte sich schon angedeutet, als die Abiturienten von heute geboren wurden.

Im Jahr 2001 veröffentlichte die OECD – die Organisation für wirtschaftliche Zusammenarbeit und Entwicklung – ihren ersten weltweiten Bildungstest. Der Ländervergleich, der unter dem Namen »Pisa« berühmt werden sollte, bedeutete für Deutschland nicht weniger als eine Demütigung. Über Nacht mussten sich die Deutschen damit arrangieren, dass nun »funktionale Analphabeten« zur Familie gehörten. Damit sind Risikoschüler gemeint, die Texte zwar lesen können, sie aber nicht verstehen. »Dummkopf!«, titelte der britische *Economist* – auf Deutsch.[2] Die *Stuttgarter Zeitung* sprach von einer »nationalen Katastrophe«.[3]

Der Pisa-Schock scheint inzwischen überwunden. Die deutschen Schüler liegen heute deutlich über dem OECD-Durchschnitt. Die Schulen bringen weniger Risikoschüler und dafür umso mehr Abiturienten hervor. Fünf von zehn Jugendlichen eines Jahrgangs erlangen die Hochschulreife – eine Entwicklung, die für ein so großes Land in so kurzer Zeit nicht machbar schien. Die größten Pisa-Defizite sind also ausgeräumt, und dennoch gehört die Schule heute schon wieder auf den Prüfstand. Der Wandel hat nämlich das Gleichgewicht zwischen Schulen und Berufsbildung aus der Balance gebracht. Wenn mehr Schüler studieren wollen, fangen weniger eine Lehre an. Die Zahl der 1,0-Abiture nimmt auf wundersame Weise zu, während Jahr für Jahr Zehntausende Lehrstellen unbesetzt bleiben und die Hauptschulen dahinsiechen.

In diesem Moment nun demonstrieren ausgerechnet jene, die auf dem Sonnendeck des Bildungssystems gelandet sind: Gymnasiasten. Sie stänkern gegen ein Abitur, das vielen schon als Billigvariante gilt. Hinter dem Schülerspektakel steckt mehr als die Unbescheidenheit von Teenagern. Es ist ein Hinweis darauf, dass der Traum vom Aufstieg durch Bildung in der Krise ist – trotz und zugleich wegen des Abi-Booms. Längst ist daraus ein Anspruch geworden, den nicht nur bürgerliche Sprösslinge erheben. Die Aussicht auf ein Studium hat die Bildungsdebatte seit den 1960er-Jahren geprägt. Diese Chance will sich heute keiner mehr durch eine komplizierte Prüfung verbauen lassen. Die Schüler sind damit übrigens nicht allein. Immer mehr Eltern fordern ein leichteres Abitur, in ihrer Sprache ist es ein Abitur ohne

Druck. Und es sind längst nicht mehr nur die viel zitierten Montessori-Mütter, die ein sanftes Lernen wünschen – mit Abiturgarantie, versteht sich. Hinzu kommt eine Gruppe, die kein bisschen sanft ist: die Elterninitiativen, die gegen das achtjährige Gymnasium protestieren.

Was wir gerade erleben, ist das Ende des Abiturs alter Prägung. Als Preußens König Friedrich Wilhelm III. es 1834 per Dekret einführte, wurde es schnell zum Goldstandard aller Bildungsabschlüsse. Es sollte streng sein – und ein Nadelöhr. Gerade mal ein Prozent der Bevölkerung erreichte im 19. Jahrhundert die allgemeine Hochschulreife. Mitte des 20. Jahrhunderts waren es nach wie vor nur sieben Prozent – das war, kurz bevor Willy Brandt die erste Bildungsexpansion ausrief. Mit dem Abi-Boom unserer Tage ist die Hochschulreife nun Standard geworden. Das hat Folgen.

Ein Abitur, das mehr als die Hälfte eines Altersjahrgangs schaffen soll, kann jedenfalls nicht schwerer gemacht werden. Stattdessen breitet sich die Idee eines *Slow Abi* aus, sanft zur Hochschulreife. Wenn man so will, erleben wir die Versöhnung zwischen dem wilhelminischen Abitur als staatlich zertifizierter Lizenz zum Aufstieg und Humboldts Idee vom Lernen als einem Prozess innerer Vervollkommnung.

Ein dergestalt neu definiertes Abitur bedeutet einen Umbruch historischen Ausmaßes. Die Bildungsexpansion, die wir gerade erleben, wird die Schulen von Grund auf revolutionieren. Und das ist nur das Präludium. Der Nation wird schon bald die nächste Bildungsrevolution bevorstehen. Beinahe unbemerkt hat sich nämlich eine Vielzahl neuer integrativer Schulformen ausgebreitet. Gemeinschaftsschulen, Stadtteilschulen, Oberschulen und viele Gesamtschulen werden einer neuen Schicht von Schülern die Tore zum Studium öffnen. Ein Kind muss heute nicht mehr aufs Gymnasium, um sich den Weg zum Abitur offenzuhalten. In fast allen Bundesländern entstehen Schulen, die die Abschlussziele ihrer Schüler nicht mehr schon im Alter von zehn Jahren festlegen.

Diese neuen Schulformen werden zugleich etwas von dem Traum erfüllen, den die eingangs erwähnten Abiturienten in Baden-Württemberg haben: Es ist der Traum von einem Bildungserfolg, der Spaß machen darf, einem Abitur ohne Druck. Der klassische Frontalunterricht verschwindet, während das individuelle Lernen Einzug hält. Es entstehen Lernformate, wie wir sie in diesem Buch kennenlernen werden, Lernbüros etwa, in denen die Schüler selbst entscheiden, wann und was sie lernen. Auch Projekte und Exkursionen zählen dazu, bei denen Schüler Forscherthemen und Reiseziele frei wählen – und Methoden digitaler Bildung wie »flipped classrooms«, Tabletklassen oder Makerspaces.

Leidet deswegen das Gymnasium, wird es gar überflüssig? Das ist weder vorstellbar, noch ist es die richtige Frage. Dafür ist die Marke Gymnasium viel zu stark. »Abitur haben oder nicht haben«, das war früher wie »Sein oder Nichtsein«. Es zerschnitt Familien und sortierte Einladungen zum Abendessen. Jeder Politiker, der laut sagen würde, er wolle das Gymnasium abschaffen, würde sofort abgewählt. Weil man einem Bildungswesen nicht das Herz herausreißen kann. Sonst stürzt das ins Chaos, was in den Augen vieler Eltern zu ihrer letzten Bastion geworden ist: die Bildung ihrer Kinder.

Bei der Recherche für dieses Buch, bei vielen Besuchen in Schulen überall im Land und Gesprächen mit Pädagoginnen und Pädagogen schälte sich eine zentrale Erkenntnis heraus: Das Gymnasium ist nicht etwa deshalb wichtig für diese Zeit, weil es eine große Tradition hat. Es trägt vielmehr Tugenden im Gepäck, die bei der folgenschwersten Entwicklung, die wir gerade erleben, wichtig werden könnten: der Digitalisierung. Kritisches

Denken unter aktiver Einbeziehung der Schüler sind Humboldtsche Qualitäten des Gymnasiums. Leider blieben sie lange unterentwickelt. Wir wollen sehen, welche Rolle sie spielen können, wenn der Online-Tsunami über die Schulen hinwegrollt.

1 FLUCHT INS ABITUR

Auf einmal wurde dem Abitur der Prozess gemacht. Am Casimirianum, einem Gymnasium im bayerischen Coburg, hatte es 2013 eine regelrechte Flut von Einser-Abituren gegeben. Dreißig Schülerinnen und Schüler schlossen ihre Schullaufbahn mit einer Eins vor dem Komma ab, das war ein Drittel des Jahrgangs. Wenige Tage später trudelte eine Anzeige bei der bayerischen Polizei ein. »Wir haben das jetzt mal zur Überprüfung gegeben«, verrieten Lehrer des Gymnasiums, das 1605 von Herzog Johann Casimir von Sachsen-Coburg gegründet worden war.[1]

Der Schulleiter des heute humanistischen und neusprachlichen Gymnasiums, Burkhard Spachmann, hatte seinen Lehrern bei der Verkündung der Noten noch überschwänglich gedankt, dass sie die Abiturienten »auf die Erfolgsspur gesetzt« hätten. »Wir am Casimirianum stehen verlässlich für gymnasiale Bildung, die muss man sich allerdings erarbeiten.«[2] Freilich kam dann bei einer Überprüfung heraus, dass der Rektor selbst nicht ganz unbeteiligt gewesen war. Er hatte die Abiturklausur in Deutsch nachkorrigiert – und um einen Punkt angehoben. Für alle Schüler. Er habe die Zensur heraufgesetzt, sagte Spachmann, um den Schülern »gerechtere Noten zu verschaffen«.[3]

Was lief da am Casimirianum?, fragten sich nicht nur die Coburger. Die getunten Noten sorgten weit über die Grenzen Bayerns hinaus für Schlagzeilen. Wollte sich das Gymnasium einen Vorsprung verschaffen? Wurden den Schülern die guten Noten nachgeworfen? Kollegen anderer Schulen sprachen von Wettbewerbsverzerrung. »Ein Rektor darf in solche Prozesse nicht eingreifen«, schimpfte der ehemalige Schulleiter des Nachbargymnasiums. Ein anderer sprach von »Manipulationen, die die Lehrer viel zu lange mitgemacht haben«.[4]

Die Notenkosmetik beschäftigte von da an fast fünf Jahre lang die Gerichte. In zwei Instanzen wurde Rektor Spachmann für die kreative Nachkorrektur zu einer hohen Geldstrafe verurteilt. Nachdem er in dritter Instanz freigesprochen worden war, musste sich Spachmann schließlich noch einem Disziplinarverfahren stellen, wo es um seine mögliche Absetzung ging. Der Schulleiter bekam das schärfste Schwert des Beamtenrechts gezeigt. Und das alles nur, weil er seinen Schülern einen einzigen Punkt Aufschlag gegeben hatte – bei insgesamt 900 Punkten, die Schüler im Abitur erringen können. Er wurde nicht entlassen, aber es wurde alles unternommen, um den Rektor zur Rechenschaft zu ziehen.

Der Fall am Casimirianum zeigt wie in einem Brennglas das Drama von Abiturboom, Aufstieg durch Bildung und neuen Konkurrenzen. Seit einigen Jahren steigt die Zahl der Abiturienten steil an. Die Deutschen haben mit dem Ausbau ihres wichtigsten Abschlusses für mehr Chancengleichheit gesorgt – und zugleich das Bildungssystem aus der Balance gebracht.

Im Jahr 2001 hatte der Pisa-Schock der Nation vor Augen geführt, wie finster es vor allem in den unteren Schulformen aussieht. Seitdem versuchen immer mehr Eltern, ihre Kinder aufs Gymnasium zu hieven.

Abi-Boom und Bildungssystem

Der Abiturboom wird die individuellen Bildungsbiografien von Hunderttausenden auf Touren bringen. Es geht aber nicht nur um neue Aufstiegsmöglichkeiten. Wenn sich die Gewichte zwischen Gymnasium und beruflicher Ausbildung so grundlegend verschieben, wie das im Moment geschieht, dann hat das Auswirkungen auf das gesamte Bildungssystem. Schaffen in Staaten wie Finnland oder Korea 70 Prozent eines Jahrgangs die Hochschulreife, dann ist das kaum ein Problem. Neben der Hochschule kennt man dort nämlich keine mit dem deutschen System vergleichbar hoch organisierte Berufsausbildung. Fast alle anderen Staaten vermitteln berufliche Fertigkeiten in einem maximal mehrwöchigen »training on the job«. Hierzulande ist das anders. Da werden Jugendliche in zwei- bis dreijährigen Lehrgängen ausgebildet. Das heißt, das Abitur war in Deutschland von jeher hoch angesehen, doch es war letztlich nur ein Weg zu beruflicher Anerkennung, zu Erfolg und Status. Auch die Lehre und der mit ihr verbundene Aufstieg zu Facharbeiter oder gar Meister stellen einen gesellschaftlichen Wert dar. Dieses Karrieremodell ändert sich gerade, weil das Abitur so stark in den Vordergrund drängt. »Die Betriebe suchen händeringend Lehrlinge – aber die Kandidaten hocken alle in den Gymnasien und Fachhochschulen rum.«[5] So beschreibt die Schülerberaterin einer süddeutschen Arbeitsagentur die Lage.

Was also macht der Boom der Abiturienten mit dem deutschen Bildungssystem?

Die Einser-Blüte in Coburg ist kein Einzelfall. Seit 2006 gibt es in ganz Deutschland eine regelrechte Einser-Schwemme. Die Zahl der 1,0-Abiture ist um 40 Prozent angestiegen – eine Entwicklung, die längst nicht jedem gefällt. »Zeugnisse dürfen nicht zu ungedeckten Schecks werden«, warnte etwa der ehemalige Präsident des Deutschen Lehrerverbandes, Josef Kraus. »Anspruchsvollere Bundesländer sollten die Abiturzeugnisse anspruchsloser Bundesländer nicht mehr anerkennen.«[6] Ähnlich wie Kraus denken viele. Das ganze Schulsystem komme auf den Hund, hört man nicht selten, wenn man jedem Dahergelaufenen das Abitur hinterherschmeiße. Die Ehrfurcht vor der 1,0 ist dem Spott über praxisferne Eierköpfe und ihre Billigzertifikate gewichen.

Es klingt nach Untergang und Sintflut, wenn man die Klagen über die Einser-Abiture hört. Aber ist der Anstieg der Superzensuren wirklich so ungewöhnlich? Immerhin ist auch die Zahl der Abiturienten insgesamt in den zehn Jahren nach dem ersten Pisa-Test um 47 Prozent angestiegen. Insofern wäre es wohl eher eine Überraschung, wenn nicht auch die Zahl der guten Noten angewachsen wäre. Ein Blick auf die Durchschnittsnote bestätigt das: Zwischen den Jahren 2006 und 2016 hat sich der Notendurchschnitt der deutschen Abiturienten von 2,51 auf 2,40 verbessert. Das klingt nicht nach Einser-Inflation, sondern irgendwie nach Stabilität.

Aber der Schein trügt. Das Bildungssystem ist in Bewegung, und es sind die Eltern, die das spüren und zugleich weiter antreiben.

Nach der ersten Pisa-Studie (sie heißt offiziell »Pisa 2000«) monierten die internationalen Tester stets zwei Fehlleistungen des deutschen Bildungssystems: Es gebe, erstens, zu viele Risikoschüler und, zweitens, zu wenig Abiturienten. Beide Problemkinder haben sich seitdem stark verbessert. Die Zahl der Risikoschüler (also derer, die das, was sie lesen, weder verstehen noch interpretieren können) ist gesunken – von knapp 24 Prozent auf 16 Prozent im Jahr 2015. Die Zahl der Abiturienten wiederum ist gleichzeitig sprunghaft angestiegen – in den zehn Jahren nach

Pisa von 343 000 erfolgreichen Abiturienten auf eine halbe Million. Diese Entwicklung ist allerdings nicht der Weisheit der Schulminister geschuldet.

Die im amtlichen Jargon »Kultusminister« genannten politischen Verantwortlichen hatten noch in der Nacht vor der Veröffentlichung der ersten Pisa-Studie sieben aus ihrer Sicht vordringliche Problemzonen im Bildungssystem definiert. So schnell hat die »Ständige Konferenz der Kultusminister« (KMK) noch nie Beschlüsse gefasst. Dazu zählten die Verbesserung der Kindergärten und Grundschulen, die Unterstützung von Migranten, der Ausbau des Ganztagsunterrichts, Programme für besseren Unterricht und die Förderung von Lehrern.

Wir sehen: Alle brennenden Themen, die seitdem die Lehrer und Schulen an den Rand des Kollapses gedrängt haben, standen nicht in diesem Maßnahmenkatalog: Die Verkürzung des Abiturs auf acht Jahre – kein Thema. Die bevorstehende Explosion der Abiturientenzahlen – mit keinem Wort erwähnt. Der inzwischen eingetretene historische Lehrermangel – von den Kultusministern glatt übersehen.

Auch das Folgende wurde nicht thematisiert, im Gegenteil, die Kultusminister versprachen sogar, diesen alten Streitpunkt auf keinen Fall aufwärmen zu wollen: die frühe Aufteilung der Schüler nach der Grundschule auf drei konkurrierende Schulformen. Das bedeutet, die Öffnung der Wege zum Abitur hatte ausdrücklich keine Priorität.

Dennoch setzte nach Pisa ein beinahe unheimlicher Zuwachs der Abiturzahlen ein. Wie war das möglich? Wenn man so will, haben die Eltern und ein bayerischer Ministerpräsident dem Schulsystem Beine gemacht.

Den ersten Teil des Abi-Booms hat Bayerns Ministerpräsident Edmund Stoiber bewirkt, indem er 2003 geradezu überfallartig eine Verkürzung der Gymnasialzeit von neun auf acht Jahre verkündete. Fast alle Bundesländer zogen nach. Doch nicht allein Bayerns Ministerpräsident half, die magere Abiturquote des Exportweltmeisters anzuheben. Es waren auch die Eltern, die nach dem Pisa-Schock alle Anstrengungen unternahmen, um die Bildung – und damit die Abschlüsse – ihrer Kinder aufzumöbeln. Unter Eltern herrscht inzwischen eine »Fokussierung auf das Abitur als alleinigem Bildungsmaßstab«.[7] Bildungsbürgerliche Eltern achteten von jeher darauf, dass ihre Kinder die Hochschulreife erlangen. Nach Pisa übernahmen sukzessive auch andere Elternmilieus diesen Anspruch. Sie schöpften alle Möglichkeiten aus, um ihren Nachwuchs auf höhere Schulen zu lotsen.

Diese Entwicklung lässt sich besonders gut erkennen, wenn man die Ergebnisse der aufeinanderfolgenden Tests »Pisa 2000« und »Pisa 2003« vergleicht. Die Zahl der guten Schüler stieg bei »Pisa 2003« an, aber am Fuß der Bildungspyramide tat sich erst mal nicht viel. In Brandenburg zum Beispiel führte das zu einem paradoxen Effekt: Das Bundesland war bei »Pisa 2000« noch die gerechteste unter den deutschen Provinzen gewesen – das bedeutet, die Leistungen von Schülern aus reichen und von solchen aus armen Familien unterschieden sich im bundesweiten Vergleich am wenigsten. Bereits in der Folgestudie gehörten Brandenburgs Schulen plötzlich zu den ungerechtesten. Wie das? Die Lernergebnisse der Schüler an Gymnasien hatten sich extrem stark verbessert, die Zuwächse bei den anderen Schulen hingegen praktisch nicht. So öffnete sich die Schere zwischen den Edelgymnasien in wohlhabenden Orten wie Potsdam, Kleinmachnow und Falkensee einerseits und den Arme-Leute-Schulen in der Uckermark oder den Plattenbausiedlungen in Frankfurt/Oder andererseits. Kurz: Das Bürgertum war die erste soziale Gruppe, die ihre Lektion aus Pisa gelernt hatte.

IST DIE PRIVATSCHULE EINE GUTE ALTERNATIVE?

Der Boom der Privatschulen ist beeindruckend. Im Jahr 1992 lernten 4,8 Prozent der Schüler an Privatschulen, inzwischen sind es 9 Prozent – also fast doppelt so viele. Sieht man sich die Entwicklung genauer an, relativiert sich das Bild. Denn der große Zuwachs fand vor allem in den neuen Ländern statt. Heute herrscht insgesamt eine höhere Akzeptanz von privaten Schulen als früher.

Leistung: Privatschulen sind – anders als vermutet – nicht pauschal besser als staatliche. Laut bundesweiten Vergleichsstudien sind bei den kognitiven Kompetenzen keine signifikanten Vorsprünge Freier Schulen erkennbar. Der große Vorteil der Privatschulen ist, dass sie genau zugeschnittene Profile für die Schüler bieten – und dass die Eltern in der Regel über die entrichteten Schulgelder größeren Einfluss auf ihre Schule haben als an staatlichen Einrichtungen.

Chancengleichheit: Privatschulen seien elitär, heißt es gern. Eine Studie im Auftrag der Friedrich-Ebert-Stiftung hat gezeigt: Die im Grundgesetz verbotene Sonderung der Schüler nach den Besitzverhältnissen ihrer Eltern ist keine Spezialität privater Schulen. In dieser Disziplin sind die Staatsgymnasien mit ihren Millionen Schülern der größere Treiber. Staatliche und private Gymnasien unterscheiden sich in ihrer Zusammensetzung nicht, in beiden sind die Kinder wohlhabender Eltern mit 75 Prozent deutlich überrepräsentiert.

Schulgeld: Die von deutschen Schulen in freier Trägerschaft erhobenen Beiträge sind niedriger, als viele glauben. Maßstab sind nicht Schulgelder in Höhe von jährlich 30 000 Pfund, wie sie häufig in England erhoben werden. Acht von zehn der hiesigen Privatschulen sind katholische, evangelische oder Waldorfschulen. Die Schulgelder liegen dort zwischen null und rund 300 Euro pro Monat, je nach

Einkommen der Eltern. In Baden-Württemberg ist künftig ein Schulgeld von maximal 160 Euro zulässig.

Privatschulen gliedern sich im Wesentlichen in drei Gruppen:

1 **Konfessionelle Schulen:** Die katholischen und evangelischen Schulen sind die mit Abstand größte Gruppe der Privatschulen, die zwei Drittel aller Freien Schulen ausmachen. Die Zahl der evangelischen Schulen hat nach der Wiedervereinigung deutlich zugenommen. Unter dem Dach ihrer Schulstiftungen bietet die evangelische Kirche reformpädagogisch orientierten Gründern eine Partnerschaft an.
2 **Waldorf- und Reformschulen:** Die beiden Gruppen der reformerisch orientierten Schulen sind die Waldorfschulen und jene Schulen, die vom Bundesverband der Freien und Alternativschulen organisiert sind. Die Waldorfschulen unterrichten nach den Konzepten des Anthroposophen Rudolf Steiner. Ihre Lernformate sind relativ modern, da sie in Epochen, also thematischen Blöcken arbeiten, keine Noten geben und grundsätzlich Gesamtschulen sind. Die Alternativschulen decken ein breites Spektrum ab, von Summerhill-Schulen, die einzig auf den Lernimpuls der Schüler achten, über Natur- und Umweltschulen bis hin zu Mischkonzepten der reichen deutschen reformpädagogischen Tradition, die mit Wochenplänen, Projekten und großen Ausflügen arbeiten.
3 **Privatschulen und Internate:** Unter dem Dach des Verbandes der Privatschulen findet sich eine Mixtur von Schulen, die von Internaten bis zu Schulen reichen, die Sprachen als Schwerpunkt anbieten oder auf eine verlässliche Betreuung und kleine Lerngruppen setzen.

Das Problem der Privatschulen ist der eklatante Lehrermangel. Der Staat kann in dem Wettbewerb um Lehrer mit Verbeamtungen punkten. Privatschulen können das nicht.

Der unbedingte Wille zum höheren Bildungsabschluss ist auch an den steigenden privaten Investitionen in den Schulerfolg der Kinder erkennbar. Die Bildungsbeflissenen unter den Eltern trauten dem Staat nach dem miserablen Pisa-Zeugnis nicht mehr und kauften sich vermehrt Nachhilfe für ihre Kinder – eine Milliarde Euro geben sie dafür heute aus, Tendenz steigend. Oder sie schickten ihren Nachwuchs gleich auf Privatschulen. Deren Zahl erhöhte sich seit der ersten Pisa-Studie im Jahr 2001 um 50 Prozent.[8] Der Zuwachs an Privatschulen ist ein zuverlässiger Indikator für das Misstrauen der Bürger in staatliche Schulen und Kultusbürokratie. Von »Bildungspanik« spricht der Soziologe Heinz Bude. Und die hat nicht nur mit Schule zu tun.[9]

Väter und Mütter durchlebten, ähnlich wie das Schulsystem, seit Beginn der 2000er-Jahre einen tiefgreifenden Wandel. Die erste rot-grüne Regierung unter Gerhard Schröder und Joschka Fischer hatte sich eigentlich zum Anwalt der neuen Mitte machen wollen. Aber das Erbe einer extrem hohen Arbeitslosigkeit aus der Ära Kohl wirkte sich zur Jahrtausendwende drastisch aus. Zwischen 2000 und 2009 ging der Anteil der Mittelschicht um fünf Prozentpunkte zurück. In dieser Zeit sind also 4,5 Millionen Menschen aus der sozialen Mitte abgestiegen. Von einem Verschwinden jenes Teils der Bevölkerung, der gerne als »Stütze der Gesellschaft« bezeichnet wird, kann zwar keine Rede sein. Aber das preisbereinigte Nettoeinkommen ist laut den Daten des Deutschen Instituts für Wirtschaftsforschung in den letzten zwanzig Jahren um über vier Prozent gesunken.

Diese realen Einkommensminderungen haben dazu geführt, dass die gefühlten Abstiegsängste für die Mitte umso bedrohlicher geworden sind. Besonders betroffen von diesen Ängsten sind Eltern.

Bildung ist ein wichtiger Faktor für die Selbstdefinition des Bürgertums. Sie gilt als Voraussetzung für Erfolg und Status. Inmitten des realen wie gefühlten ökonomischen Drucks um die 2000er-Jahre wird nun das Hausgut Bildung infrage gestellt. Erst erschreckt die Pisa-Studie die Eltern. Dann beginnt fast zeitgleich die Politik jene Schulform mittels einer rabiaten Schulzeitverkürzung zu beschneiden, die als die natürliche Heimat der Bürgerfamilien gilt: das Gymnasium.

Aus dieser Perspektive ist es verständlich, dass bildungsbürgerliche Eltern aufgeschreckt reagieren. Schaut man sich die Entwicklung genauer an, so zeigt sich, dass daraus so etwas wie eine historische Zäsur im Bildungswesen geworden ist: Die Eltern haben das ganze System durcheinandergewirbelt.

Die neue Bildungsrepublik

Nimmt man eine Gesamtbetrachtung der deutschen Bildungslandschaft der vergangenen knapp zwanzig Jahre vor, so ist diese von einem dominierenden Faktor geprägt: einer regelrechten Flucht ins Abitur. Die Gymnasien erzielen große Zuwächse an Schülerzahlen. Im Gegensatz zu ihnen sind die Hauptschulen die großen Verlierer. In den ersten zehn Jahren nach Pisa büßen die Hauptschulen eine halbe Million Schüler ein, ein Minus von 41 Prozent.[10]

Die ganze Dynamik wird aber erst erkennbar, wenn man sich ansieht, wie sich die Schülerverteilung in den folgenden fünf Jahren von 2011 bis 2016 weiterentwickelt hat. Nun wird deutlich, dass es sich nicht mehr bloß um eine Übergangsphase handelt oder um eine Verschiebung von Proportionen. Nicht ein Einmaleffekt doppelter Abi-Jahrgänge ist zu bestaunen, sondern das ganze Schulsystem gerät ins Wanken: Die Hauptschulen bluten aus (minus 62 Prozent), auch die Realschulen verlieren ein Drittel ihrer Schüler. Die Zahl der Gymnasien bleibt zwar relativ stabil, doch die Zahl der Abiturienten steigt steil an. Das wird möglich, weil die Gymnasien so viele Schüler wie möglich aufnehmen. Es ist ein historischer Kipppunkt zu beobachten: Die Säule der Abiturientenzahlen wächst in der Statistik immer höher, während ihr jene für Hauptschüler entgegenschrumpft. 2016 ist es dann so weit: Nun ist die Zahl allein der Abiturienten größer als die aller Hauptschüler zusammen.[11] Früher gab es in den Hauptschulen mehr Schüler als in allen anderen weiterführenden Schulen. Jetzt ist die Bildungsrepublik eine andere als vorher.

Deutschland hat den bildungspolitischen Fußabdruck verändert, der die Nation über 200 Jahre lang prägte. Ein Teil der Entwicklungen fand sukzessive seit den 1960er-Jahren statt. Aber die eigentliche Revolution hat sich in den wenigen Jahren seit 2011 zugetragen. Der Marsch Richtung Abitur wälzt im Eiltempo ein Bildungssystem um, das sich lange bewährt hat.

Schauen wir noch einmal kurz zurück in das Jahr 1960. Damals standen 2,1 Millionen Hauptschüler nur 54 000 Abiturienten gegenüber. Das ist die alte Grundstruktur eines Ausbildungswesens aus dem 19. Jahrhundert: Nur sehr wenige erhalten das wertvollste Bildungszertifikat, das Abitur. Sehr viele gehen in die Hauptschulen – die genau deswegen auch so heißen –, um das Rohmaterial für den Fachkräfte-Nachschub bereitzustellen, den Mittelständler und Industrie brauchen. Ganz ähnlich sieht das zahlenmäßige Verhältnis zwischen Auszubildenden und Studenten aus: Im Jahr 1970 steht es 70:30 für die Azubis. Heute hat sich das praktisch umgekehrt. Nun lautet das Verhältnis Auszubildender zu Studierenden 40:60.

In der Berufswelt wird diese Entwicklung von lautem Jammern begleitet. Mit Plakat-Kampagnen versucht man junge Leute darüber aufzuklären, wie cool und sinnvoll es wäre, Bäcker oder Schreiner zu werden. Über Jahrzehnte, nein Jahrhunderte waren Gesellen und Facharbeiter hierzulande klar in der Mehrheit. Nun ändert sich das. Eine wichtige Figur des Wirtschaftssystems droht an Schwindsucht zu erkranken: der Facharbeiter.

Gleichzeitig erleben wir einen Siegeszug der Abiturienten. Etwa eine halbe Million von ihnen werden jedes Jahr aus den höheren Schulen entlassen. Die Abiturquote des Altersjahrgangs pendelt zwischen 50 und knapp 60 Prozent, und das inzwischen ganz ohne doppelte Jahrgänge. Der jüngste Bundesbildungsbericht von 2018 verkündete gerade stolz, »dass die Zahl der Studienanfänger zum fünften Mal in Folge über einer halben Million lag«.[12]

Es gibt viele, die sich nur schwer daran gewöhnen können. Die ehemalige Vorsitzende des Bildungsausschusses im Bundestag, Patricia Lips (CDU), etwa sagt: »Wir haben erfreulich viele Studenten, aber wir müssen jetzt aufpassen, dass das duale System nicht in Gefahr gerät.«[13] Sie wünscht sich, dass die Länder wieder verstärkt Maßnahmen ergreifen, um den Übergang in weiterführende Schulen zu steuern – auf Deutsch: dass die Abiturquote wieder gesenkt wird. Wie Lips denken viele. Und das hat Tradition. Helmut Kohl etwa war ein großer Streiter gegen hohe Abiturienten- und Studentenzahlen.

Heute wissen wir, dass der Kanzler der Einheit einen Kampf kämpfte, den er nicht gewinnen konnte – den gegen eine Revolution in der Bildungsbeteiligung. Soziologen und Bildungsforscher sprechen zwar nach wie vor von »sozialer Schließung« oder einer blockierten Aufwärtsmobilität. Titel wie *Die Abstiegsgesellschaft*[14] oder Marco Maurers *Du bleibst, was du bist*[15] verkaufen sich prima. »Von der Bildungsoffensive der 1960er- und 1970er-Jahre, als hunderttausende so genannte Nichtakademikerkinder Abitur machen und studieren konnten, ist wenig geblieben«, lautet der Schlüsselsatz Maurers. Glücklicherweise ist er schlicht falsch.

Damals machten gar keine Hunderttausenden Nichtakademiker Abitur. Es legten beispielsweise im Jahr 1979 insgesamt nur 120 000 das Abitur ab, und der Anteil an Arbeiterkindern an ihnen war minimal. Maurer und all jene, die von der damaligen Bildungsoffensive schwärmen, übersehen aber vor allem, dass die Zahl derer, die heute studieren können, um ein x-Faches die Vergleichsgröße der Sechziger und Siebziger übertrifft. Die Stationen sehen so aus: Von 56 000 Abiturienten (1961) ging es damals mählich auf 81 000 hinauf (1971); inzwischen aber hat sich die Zahl von 214 000 Abiturienten (2001) auf 506 000 Abiturienten (2011) mehr als verdoppelt.[16]

Die reale Entwicklung im Bildungssystem ist offenbar so frisch und so rasant, dass viele sie nicht erkennen (wollen). Tatsache ist: Noch nie war es in Deutschland so leicht wie heute, das Abitur zu erringen. Das gilt auch für Kinder aus bildungsarmen Familien und benachteiligten Schichten, ja gerade für sie.

Es findet im Moment die größte Öffnung der höheren Bildungseinrichtungen statt, seit es diese gibt. Dagegen war der Zuwachs von drei Prozent Studierenden im Jahr 1870 auf zehn Prozent einhundert Jahre später ein Klacks. Gleichwohl war die erste Bildungsexpansion in den 1970er-Jahren schon aufregend genug für die Nation, die immer auch eine der Facharbeiter war, wie wir in Kapitel 4 sehen werden. Mit dem Abiturboom jedoch, der seit der Pisa-Studie eingesetzt hat, droht das System aus dem Gleichgewicht zu geraten. »Wirtschaft und Gesellschaft erkennen zunehmend, welches Problem sie sich mit der Expansion des Gymnasiums eingefangen haben«, berichtet zum Beispiel Petra Lölkes, die Leiterin der Schülerberatung »Gesellschaft für Jugendbeschäftigung« in Frankfurt. »Viele Gymnasiasten wissen nichts über Ausbildungsberufe – obwohl zunehmend mehr von ihnen eher für das duale System als für die Uni passen.«[17]

Das bedeutet, dass die Chancen auf Abitur und Bildungsaufstieg für Schüler jeder Herkunft schon bestehen – der Umbau des institutionellen Gefüges samt der nötigen Beratung und Information hinkt aber noch hinterher. An den Hochschulen tun sich viele überforderte Abiturienten schwer: Die Studienzeiten steigen wieder, viele Studierende brechen das Studium ab. Zur gleichen Zeit fahnden die Meister in den Betrieben nach Jugendlichen mit guten Noten – und sieben immer mehr Schüler aus, die keinen oder nur einen schlechten Abschluss haben. Die Gymnasien machen unterdessen weiter Dienst nach Vorschrift. Ihr Unterricht richtet sich an künftige Studierende, obwohl nun viele »nicht-traditionelle« Gymnasiasten dabei sind. So nennen die Bildungsforscher die neue Klientel, in deren Familien es nie ein Abitur gegeben hat.

Steigende Abiturnachfrage

Wenn man noch mal genau hinsieht, dann merkt man: Der Abi-Boom ist noch gar nicht an seinem Ende angekommen. Wer glaubt, der Spuk sei bald wieder vorbei, dürfte sich genauso täuschen wie einst die Hochschulpolitiker nach der ersten Bildungsexpansion. Man dachte damals, die vielen Studierenden würden irgendwann wieder verschwinden. Heute gibt es ähnliche Hoffnungen, was die Abiturienten angeht. Die Wahrheit ist: Jetzt geht's erst richtig los.

Guckt man in die einschlägigen Statistiken der vergangenen Jahre, stellt man fest: Das Gros der Abiturienten kommt – bislang – von Gymnasien, Fachgymnasien und beruflichen Gymnasien. Die Abiturienten, die von Gesamtschulen stammen, spielen bei dem exorbitanten Abiturboom um das Jahr 2011 noch keine große Rolle, um nicht zu sagen: Ihr Anteil ist kümmerlich. Den 149 000 Abiturienten von allgemeinbildenden Gymnasien standen im Jahr 2010 ganze 11 157 Abiturienten von Gesamtschulen gegenüber.[18] Im Jahr 2016 kamen von Gesamtschulen aber bereits 28 216 Abiturienten – ein Plus von 180 Prozent.[19] Wie ist das möglich?

Während alle Welt auf den langsamen Tod der Hauptschulen fixiert war und gleichzeitig über die vielen Abiturienten schimpfte, veränderte das Schulsystem beinahe unbemerkt seine Grundstruktur. An die Stelle eines Modells, bei dem drei Arten weiterführender Schulen um die Schüler konkurrieren, tritt nun sukzessive eines mit nur noch zwei Schulformen: auf der einen Seite das Gymnasium – und daneben eine zweite Schule, die das Abitur anbietet. Die großen Zuwächse verzeichnen Schulformen, die lange als die Schmuddelkinder des Bildungssystems galten. Es existieren heute dreimal so viele Gesamtschulen wie im Jahr 2006 – nur haben sie viele und ganz andere Namen: Oberschulen, Sekundarschulen, Stadtteilschulen, vor allem aber heißen sie Gemeinschaftsschulen (siehe auch S. 50/51: Im Labyrinth der Schulformen). Ihr wesentliches, gemeinsames Prinzip ist, dass sie die Schüler nicht mehr trennen. Es sind vielmehr integrative Schulformen, sie vereinen alle Schüler in denselben Einrichtungen und Klassenzimmern. Die alte Bildungspyramide wird gerade auf den Kopf gestellt. Kein Stein bleibt auf dem anderen.

Im Moment kommt die große Mehrheit der Abiturienten noch von den Gymnasien. Die Gesamtschulen hinken, wie gesehen, noch deutlich hinterher. Das liegt daran, dass die wie Pilze aus dem Boden schießenden integrativen Schulen – anders als ab den 1970er-Jahren die Gesamtschulen – keine riesigen Lernkästen mit oft 1500 Schülern mehr sind. In der Regel werden die heutigen neuen Schulen nicht am Reißbrett geplant und auf die grüne Wiese gepflanzt. Vielmehr kooperieren nun viele kleine Schulen, die es bereits gibt – spätere Fusion nicht ausgeschlossen. Hauptschulen werden nicht abgewickelt, sondern mit der örtlichen Realschule vereint. Gerade Bürgermeister von Gemeinden und Kleinstädten, die sonst ihr schulisches Angebot vor Ort verlieren würden, engagieren sich in diese Richtung. Auch Eltern, Schulleiter und die örtliche Wirtschaft tun sich für die Gründung von lokalen Schulen mit Abiturmöglichkeit zusammen. So ist aus vielen kleinen Initiativen eine große Bewegung entstanden. Aus bundesweit 670 integrierten Gesamtschulen (unter diesem Namen führt sie das Statistischen Bundesamt) im Jahr 2006 wurden über 2000 im Jahr 2016.[20] Das heißt: Die integrativen Schulen werden die Gymnasien in absehbarer Zeit einholen.

Bereits jetzt steht also ein Reservoir von Gesamtschulen, Gemeinschaftsschulen und so weiter bereit, um das Abitur anzubieten. Dazu kommen 1000 »Schulen mit mehreren Bildungsgängen«; sie vereinen die bisherigen Haupt- und Realschüler unter einem Dach, wenn auch nicht im selben Klassenzimmer. Auch diese Schulen ließen sich leicht in integrative Schulen umwandeln. Man muss ihnen nur eine Oberstufe geben, dann gäbe es das, wovon viele Bildungsreformer ihr Leben lang träumten: ein zweigliedriges Schulsystem, in dem man in beiden Zweigen das Abitur ablegen kann. Solche Schulen würden eine ganz neue Schülerklientel zur Hochschulreife führen: Kinder von Eltern, die selbst kein Abitur gemacht und keine Universität besucht haben. Diese mischen sich mit den Kindern jener Eltern, die Wert darauf legen, dass ihre Kinder in der Schule nicht zu sehr unter Druck gesetzt werden. Noten, Sitzenbleiben und das sogenannte Abschulen (in niedrigere Schulformen) sind in ihren Augen nämlich die Druckmittel eines selektiven Schulsystems.

In Zukunft werden wohl ebenso viele Abiturienten von den Gesamtschulen und anderen integrativen Schulen kommen wie von Gymnasien. Ein solcher Strukturwandel war bereits 1973 vom sogenannten Bildungsrat vorgesehen. Das Gremium, eingerichtet, um Bund und Länder bei der Bildungsoffensive zu beraten, empfahl die dreigliedrige Struktur auf mittlere Sicht abzulösen. Stattdessen sollten im großen Stil Gesamtschulen gebaut werden, in denen möglichst alle anderen Schulen aufgehen. Dieser Versuch einer Generalreform mündete in einem Schulkrieg um die sogenannten Einheitsschulen – und versandete. Nun wird, mit vierzigjähriger Verspätung, die vom Bildungsrat vorgezeichnete Entwicklung nachgeholt. Nur, dass es diesmal keinen Masterplan dafür gibt.

Ende der Dreiklassenschule

Um zu verstehen, wie grundsätzlich dieser Wandel ist, müssen wir zurückgehen bis ins Jahr 1788. Damals wurde in Preußen das sogenannte Abiturientenexamen eingeführt. Es ist die Vorform des heutigen Abiturs und der Startschuss für die Entwicklung jener Schulstruktur, die heute de facto abgerissen wird. König Friedrich II. hatte die Notwendigkeit erkannt, aus schlechten und schlecht besuchten Elementarschulen echte Schulen zu machen: Einrichtungen, in denen nicht mehr ausschließlich religiöse Texte aufgesagt und nachgebetet wurden, sondern die so etwas wie Wissensvermittlung betreiben sollten. Diese Schulen für das einfache Volk wurden durch die Einrichtung von Lehrerseminaren mit professionellen Pädagogen versorgt. Gleichzeitig bedeutete das Abiturientenexamen für die Latein- und Klosterschulen den Beginn der zentralen staatlichen Reglementierung. Zwischen die Gelehrtenschulen, die nur ein Prozent der Bevölkerung besuchen durfte, und die Elementarschulen für die Masse schoben sich Bürger- und Realschulen.

Diese Zeit markiert somit die Herausbildung eines staatlich organisierten Bildungssystems, das die grundlegenden Qualifikationsanforderungen eines beginnenden modernen Staates befriedigen sollte. Damals entstand das dreigliedrige Schulsystem. Nur vereinzelt wurden übrigens echte Aufstiegsmöglichkeiten geschaffen – durch Stipendien für gute Schüler aus dem einfachen Volk.

Erst 230 Jahre später, zu Beginn des 21. Jahrhunderts, wird diese Idee in Deutschland nun auf alle Schüler angewendet: In dem neuen zweigliedrigen Schulsystem bekommt im Prinzip jedes Kind die Gelegenheit, ohne komplizierte Schulwechsel bis zum Abitur vorzustoßen.

Anfang des Jahres 2018 sorgte eine gesonderte Auswertung der Pisa-Daten von 2015 für eine kleine Sensation. Zum ersten Mal im Dreijahreszyklus der Pisa-Studien verbesserten sich die Ergebnisse jener Gruppe von Kindern, die den Pisa-Schock ausgelöst hatten: Schüler aus sogenannten Arbeiter- und Zuwandererfamilien. »In Deutschland ist zwischen 2006 und 2015 der Anteil resilienter Schülerinnen und Schüler von 25 auf 32,3 Prozent gestiegen und damit so schnell wie in kaum einem anderen OECD-Land«, teilte die OECD mit.[21] Gemeint waren sozial benachteiligte Schüler, die trotzdem Erfolg haben. Deutschland war damit zum ersten Mal bei denen spitze, die früher »Schmuddelkinder« genannt wurden. Nicht ganz zwanzig Jahre nach dem Pisa-Schock scheint demnach auch der zweite große Mangel des hiesigen Schulsystems behoben zu werden: die Abhängigkeit des Bildungserfolgs von der sozialen Herkunft.

Vor dem Hintergrund der beschriebenen, sich zügig verändernden Schulstruktur ist dieses Ergebnis nicht verwunderlich.

Das Problem des Schulsystems lag in seiner scharfen Trennung zwischen den Schulformen. Auf diese Weise konnten sich in den Hauptschulen jene Kinder sammeln, die keine guten Leistungen erbringen. Separiert man diese Schüler aber, sinkt ihre Leistungsbereitschaft. Laut Schulforschern entstehen so Milieus, »die zu einer kumulativen Benachteiligung von Schülerinnen und Schülern führen«. In dem System, das sich im Moment herausbildet, wird das anders sein. »Diese Problemgruppe ist in zweigliedrigen Schulsystemen praktisch nicht anzutreffen«, schreiben die Wissenschaftler.[22] Um eine Zweigliederung hinzubekommen, muss man also genau das tun, was gerade geschieht: neben dem Gymnasium einen Schulzweig errichten, der den direkten Durchstieg zum Abitur öffnet. Dafür müssten die Kultusminister allerdings die Hauptschulen abschaffen (dazu mehr in Kapitel 2).

Noch einmal zurück ins Casimirianum nach Coburg. Als die Schule im 17. Jahrhundert gegründet wurde, beherbergte sie eine sogenannte Trivialschule, eine Schule, die nur Elementarunterricht im Programm hat und das für jeden. Offenbar wollte der fränkische Herzog Casimir keine der damals so verbreiteten Lateinschulen betreiben, die nur für den Adel, auserlesene Kinder frommer Eltern und die Verwalter seiner Schlösser reserviert waren. Er wollte das Tor zum Casimirianum auch für ein paar normale Untertanen und Bauernkinder öffnen – weil, so der Herzog in seiner Gründungsurkunde, »armer Leuthe kindere [...] offtmahls übergangen, negligiert und verseumet werden«.

Der Abiturskandal 400 Jahre später am Casimirianum könnte auf ähnliche Ursachen zurückgehen. Seit 2011 nämlich gibt es an dem Gymnasium wieder so etwas wie einen Trivialzweig. Der korrekte Name lautet »Einführungsklasse«, und sie ist für Schüler aus der Realschule gedacht, die den Sprung aufs Gymnasium wagen. Sie sollen sich in Einführungsklassen ab der zehnten Klasse auf das Abitur vorbereiten, das heißt, sie müssen zunächst eine Fremdsprache hinzulernen und jenen gymnasialen Stoff pauken, den sie an der Realschule verpasst haben. Als das Deutsch-Abitur am Casimirianum kollektiv um einen Punkt angehoben wurde, waren just die ersten Schüler dieser Einführungsklasse bis in die Oberstufe vorgerückt. Sie standen vor dem Abitur. War Schulleiter Spachmann womöglich gar kein Betrüger, der sein Gymnasium in hellem Licht erstrahlen lassen wollte, sondern ein guter Hirte für Schüler aus der Einführungsklasse, die er vor dem Scheitern bewahren wollte? Ist er am Ende Bote des neuen Verständnisses von Gymnasium: Lasst sie leichter ans Ziel kommen?

2 STERBENDE HAUPTSCHULE

Der Anfang vom Ende der Hauptschule hat ein konkretes Datum. Es ist der 30. März 2006. Damals erscheint im Berliner *Tagesspiegel* der Brief einer Neuköllner Hauptschule.[1] Es ist ein einziger Hilferuf. Die Lehrer schreiben, »dass die Hauptschule in dieser Zusammensetzung aufgelöst werden muss«.[2] Das klingt wie ein pädagogischer Offenbarungseid. Wir können nicht mehr, so die Botschaft: Schließt den Laden bitte! Der Brief löst ein kleines politisches Erdbeben aus. Die Rede ist von der inzwischen berühmten Rütli-Schule.

Nur einen Tag später, am 31. März, meldet sich zunächst die Bundeskanzlerin, die sonst nicht viel über Bildung sagt, und kritisiert den Berliner Senat für seine Schulpolitik. Bayerns Ministerpräsident Edmund Stoiber und CDU-Fraktionschef Volker Kauder mischen sich ein – auch sie schimpfen über den Umgang mit den Schulen in der Hauptstadt. Wenige Tage später diskutiert sogar der Deutsche Bundestag in einer Aktuellen Stunde die Situation an einer einzelnen Schule. Und mit einem Mal entdecken die Medien die Krise der Hauptschulen – gerade so, als wäre es vorher ein nationales Geheimnis gewesen, wie es um die unterste deutsche Schulform bestellt ist.

Der Fall der Rütli-Schule war ein Lehrstück deutscher Schulpolitik. Jeder konnte wissen, dass es am unteren Ende des Bildungssystems nicht gut läuft. Aber auf eine mirakulöse Art wurde die Hauptschule dennoch immer irgendwie verteidigt und am Leben erhalten. Dabei waren die Hauptschulen schon seit Jahrzehnten vom Siechtum befallen. Im Jahr 1960 besuchten 60 Prozent der 13-Jährigen diese Schulform, im Jahr 2000 waren es nur noch 20 Prozent.[3] Seit ihre Schüleranteile immer kleiner wurden, herrschte in den Hauptschulen Nordrhein-Westfalens, Saarlands oder Hessens eine angespannte Lage. Trostlos war sie in Städten wie Berlin, Hamburg oder Dortmund. Aber selbst in den Metropolen des Südens, in München, Nürnberg und Stuttgart, wo sonst bildungspolitisch alles irgendwie besser zu sein schien, waren Hauptschulen zu Krisenzonen geworden.

Studien hatten diese Lage illustriert, auf den hinteren Seiten der Zeitungen kam das Thema immer wieder mal vor, und nicht zuletzt berichteten die Hauptschüler, wie es bei ihnen zugeht. Man wusste also, was los war. Aber nur die Lehrer-Gewerkschaft für Erziehung und Wissenschaft und einige zähe Kämpfer für Chancengleichheit brandmarkten beständig das, was die Hauptschule in der Realität ausmachte: eine ungute Konzentration von Bildungsverlierern und die Chancenlosigkeit dieser Klientel. Jahrelang wurde nichts dagegen unternommen. Und dann brachten plötzlich zwei DIN-A4-Seiten, von der kommissarischen Rektorin der Rütli-Schule, Petra Eggebrecht, hastig zusammengetippt und von der Lehrerkonferenz einstimmig beschlossen, die Wende.

»Unsere Bemühungen, die Einhaltung der Regeln durchzusetzen, treffen auf starken Widerstand der Schüler/innen«, hatte die Ersatzrektorin notiert.[4] »In vielen Klassen ist das Verhalten im Unterricht geprägt durch totale Ablehnung des Unterrichtsstoffes und menschenverachtendes Auftreten.« Lehrkräfte würden nicht geachtet oder sogar gezielt mit Gegenständen beworfen. »Einige Kollegen/innen gehen nur noch mit dem Handy in bestimmte Klassen, damit sie über Funk Hilfe holen können.«

Welchen Sinn habe es, in einer Schule alle Schüler zu konzentrieren, die weder von den Eltern noch von der Wirtschaft Perspektiven aufgezeigt bekommen, wollten die verzweifelten Lehrer wissen. »In den meisten Familien sind unsere Schüler/-innen die einzigen, die morgens aufstehen.« Die Kritik der Pädagogen bezog sich auf den hohen Anteil arabischer Schüler – vor allem aber auf die Schulform selbst. »Die Hauptschule ist am Ende der Sackgasse angekommen – und es gibt keine Wendemöglichkeit mehr.«

Das Lehrstück hat eine interessante Vorgeschichte. Der Brief des aufgeriebenen Rütli-Kollegiums hatte bereits vier Wochen in den Postablagen aller möglichen Verantwortlichen herumgelegen. Schulleiterin Eggebrecht hatte ihren Notruf an ein Dutzend Adressaten in der Stadt abgesetzt. Aber weder Bildungssenator Klaus Böger (SPD) noch die Gewaltbeauftragte noch die Schulpsychologen hatten reagiert. Das Neuköllner Bezirksparlament, das Berliner Abgeordnetenhaus und sogar der meinungsstarke Bezirksbürgermeister Heinz Buschkoswky (SPD) hatten das SOS-Signal erhalten. Doch nichts war passiert. Erst als die Zeitung und damit die Öffentlichkeit von den unhaltbaren Zuständen erfuhr, tat sich etwas.

Marienthal-Schulen

Dabei war die Hauptschule als Schulform zu diesem Zeitpunkt bereits klinisch tot. Die Studien »Pisa 2000« und »Pisa 2003« hatten eindrucksvoll gezeigt, wie unendlich weit abgehängt die Hauptschulen im Vergleich zu den anderen Schularten waren. Die Öffentlichkeit hatte das beinahe schulterzuckend zur Kenntnis genommen. Dass die Hauptschulen das Ende der Kolonne bildeten, war wahrlich keine Neuigkeit. Dafür war sie ja da – für die langsamen und die weniger begabten Schüler. Das ganze Ausmaß des pädagogischen Skandals enthüllte gut ein Jahr später Jürgen Baumert vom renommierten Max-Planck-Institut für Bildungsforschung. Er illustrierte, was geschieht, wenn man alle Langsamen und Beladenen unter den Jugendlichen in einer Schulform konzentriert: Es entstehen, wie er es nannte, »kritische Schulmilieus«. Damit meinte Baumert eine soziale Zusammensetzung, »die außerordentlich schädliche Auswirkungen auf die Leistungsentwicklung von Jugendlichen hat«.[5] In diesen Lernmilieus ist die Hälfte der Schüler schon einmal sitzen geblieben, 40 Prozent machen regelmäßig die Erfahrung von Gewalt. Ein Drittel der Eltern dieser Schüler ist arbeitslos, ein Drittel der Väter und Mütter hat nie einen Beruf erlernt. Eine solche soziale Mischung wirkt wie ein pädagogischer Giftcocktail. Laut Baumert habe sie »dramatische Rückwirkungen auf die Arbeitsbedingungen von Hauptschulen«. Als Max-Planck-Direktor war Baumert nie jemand, der zu drastischen Formulierungen neigte. Lehrer, so schrieb er diesmal jedoch, könnten in solchen Schulen praktisch nichts mehr ausrichten. Schüler seien dort nicht mehr beschulbar.

Der Zustand, den Baumert bei den Hauptschulen entdeckte, war freilich nicht nur in Berlin bedrohlich. In der Hauptstadt zählte er 60 Prozent der Hauptschulen zu den »kritischen Schulmilieus«, in Bremen sogar 95 Prozent, in Hamburg war die Lage bei zwei Drittel der Hauptschulen besorgniserregend, in Hessen litt über die Hälfte und in Nordrhein-Westfalen waren es 44 Prozent. Die Rütli-Schule war also kein bedauerlicher Einzelfall, sondern – in bestimmten Bundesländern – die Regel. Der Mann vom Max-Planck-Institut fand auch einen originellen Namen für diese Schulen. Er nannte sie »Marienthal-Schulen«.[6]

Der Begriff stammt aus der soziologischen Studie »Die Arbeitslosen von Marienthal«. Paul Lazarsfeld und andere Soziologen hatten im Jahr 1933 das Örtchen Marienthal nahe Wien untersucht, das von hoher Arbeitslosigkeit gekennzeichnet war. Sie fanden dort vier Typen von Bewohnern, von denen drei eine negative Haltung zum Leben einnahmen: die Resignierten, die Verzweifelten und die verwahrlost Apathischen. Gemeinsam war den dreien laut der Studie, dass für sie Zukunft »nicht einmal mehr in der Phantasie als Plan eine Rolle spielt«.

Und nun benutzte ein renommierter Bildungsforscher den Begriff »Marienthal«, um die Atmosphäre in deutschen Hauptschulen zu Beginn des 21. Jahrhunderts zu beschreiben. Er verglich heutige Hauptschüler mit den apathischen und verzweifelten Bewohnern eines erbarmungswürdigen Ortes inmitten einer der größten Wirtschaftskrisen in der Geschichte Europas. Baumert war mittels Sozialdaten und penibler Berechnungen zu demselben Ergebnis wie die Lehrer der Rütli-Schule gekommen. Wie sie forderte er die Behörden indirekt auf, solche Schulen zu schließen. Denn ihre Mischung führe »zu einer schwer zu rechtfertigenden strukturellen Benachteiligung« der betroffenen Schüler.[7] Ursache dafür sei, dass der Staat ein System organisiere, das pädagogische Nachteile künstlich herstelle, indem es die schlechtesten Schüler in einer Schulform konzentriere. Mit dem im Grundgesetz verbrieften Anspruch auf Gleichheit sei das nicht zu vereinen.

Was die Rektorin aus Neukölln und der Pisa-Forscher damals auf den Punkt brachten, war die Bankrotterklärung für eine ganze Schulform – und ein Offenbarungseid für die Schulpolitik.

Die zuständigen Schulminister reagierten trotzig und unternahmen – nichts. Sie hatten schließlich nach dem ersten Pisa-Test verabredet, die Schulformen gar nicht erst anzufassen, und so de facto ein Tabu über die Hauptschule verhängt. Wieso wurde nun nicht umgehend ein Notfallplan für die deutschen Hauptschulen beschlossen? Darüber geben die Reaktionen von damals Aufschluss.

Die Hertie-Stiftung zum Beispiel, die seit Ende der 1990er-Jahre einen »Hauptschulpreis« vergeben hatte, nahm flugs eine Umbenennung vor. Sie verzichtete ab 2008 auf das verbrannte Kürzel »Hauptschule« und betitelte ihren Preis plötzlich mit »Starke Schulen. Deutschlands beste Schulen, die zur Ausbildungsreife führen!«. Dabei war es doch erklärtes Ziel der Stifter des Hauptschulpreises – darunter der Deutsche Lehrerverband, die Bundesvereinigung der Arbeitgeberverbände und die Bundesanstalt für Arbeit –, das Ansehen der Hauptschulen in der Öffentlichkeit zu verbessern.

Der bekannte Autor Harald Martenstein erklärte den katastrophalen Zustand der Hauptschulen damals in einem seiner Texte. Das Chaos sei dort der Normalfall, der nun mal nicht zu ändern sei. »Bildung ist für zehn oder fünfzehn Prozent der Bevölkerung objektiv wertlos geworden«, schrieb er und führte so einen Teil der Bürger als chancenlosen Bodensatz der Gesellschaft vor.[8] Dauerarbeitslose verhielten sich rational, wenn sie »ihre Lebensfreude im Alkohol oder auch in der Kriminalität suchen. Haben sie eine Alternative? Würde ihnen ein Hauptschulabschluss etwas bringen?« Das Proletariat werde eben nicht mehr gebraucht.

Damit hatte Martenstein offen dafür geworben, Schulen für Abgehängte zu betreiben. Tatsächlich gab es die schon in der Realität. Der Leiter der Wattenscheider Fröbelschule, Christoph Graffweg, hatte irgendwann beschlossen, seine Schüler nicht mehr fit für den Arbeitsmarkt zu machen. »Ich sehe als einzig authentische und glaubwürdige Perspektive, die für sie im Augenblick bereitsteht: Arbeitslosigkeit, Hartz IV.«[9] Also richtete Graffweg an der Förderschule für sogenannte Lernbehinderte

Kurse für seine Zöglinge ein, in denen sie lernten, wie man Sozialhilfe beantragt. Seine Schüler kamen dadurch zwar an keinen Job, aber der Schulleiter ins Fernsehen.

Kampf um die Volksschule

Die Hauptschulen sterben den Bundesländern derweil unter den Händen weg. Es ist aber nicht etwa die Politik, die eine Entscheidung über die Hauptschulen herbeiführt, sondern es sind die Eltern. Sie nehmen ihre Kinder und laufen dieser Schulform in Scharen davon. Seit dem ersten Pisa-Schock im Jahr 2001 hat sich diese Bewegung zu einer kleinen Völkerwanderung verstärkt. In Nordrhein-Westfalen etwa musste die Landesregierung zwischen 2008 und 2016 insgesamt 400 von 700 Hauptschulen zusperren. Baden-Württemberg, das viel weniger Einwohner hat, verlor in der gleichen Zeit sogar 500 Hauptschulen – ein Minus von 40 Prozent. In Bayern schlossen fast 700 ihrer Art die Tore, nur dass dort der Schwund bereits 1992 einsetzte. Bundesweit schrumpfte die Zahl der Hauptschüler – wie beschrieben – nach der ersten Pisa-Studie von 1,1 Millionen Schüler auf nur 427 000 im Jahr 2016.

Die Hauptschulen sind historisch aus den Volksschulen entstanden. König Friedrich II. hatte einst in Preußen mit dem systematischen Aufbau der Schulen für das Volk begonnen. Er drängte darauf, dass jedes Kind die Schule besuchte, und führte 1763 eine allgemeine Schulpflicht ein. Freilich sollte das Lernen dort seine Grenzen haben. Auf dem platten Land sei es für die Bauernkinder genug, »wenn sie ein bisgen lesen und schreiben lernen«. Friedrich hatte seine Gründe: »wissen sie aber zu viel, laufen sie in die Städte und wollen Secretairs und so was werden«.[10] Das schrieb er 1779, also vor gut 250 Jahren. Die Volksschulen auf dem Lande platzten damals aus allen Nähten, teilweise wurden achtzig Kinder in einer Klasse unterrichtet. Seitdem haben sich alle anderen Schulformen weiterentwickelt: Die Gymnasien zellteilten sich in humanistische Gymnasien, Realgymnasien und so weiter. Die Realschule spaltete sich aus den Volksschulen ab und wurde professionalisiert, das heißt, ihre Lehrer wurden anders ausgebildet und besser bezahlt. Nur der Stumpf des Schulsystems, die Volksschule, ist geblieben, wie er war.

Man muss diese Entwicklung der Reihe nach erzählen, damit man versteht, warum das Bemühen, aus der Hauptschule eine bessere Schule zu machen, so vergeblich sein musste. Und wie historisch die Chance heute ist, diese Schule zu Grabe zu tragen.

Die Geschichte der Hauptschule ist ein ewiges Hin und Her zwischen den Polen »Schule für Arme!« und »Mehr Anspruch!«. Es scheint, als wäre nicht viel passiert seit der Einführung der Schulpflicht 1763 und ihrer lange dauernden Durchsetzung. Natürlich haben sich beim Wandel von der Volks- zur Hauptschule viele Details verändert. Die Grundanlage blieb aber stets die gleiche: Die Volksschule wurde ganz überwiegend von Arbeiter- und Bauernkindern besucht, denn die wurden als besonders erziehungsbedürftig angesehen. Solche Kinder sollten lernen zu gehorchen und zu beten, aber nicht lernen, um etwas aus sich zu machen. Solange die Hauptschule von der Mehrheit der Schüler besucht wurde, funktionierte das halbwegs. Mit der Zeit aber entwickelte sie sich zu einem Sammelbecken für die langsamen, benachteiligten und schwachen Schüler. Das lag daran, dass die Mittelschicht ihre Kinder zusehends aus dieser Schulform herausholte.[11] Eine Entwicklung, die auch heute gilt, egal, ob die Hauptschule inzwischen Werkreal-, Mittel- oder gar Oberschule heißt.

Einer der frühesten Streiter für eine Volksschulreform war

Adolph Diesterweg (1790–1866). Der Pädagoge leitete eines der ersten Lehrerseminare, die so etwas wie eine wissenschaftliche Ausbildung der Volksschullehrer praktizierten. Diesterweg hatte ein klares Ziel: Jedes Kind sollte eine achtjährige Schule besuchen – und zwar ohne Rücksicht auf soziale Herkunft und wirtschaftliche Lage. »Die Kinder der Nation sollen zusammen erzogen werden, in den selben Anstalten [...] Kein Unterschied mehr zwischen vornehm und gering, arm und reich.«[12] So schrieb er in der ersten Hälfte des 19. Jahrhunderts, die zwischen Revolution und Restauration schwankte. Diesterweg dachte die Schule schon zu dieser Zeit pädagogisch, also als Lerneinrichtung und nicht als eine Anstalt, die aus Bauernkindern fromme Menschen machen sollte. Den Unterricht sollte folglich nicht ein Geistlicher geben, sondern ein richtiger, das heißt ausgebildeter Lehrer. »In dem geistanregenden, geistesweckenden, die Selbsttätigkeit des Schülers belebenden Unterricht liegt die Kraft des Lehrers und der Schule«, schrieb Diesterweg 1846.[13] Das war für seine Zeit etwas Ungeheuerliches. Die Selbstständigkeit des Schülers war zuvor noch nie das Ziel irgendeiner Volksschule gewesen.

Preußens Kultusministerium reagierte erbost auf Diesterweg. Dass der Berliner Seminarleiter es wagte, die Emanzipation der Schule von der Kirche und die Entwicklung der Schüler zu Staatsbürgern zu fordern, zog jahrelange Rügen und Kleinkriege mit der Schulbürokratie nach sich. Kultusminister Friedrich Eichhorn ließ ihm schließlich mitteilen, dass seine aufrührerische Parole »sich nicht länger mit der Würde seiner amtlichen Stellung vertrage, vielmehr dem Lehrerstande, zu dessen Herausbildung er berufen sei, ein höchst nachteiliges Beispiel gewähre«.[14] Kurz vor der Revolution von 1848 wurde Diesterweg in den Ruhestand entlassen. Er war, wenn man so will, das erste politische Opfer des Kampfes um die Hauptschule.

In fast allen Staaten der Erde gilt das Prinzip, dass eine Schule *eine* Schule ist, in die grundsätzlich alle gehen. Eine demokratische Schule. Das wurde in der Regel in Revolutionen erstritten. Auch für das preußische Parlament lag während der Revolution von 1848 ein Gesetzentwurf vor, der das Bürgerrecht auf Bildung formulierte: »Der Staat gewährt dem Kinde jedes Preußen den zur allgemeinen Menschen-, Bürger- und Nationalbildung erforderlichen Unterricht.«[15] Ähnlich lautete Paragraf 155 der Paulskirchenverfassung. Da in Deutschland die politische Revolution aber scheiterte, fiel auch die Gründung einer demokratischen Schule aus. Weil eine Schule für alle Landeskinder nie eingeführt wurde, schuf sich das Bürgertum de facto eine eigene Schule – und reservierte sie für ihre Schicht: das Gymnasium. Wenn man aber eine Spezialschule für die vermeintlich oder tatsächlich besseren Schüler zulässt, dann muss es zwingend auch Schulen für den Rest geben. Das ist wahrscheinlich der wichtigste Grund dafür, dass Hauptschulen in Deutschland entstanden sind – und es sie immer noch gibt.

Von Natur aus ungleich

Die eine Seite des Diskurses über die Volksschule lautete stets: Demokratisiert sie endlich! Auf der anderen Seite gab es immer das Argument, dass für einen bestimmten Teil der Schülerschaft so etwas wie eine volkstümliche Bildung ausreichend sei. Gemeint ist, dass es eine Bildungsstätte »für die Jugend der handarbeitenden Schichten« geben müsse. So argumentierte etwa der Pfarrer Franz Georg Ferdinand Schläger, der Mitte des 19. Jahrhunderts die Zeitschrift *Hannoverscher Schulfreund* herausbrachte. Schläger wollte Schulmänner – so nannte man Pädagogen damals – dahingehend beraten, dass sie mehr Bildung unters Volk bringen, aber ausdrücklich nicht zu viel. Überlade man die Köpfe mit zu viel Wissen, dann wollen die Schüler später nicht mehr aufs Feld. »Wie kann man das Zudrängen zum Studieren am besten hemmen?«, lautete daher schon damals Schlägers wichtigste Frage. Mancher stellt sie heute genau so wieder.

Diese Haltung hielt sich lange. Karl Stöcker, der führende Theoretiker der Volksschule und später der Hauptschule in den 1950er- und 1960er-Jahren, schrieb: »Auch dem einfachen Menschen dürfen und wollen wir deshalb das Recht auf Bildung und die Möglichkeit des ›Gebildetseins‹ nicht abstreiten.«[16] Und dann forderte er im selben Atemzug, dem Lerntrieb des – wie er es ausdrückte – einfachen Menschen eine deutliche Grenze zu setzen, weil dieser »an hoher Geistigkeit nicht teilnehmen kann und will«. Mit anderen Worten: Das Gesetz des Kolumnisten Martenstein, wonach für bestimmte Schichten Schnaps statt Schule vollkommen ausreichend sei, ist nicht singulär. Genau diese Denkhaltung hat der Hauptschule über Jahrhunderte das Überleben gesichert.

Der Streit darüber, ob Kinder von vornherein fixe Begabungsmuster aufweisen, wurde besonders durch die Französische Revolution und ihre Ideale angeheizt. Die Schule galt dort als Garant dafür, allen Bürgern gleichermaßen ihre Rechte und Pflichten beizubringen. In Preußen wurde dieser demokratische Ansatz von dem Schulreformer und Beamten Wilhelm von Humboldt in Form einer neuhumanistischen Bildungstheorie aufgegriffen. Humboldt formulierte einen Bildungsbegriff, der auf die freie und offene Entwicklungsfähigkeit jedes Menschen angelegt war. So lehnte er in seinen Königsberger und Litauischen Schulplänen 1809 eine gegliederte Schule ab, bei der Gleichaltrige auf verschiedene Schulformen geschickt werden.[17] In der Praxis wurde Humboldt jedoch von ebenjenen preußischen Schulbehörden ausgebremst, deren Vorgesetzter er eine Zeitlang gewesen war. »Daß die Menschen von Natur ungleich sind, dieser Satz steht fest«, schrieb etwa der im Ministerium für Volksschulen zuständige Beamte Ludolph von Beckedorff, einer der härtesten Gegner liberaler Schulreformer, wie Humboldt oder später Diesterweg es waren.[18] Wer diese Ungleichheit anzweifle, gefährde die natürliche Ordnung. Nicht auf eine allgemeine und gleichartige Volksbildung oder auf »ein Abrichten für alle Fälle« komme es an, so Beckedorff. »Sondern darauf, daß ein jeder zu dem Stande oder Berufe, wozu er durch Geburt oder elterlichen Willen oder eigene Entschließung bestimmt worden ist, auch mit allem Ernste von früher Kindheit auf gründlich und vollständig auferzogen und vorgebildet werde.« Es herrsche eine natürliche Verschiedenheit der Menschen – in Geschlecht, Alter, Kräften, Neigungen, Talenten und vor allen Dingen in ungleich ausgeteiltem Besitz. Und es sei wichtig, diese Zuteilung so früh wie möglich im Bildungswesen vorzunehmen.

Beckedorff ging schon Anfang des 19. Jahrhunderts von unterschiedlichen »Gaben der Natur« aus. Die Formel von der »begabungsgerechten« Schule findet sich aber noch 200 Jahre später standardmäßig in Parteiprogrammen und amtlichen Mitteilungen. »Bayern setzt auf ein differenziertes, durchlässiges Schulsystem, auf ein begabungsgerechtes, breit gefächertes Bildungsangebot«, antwortete etwa ein Sprecher des bayerischen Kultusministers auf eine Anfrage zur Hauptschule im Jahr 2018.[19]

Die Begabungslehre

In Deutschland wurde für das korrekte Einsortieren der Schüler ein eigenes ideologisches Konstrukt gebildet: die Begabungslehre. Nach diesem Konzept gibt es zwei Grundtypen von Begabung: die manuell-praktische und die geistig-theoretische. Man muss das jeweilige Talentmuster nur identifizieren und kann die Schüler dann zielsicher in die richtige Schulschublade einsortieren, so die Idee. Empirisch ist das alles nicht haltbar, da es *den* Hauptschüler als definierbares und determiniertes Begabungsprofil nicht gibt. Studien etwa zeigen, dass die Zuteilung von Schülern auf Schulformen zum Teil willkürlich erfolgt. Ein Viertel der Schüler von Realschulen lagen zum Beispiel im Jahr 2009 in ihren Lesekompetenzen über denen von Gymnasiasten, und selbst zehn Prozent der Hauptschüler lasen auf Gymnasialniveau.[20] Das heißt, es landen Schüler in Hauptschulen, deren Kompetenzen genauso hoch sind wie die von Gymnasiasten oder Realschülern. Dennoch hat sich die Begabungslehre lange als pädagogische Doktrin gehalten.

Bis in die 1950er-Jahre wurde in der Wissenschaft beharrlich die Auffassung vertreten, dass Begabung ausschließlich angeboren sei. Diese biologistische Sichtweise wich erst in den 1960er- und 1970er-Jahren einem dynamischen Begabungsbegriff. Nun rückten auch die Umwelteinflüsse in den Fokus. Die Leistungsfähigkeit der Schüler sollte in neuartigen Schulen gesteigert werden. Im Mittelpunkt des Diskurses stand damals das, was die Politik gerne das Mobilisieren der Begabungsreserven und das Verbessern der Bildungschancen nennt. Parallelen zur heutigen Pisa-Diskussion sind unübersehbar – auch in den 1960er-Jahren wurde die Debatte durch katastrophale deutsche Ergebnisse bei einer OECD-Studie angestoßen. Heute geht man eine Art Mittelweg: Die Auffassung, die menschlichen Fähigkeiten seien qua Geburt festgezurrt, gilt als unhaltbar; aber auch das Konzept, dass der menschliche Geist ein unbeschriebenes Blatt sei, das man durch Bildung frei gestalten könne, wird als unrealistisch zurückgewiesen. In populären gesellschaftlichen Debatten wird natürliche Begabung nach wie vor als entscheidender Faktor von Lernerfolg angesehen.

Die Begabungslehre gibt es allerdings nicht nur in den Köpfen, sie wird auch in der Praxis angewandt. In Bayern zum Beispiel, dem Land, das die Hauptschule so lange als erfolgreiche Schule pflegte. Schauen wir uns also eine bayerische Hauptschule, die mittlerweile in Mittelschule umbenannt ist, einmal vor Ort an.

Bayerische Verhältnisse

Die Fahrt in die bayerische Provinz ist ohne Auto nicht denkbar. Das Navi zeigt jedoch nur das Gymnasium und die Realschule des Schulzentrums an, die Mittelschule existiert auf der digitalen Landkarte nicht. Vor Ort steht sie dann doch da, genauso unansehnlich wie die anderen beiden Schulen.

Die Mittelschule und die Realschule waren an dem Kooperationsprojekt beteiligt, in dem Bayerns Länderregierung die Zusammenarbeit der beiden Schulformen erstmals offiziell erlaubte. Die Zusammenarbeit sei gut gewesen, berichtet der Schulleiter. Sie ging nicht wahnsinnig tief, aber es war ein Anfang. Dachte er. Inzwischen ist das jedoch schon wieder Geschichte. Das Ministerium in München hat den Schulversuch zwei Jahre laufen lassen, dann wurde er sang- und klanglos wieder beendet. »Wir kooperieren jetzt trotzdem noch«, erzählt der Mann. »Aber nicht mehr offiziell. Kooperation war ohnehin nur am Nachmittag und in Sport und Musik möglich.« Ist das denn erlaubt? »Ich bin weit weg von der Obrigkeit in München. Ich mache gerne Sachen, die noch nicht erlaubt sind.«[21]

Das gehört zu den speziellen bayerischen Verhältnissen. Dort sind die Gräben zwischen den Schulformen so tief, dass selbst das bayerische Kooperationsprojekt irgendwie ein Fortschritt war –

auch wenn sich Lehrer in anderen Bundesländern die Haare raufen würden, wenn sie hörten, wie so etwas in Bayern abläuft. Etwa, dass jedem Schüler bei dieser Art der Kooperation zwischen Realschulen und Mittelschulen jederzeit klargemacht werden musste, von welcher Schule er eigentlich kam. Es sollte kein Mittelschüler denken, er sei jetzt plötzlich ein Realschüler, nur weil er zum Beispiel mit den anderen Musik machte oder auf dem gleichen Sportfeld stand.

Was von der Kooperation übrig blieb, ist eine gemeinsame Hausaufgabenbetreuung am Nachmittag. Dort treffen sich 62 Schüler sogar aller drei Schulen des Ortes. »Wir arbeiten hier eng zusammen«, sagt Dorothée Spatz[22], die den offenen Ganztagsbereich des Schulzentrums mit den drei Schulen leitet. »Das bietet sich ja auch pädagogisch an«, ergänzt sie. »Es ist wichtig für die Schüler, denn ab der fünften Klasse trennt sich das ganz stark.« Sie macht eine Pause. »Das wissen Sie ja.« Sie hält es für nötig, den Besucher über die bayerischen Verhältnisse aufzuklären. Damit er nicht erschrickt. Sie berichtet also, dass die Schüler ab der fünften Klasse »nicht mehr so viel miteinander zu tun haben«. Die Gymnasiasten rümpften die Nase, und auch die Realschüler ignorierten die Hauptschüler. »Bei uns hier ist das ganz anders«, meint sie fröhlich. Die 62 Kinder machten am Nachmittag alles zusammen, ganz gleich, welcher Schulform sie am Vormittag zugerechnet würden.

Wenn man nun allerdings durch die Reihen der Schüler im Nachmittagsprogramm geht, stellt man fest: Die Gymnasiasten erledigen ihr Pensum oben im ersten Stock. Die Haupt- und Realschüler das ihre ein Stockwerk tiefer. Es wird weiter getrennt. Hier ist man offenbar schon froh, wenn die Schüler der drei verschiedenen Schülerspezies sich in einem gemeinsamen Gebäude aufhalten. Aber zusammenarbeiten? Nein, das tun sie nicht. Nun gesteht auch die Betreuerin des Kooperationsprojektes: »Ich bin eine Anhängerin des dreigliedrigen Schulsystems.« Sie, die gerade ein Loblied auf die gemeinsame Nachmittagsarbeit gesungen hat, argumentiert jetzt, das sei eben eine sehr geordnete Art, mit schulischen Dingen umzugehen. Jeder an seinem Platz, das habe sich bewährt. Bayern fahre damit sehr gut. So plätschert ihre Rede dahin – bis Frau Spatz aufschreckt. Es gebe etwas, das ihr in letzter Zeit Kopfschmerzen bereite. Was nicht mehr so gut hinhaue, sei nämlich die fehlende Passgenauigkeit in der Zuteilung der Schüler. Eigentlich verteile das Auslesesystem die Schüler korrekt und zielgenau. Nun aber komme ein Störfaktor hinzu – die Eltern. »Sie setzen ab der dritten Klasse die Kinder unter Druck. Und was dabei herauskommt – das merke ich immer wieder –, sind Schüler, denen es nicht gut geht.« Sie meint die Schüler, die im Unterricht nicht mehr mitkommen – weil die Eltern mit ihrem falsch verstandenen Ehrgeiz ihre Kinder zu hoch einstuften und gewissermaßen in die Falle der falschen Schulform lockten.

In der Turnhalle des Schulzentrums, die alle drei Schulen nutzen, haben heute die Mittelschüler Sport. Zwei sind mit Attest befreit und schauen von einer Bank aus zu: Marc und Lennart[23] aus der siebten Klasse. Lennart will einmal Forstwirt werden. Er möchte Bäume und Bepflanzungen so planen, dass der Wald überleben kann. Auch das Schießen auf Tiere störe ihn nicht, zwinkert er dem Gast zu. Ja, Förster sei ein toller Beruf, entfährt es dem Besucher. Doch Lennart legt Wert auf diese Korrektur: Er meine »Forstwirt«, nicht »Förster«. Denn Förster, das könne er nicht mehr werden, dieser Zug sei abgefahren. »Das ist schwierig«, sagt er, »da müsste ich ja Abitur machen. Und das geht nicht mehr.«[24]

Lennart ist 13 Jahre alt, er hat sowohl den Sprung in die Realschule verpasst als auch den in den M-Zweig seiner Schule. Dieser

IM LABYRINTH DER SCHULFORMEN

Eltern und Schüler brauchen inzwischen eine Gebrauchsanweisung, um sich im babylonischen Wirrwarr von Regel-, Sekundar- und Gemeinschaftsschulen zurechtfinden zu können.

1 **Sekundarschule:** Das ist ganz allgemein der Oberbegriff für weiterführende Schulen, also Schulen, die sich an die Grundschule anschließen. (Übrigens: Auch Grundschulen unterscheiden sich schon. In Berlin und Brandenburg dauert die Grundschule sechs Jahre, im Rest der Republik nur vier Jahre.)
  Zugleich heißt ein ganz konkreter Schultyp Sekundarschule, etwa die »Integrierte Sekundarschule« (ISS) in Berlin oder die »Sekundarschule« in Sachsen-Anhalt. In Berlin können Schüler auf der ISS das Abitur erwerben. In Sachsen-Anhalt gibt's nur den Haupt- und Realschulabschluss.
2 **Hauptschule, Realschule, Gymnasium:** Auch wenn jeder diese Schulformen kennt, gibt es selbst hier Mischformen und Umetikettierungen. Bayern etwa wollte den verhassten Schultyp Hauptschule nicht mehr und benannte ihn deshalb in Mittelschule um. Die Werkrealschule wiederum existiert nur in Baden-Württemberg. Dabei handelt es sich um eine Hauptschule, die auch einen Realschulabschluss anbietet. In Rheinland-Pfalz heißt diese Schule Realschule plus.
3 **Gesamtschule und Gemeinschaftsschule:** Die beiden Schultypen sind sich ziemlich ähnlich und integrieren verschiedene Schülertypen. Das heißt, hier finden sich nach gängigem Sprachgebrauch »Hauptschüler«, »Realschüler« und »Gymnasiasten« im selben Klassenzimmer wieder.
  Es gibt jedoch einen maßgeblichen Unterschied: In der Gesamtschule werden Schüler weiter getrennt, in der Gemeinschaftsschule

nicht. Was heißt das konkret? Die *integrierte Gesamtschule* schickt ihre Schüler ab der siebten Klasse in den Hauptfächern in verschiedene Leistungsgruppen: die Gymnasiasten in eine andere als die Realschüler und die Hauptschüler. Man nennt das »äußere Leistungsdifferenzierung«. Und, Achtung, Besonderheit: Die *kooperative Gesamtschule* hat nur ein gemeinsames Dach, darunter befinden sich die drei getrennten Einrichtungen Hauptschule, Realschule und Gymnasium.

Die Gemeinschaftsschule trennt Schüler also nicht mehr, sie lernen wie in der Grundschule in derselben Klasse weiter. Viele Schulen praktizieren das seit vielen Jahren erfolgreich (siehe dazu Kapitel 3). Auch die Stadtteilschule in Hamburg, die Sekundarschule in Berlin und Nordrhein-Westfalen sowie die Oberschule in Bremen sind integrierte Schulen, die den Weg zum Abitur ermöglichen.

4 **Regelschule, Oberschule, Sekundarschule etc.:** Das sind Namen für »Schulen mit mehreren Bildungsgängen«. Das heißt, in der fünften und sechsten Klasse lernen die Kinder zusammen in einem Klassenzimmer. Ab der siebten Klasse werden sie dann getrennt. Achten Sie bei diesen Schulen stets darauf, dass dort auch Schüler mit Realschulempfehlung sind. Das ist wichtig für die Mischung!

5 **Doppeldeutige Schularten:** Manche Schultypen haben denselben Namen, bedeuten aber etwas anderes. So sind Oberschulen in Sachsen nur rhetorisch aufgewertete Mittelschulen. Das Abi gibt's dort nicht. Bremen und Niedersachsen hingegen vergeben an ihren Oberschulen auch das Abi.

Gemeinschaftsschulen gibt es in mehreren Bundesländern – fast überall sind sie ein bisschen anders. In Berlin hat eine Gemeinschaftsschule in der Regel eine Oberstufe, in Schleswig-Holstein, Sachsen-Anhalt, Baden-Württemberg und im Saarland nur manchmal. In Berlin beginnt die Gemeinschaftsschule bereits in der ersten Klasse, in anderen Ländern nicht.

M-Zweig ist eine der bayerischen Besonderheiten. Der M-Zweig war an der Hauptschule eine Sonderklasse, die zum mittleren Schulabschluss führte. Diesen M-Zweig gibt es immer noch – obwohl doch die ganze Schule inzwischen eine Mittel-, also M-Schule ist. Diesen letzten engen Seitenweg zum Abitur aber hat Lennart verpasst. »Ich hätte auch gern die Chance, einen besseren Schulabschluss zu erreichen«, sagt Lennart, der, wenn er die Sporthalle verlässt, keine fünfzig Schritte gehen müsste, um Gymnasium oder Realschule zu betreten. So nah und doch so fern.

Marc, auch er 13 Jahre alt, möchte am liebsten Schauspieler werden. Er besucht oft das einige Kilometer entfernte frühere Landestheater. Zu Hause probt er kleine Rollen und versetzt sich in andere Charaktere hinein. Der Besucher will wissen, ob er denn schon in einer Theatergruppe mitmache.

»Was ist das?«, fragt er.

»Schüler, die Theater spielen.«

»Nein, bei uns in der Mittelschule gibt es das nicht«, sagt er.

»Aber drüben am Gymnasium haben die doch ganz sicher eine Theatergruppe«, hakt der Reporter nach.

»Aber da kann ich ja nicht hin, da ist doch das Gymnasium!«, sagt Marc.

»Die Theatergruppe ist bestimmt eine freiwillige AG, die am Nachmittag probt. Warum solltest du da nicht teilnehmen können?«

»Echt wahr! Sie meinen also, ich könnte mit *denen* zusammen proben?«, strahlt er. Marc ist einer der Jugendlichen, denen man die Begabungslehre mit Beckedorff'schen Argumenten noch im 21. Jahrhundert eingehämmert hat.

Termin beim Rektor der Mittelschule. Er wirkt engagiert, zugleich müde und abgekämpft. »Wir haben große Hoffnungen in diese Kooperation gesetzt«, sagt er. »Ich bin überzeugt davon, dass man meine Mittelschüler hier mitreißen, begeistern könnte. Das würde uns guttun.« Allein die Tatsache, dass die Schüler beim gemeinsamen Unterricht mit der Realschule von dem Kastenwesen befreit wären, das man ihnen täglich vorlebe – das würde vieles besser machen. Aber so sei die Situation nicht einfach, die soziale Mischung nicht gut. »Die Schüler, die nach der Grundschule in der fünften Klasse hier bei uns ankommen, sind oft schwer beschädigt. Die haben wenig Selbstwertgefühl«, erzählt der Schulleiter. Der Leistungsdruck und das Aussieben gingen schon sehr früh in den Grundschulen los. Tatsächlich wird das Bestehen der vierten Klasse in Bayern mittlerweile von vielen »Grundschulabitur« genannt. Von Weihnachten bis Anfang Mai büffeln Viertklässler durch, um die magische Schallgrenze eines Durchschnitts von 2,33 (Gymnasium) oder 2,66 (Realschule) zu erreichen.

Der Schulleiter redet sich unterdessen in Rage. »Die Umbenennung in Mittelschule war nur ein neuer Mantel. Alles äußerlich. Das merken die Schüler schnell, dass da nur ein Türschild ausgewechselt wurde«, sagt er. Und kommt dann darauf zu sprechen, was der eigentliche, der heimliche Plan bayerischer Schulpolitik gewesen sein könnte: dass man die Hauptschule in Mittelschule umbenannt habe, um sie dann leichter mit der Realschule fusionieren zu können. »Ja, kann sein«, sagt er, »dass das der Plan war. Die Fusion mit der Realschule kann aber nicht klappen, weil mit der großen Flucht von 2015 plötzlich Tausende von zusätzlichen Schülern kamen. Da waren wir plötzlich wieder gefragt als Mittelschule. Auch wenn unter den Geflüchteten viele Gymnasiasten sind – die lernen alle bei uns an der Mittelschule.«

Niemand will Hauptschule sein

Woher kommt dieser tiefe Graben zwischen Schulformen, die sich doch so nah sind? Das hat mit der Vergangenheit zu tun. Die Historie der Hauptschule ist eine der verpassten und verhinderten Gelegenheiten. Das gilt auch für die jüngere Geschichte nach dem Zweiten Weltkrieg. Im Jahr 1953 wurde der »Deutsche Ausschuss für das Erziehungs- und Bildungswesen« eingesetzt, ein Gremium, das Bund und Länder beraten sollte. Der Ausschuss bezeichnete die Volksschule als rückständig. Die volkstümliche Bildung dieser Schule genüge den Qualifikationserfordernissen einer boomenden Wirtschaft nicht mehr. Die schichtenspezifische Auslese – so warnte der Ausschuss schon damals – verfestige die alte Ständegesellschaft.[25] Der Deutsche Ausschuss setzte daher auf eine Reform der Volksschule, die aus Grundschule und Hauptschule bestand. Aber es gab auch Bedenken. Eine Öffnung der höheren Schulen für Hauptschüler führe zu deren Überschwemmung durch eine Schülerschaft, die in Wahrheit gar nicht für sie geeignet sei. Ein Abwandern der stärkeren Schüler werde wiederum die Hauptschule zu einer Restschule von Jugendlichen degradieren, deren Lebenschancen sich auf ungelernte Arbeit beschränken – gemeint war das untere Drittel ihrer damaligen Schüler.[26] Schon im Jahr 1957 warnte der Ausschuss vor der »Auspowerung« der Hauptschule.

Man lernt hier zweierlei: Erstens hat der Deutsche Ausschuss damit in den 1950er-Jahren ziemlich hellsichtig jenes Szenario vorhergesagt, das fünfzig Jahre später in der Rütli-Schule eintreten sollte – die Entstehung »kritischer Lernmilieus« und die Erschöpfung der Hauptschule. Zweitens wird hier die Dialektik von Reformen innerhalb eines gegliederten Schulsystems deutlich. Sobald man die höheren Schulformen öffnet, gehen der unteren

Schule die (guten) Schüler aus, und sie sackt buchstäblich in sich zusammen. Sie wird schnell zu einer Restschule – aber sogleich durch allerlei Notfallmaßnahmen reanimiert. Andernfalls müssten die Realschulen ja deren verbliebene Schüler aufnehmen – und das ist das Letzte, was der Realschullehrerverband will.

Aber die beste Politur des Türschilds hilft nichts. So gut die Hauptschule auch immer werden mag, sie bleibt, solange es höhere Schulen gibt, stets die unterste Schulform. Das setzt ein Perpetuum mobile von Aufstieg und Niedergang in Bewegung, das man aktuell in einigen Bundesländern beobachten kann. In Bayern etwa wurden die Hauptschulen 2011/12 in »Mittelschulen« umbenannt. Das half am Anfang, aber inzwischen wissen alle: Jetzt ist halt die Mittelschule die neue Restschule. In Sachsen ist man schon eine Namensetage höher, dort benannte man die untere Schulform, die Mittelschule, 2013 in »Oberschule« um. Auch mit dem neuen Türschild fällt es ihr schwer, Lehrer zu finden. Ein untrügliches Zeichen dafür, dass es bereits wieder bergab geht.

Der an den Deutschen Ausschuss anschließende »Deutsche Bildungsrat« – auch er ein Beratergremium, das für Bund und Länder Konzepte entwarf – versuchte ab Mitte der 1960er-Jahre den einzig denkbaren Ausweg aus diesem Dilemma zu finden: Man müsse die Hauptschule abschaffen – und damit logisch zwingend das dreigliedrige Schulsystem. Der Rat schlug daher so etwas wie eine Restlaufzeit für Hauptschulen vor. Die Schulform sollte erst aufgemotzt und dann mit anderen Schulformen fusioniert werden, sprich: beendet werden. Zunächst wurde die Hauptschule 1964 ganz offiziell unter diesem Namen eingeführt. Sie »schließt an die Grundschule an und endet mit der 9. Klasse. Eine 10. Klasse ist möglich«, legte die Kultusministerkonferenz (KMK) im sogenannten Hamburger Abkommen fest, das für alle Länder galt.[27] Im Jahr 1969 wurde die Hauptschule dann als »weiterführende Schule« anerkannt. Der Bildungsgesamtplan von 1973 sah schließlich die verschiedenen Schulformen nur noch als historisch überkommene Durchlaufstationen auf dem Weg hin zu einem integrativen Schulsystem an. Das heißt: keine Trennung der Schüler nach Leistung mehr. Der Plan ging allerdings nicht auf, denn der Bildungsrat kann in einem föderalen System den Ländern mit ihrer Kulturhoheit allenfalls Empfehlungen geben. Das wird auch bei jenem Bildungsrat nicht anders sein, der 2018 gegründet werden sollte. Und selbstverständlich haben unermüdliche Bildungsreformer sofort eine Petition gestartet, dass auch der neue Bildungsrat als Erstes über Bildungsgerechtigkeit verhandeln solle. Geschichte wiederholt sich eben doch.

Die Reiz-Reaktions-Muster sind stets dieselben, wenn es um die Abschaffung der Hauptschule geht. Denn ihre Auflösung bedeutet, dass sie dann in den anderen Schulformen aufgehen müsste. Ein solches Szenario ruft die immer gleichen Interessengruppen auf den Plan. In Deutschland fordert stets als Erstes der Deutsche Lehrerverband, die Hauptschulen zu erhalten, und das, obwohl der Verband gar keine Hauptschullehrer vertritt. Der Lehrerverband ist ein Dachverband, der Pädagogen aller Schulformen organisiert, Gymnasial-, Realschul-, Berufsschullehrer und so weiter – nur Hauptschullehrer findet man dort nicht. Warum engagiert sich der Verband dennoch für die Hauptschulen? Damit die Hauptschüler schön in ihren »Marienthal-Schulen« bleiben und sich nicht etwa Richtung Realschule oder Gymnasium aufmachen.

Das Sterben der Hauptschule sollte die Bildungsrepublik nicht in Trauer stürzen. Es ist ein überfälliger Schritt hin zu einer neuen Schulstruktur, heraus aus dem 19. und hinein ins 21. Jahrhundert. Mit dem Zusperren der Hauptschulen allein ist es aber nicht getan. Das beste Beispiel dafür ist die Rütli-Schule.

Dort hat die Transformation geklappt. Für die Neugeburt der Rütli-Schule scheuten Staat und Gesellschaft allerdings keine Kosten und Mühen. Die Stadt Berlin legte sogar eine Straße still, um einen eigenen »Campus Rütli« möglich zu machen. Dort ist eine Reihe von Stiftungen aktiv, welche die Schüler und die Schule unterstützt. Am modernen Märchen von Aschenputtel wollen eben viele teilhaben. Es müssen aber auch viele mitmachen, sonst klappt es nicht. Keine zehn Jahre nachdem die Lehrer die weiße Fahne der Kapitulation gehisst hatten, legten die ersten Rütli-Schüler das Abitur ab – an der Oberstufe ihrer eigenen Schule.

3 SLOW ABI: DIE LERNREVOLUTION

Am liebsten steuert Adrian Quadrokopter. Das sind jene Fluggeräte, die als kriegerische Drohnen oder neuerdings als Flugtaxi Berühmtheit erlangt haben. An der Ernst-Reuter-Gemeinschaftsschule in Karlsruhe haben sie solche Dinger für die Schüler, und damit wäre aus Adrians Sicht über diese Schule alles gesagt. Wenn man aber von dem Zehnjährigen genau wissen will, was seine Schule eigentlich ausmacht, dann sagt er: »Man kann hier beständig Druck aufbauen und Druck ablassen.« Der Reporter hört auf zu notieren und blickt ihn ratlos an. Die beiden Schulkameradinnen Adrians kichern jetzt, weil sie wissen, wie ihr Mitschüler sich ausdrückt. Novalee und Lea sind 13 und überragen ihn an Körpergröße. Dafür kann Adrian ganz gut erklären, was es mit der Gemeinschaftsschule auf sich hat: »In der normalen Schule bauen die Lehrer Druck auf, indem sie Prüfungen schreiben lassen und Noten geben. In unserer Schule ist das ganz anders. Da bauen wir Schüler den Druck auf – wenn wir das wollen. Ich kann mir zum Beispiel selber Druck machen, wenn ich mir in einem Fach das gymnasiale Niveau wähle. Ich kann mir aussuchen, in welcher Leistungsstufe ich lernen will.«[1]

Novalee, Lea und Adrian erzählen gerade einer Gruppe Neugieriger, wie ihre Schule funktioniert. Die Umstehenden nicken. Richtig verstanden haben sie noch nicht. Das ist auch gar nicht so einfach, denn das neue Lernen in Gemeinschaftsschulen stellt den bisherigen Unterricht auf den Kopf. Diese Form von Wissenserwerb hat nur noch wenig mit dem üblichen »Lehrer-steht-vor-der-Klasse-und-belehrt« zu tun, wie es die meisten noch aus ihrer Schulzeit kennen dürften.

Für Adrian und die anderen ist diese Verblüffung nicht neu. Sie müssen immer viel erklären, damit die Leute verstehen, dass sie, die Schüler, es selber sind, die ihr Lernen steuern. So wie Adrian den Quadrokopter fliegt, so sind er und seine Mitschüler die Piloten ihres Lernens. Früher hatten die Lehrer den Steuerknüppel in der Hand. Jetzt sitzen sie nur noch im Tower.

Die Ernst-Reuter-Schule steht ziemlich oft in der Zeitung, seit sie sich 2015 in eine Gemeinschaftsschule verwandelt hat. 17 Preise hat sie seitdem abgeräumt. Mal wird die soziale Arbeit der Schule prämiert, mal die Schülerzeitung »Ernschtle«. Im Jahr 2017 entsandte der Branchenverband der IT-Industrie einen Emissär nach Karlsruhe, um die Schule zur »Smart School« zu küren – zur besten Digital-Schule Baden-Württembergs. Plötzlich stand die Ernst-Reuter-Schule nicht nur im Lokalblatt, sondern kam auch in den Fernsehnachrichten vor. Ministerpräsident Winfried Kretschmann von den Grünen reiste an, um zu erfahren, was die Schule, für die sich vor einigen Jahren noch niemand interessierte, anders macht. Damals war sie noch eine »Werkrealschule«, was so viel hieß wie: Hier wird viel mit den Händen gemacht, weil die Schüler mit dem Kopf nicht so schnell sind.

Heute stehen die Adrians Schlange, wenn es um die Anmeldungen geht. Eltern nehmen weite Wege in Kauf, damit ihre Kinder an diese Schule kommen. Aus dem Aschenputtel ist eine Prinzessin geworden. Für viele Unterschichtskinder wird das Märchen vom sozialen Aufstieg durch Bildung greifbar, denn die Ernst-Reuter-Schule wird demnächst eine eigene Oberstufe bekommen, so dass sie dort bald auch Abitur machen können.

Die Schule steht damit beispielhaft für einen Trend, der das Schulsystem in Deutschland insgesamt erfasst hat – für den Boom der integrativen Schulen, in denen alle Schüler zusammen lernen. Ihre Zahl ist seit 2006 um sensationelle 300 Prozent gewachsen. In diesen Schulen wird der lange propagierte Unterrichtsstil »Einer an alle« abgelöst von einem Lernen, zu dem jeder Schüler etwas aktiv beiträgt: »Alle an alle, alle für alle!« Das ist eine Lernrevolution.

Viele Male schon haben Aktivisten, Pädagogen und hin und wieder auch Politiker versucht, das althergebrachte dreigliedrige System zu überwinden. Wilhelm von Humboldt bemühte sich bereits 1809 darum. Während der Revolution von 1848 stand die demokratische Schule fast schon in der Verfassung. Auch 1918, nach dem Ersten Weltkrieg, versuchten sich »entschiedene Schulreformer« an einer gemeinsamen Schule für alle. In den 1970er-Jahren machten sich die 68er daran, prinzipiell jedem den Durchstieg zum Abitur zu ermöglichen. Willy Brandts Idee einer sozialen Demokratie durch Bildung für alle wurde jedoch in einem zähen Klein-klein der Kultusministerkonferenz geschreddert.

Damals hieß die »Schule für alle« noch Gesamtschule. Die Schulminister machten aus ihr dann allerdings eine schlechte Kopie des dreigliedrigen Schulsystems. Selbst in Gesamtschulen zwangen sie die Schüler nämlich, sich in den Hauptfächern nach Leistung in drei Gruppen aufzuteilen. »Äußere Leistungsdifferenzierung« nannte man das, und es war in Wahrheit ein Programm sozialer Entmischung. Sie führte Schülern täglich mehrmals vor, wer die Nachzügler und wer die Überflieger in der Klasse waren. Aus Gesamtschulen wurden riesige Kästen, um zu gewährleisten, dass die so sortierten Gruppen jeweils ausreichend groß waren. Und weil daneben die Gymnasien bestehen blieben und der Gesamtschule das intellektuelle Potenzial entzogen wurde, genoss Letztere bald einen ziemlich schlechten Ruf. Gesamtschule, da stieg lange Pulverdampf auf, es schmeckte nach Technokratie, Planungswahn – und Scheitern.

Heute trägt die Gesamtschule häufig einen anderen, weniger anstößigen Namen: »Gemeinschaftsschule«. Unter dieser Marke wurde aus ihr eine breite Bewegung. Bis vor einigen Jahren gab es in Deutschland gut hundert Reformschulen, private und mutige staatliche Schulen, die mit einem anderen Lernen experimentierten. Von Schleswig-Holstein, Berlin und Thüringen ausgehend sind nach deren Vorbild inzwischen bundesweit über 2000 integrativ arbeitende Schulen entstanden. Zum Vergleich: An Gymnasien zählt das Land insgesamt 3000. Die Gemeinschaftsschule arbeitet tatsächlich anders als das Gymnasium. In dieser Schulform – wiewohl sie in den Ländern verschieden interpretiert wird – ist die äußere Leistungsdifferenzierung nicht mehr gestattet. Die Schüler aller Talente bleiben also in einer Klasse zusammen. Hauptschüler, Realschüler und Gymnasiasten – wenn es sie denn jeweils überhaupt in dieser Reinform gibt – werden nicht mehr getrennt, sondern lernen durchweg gemeinsam.

Wobei: Die Anordnung des Lernens ist ein bisschen zu komplex, um es allein mit »Alle bleiben zusammen« korrekt zu beschreiben. Gegner dieser Schulform versuchen sie dadurch abzuqualifizieren, dass sie von »Einheitsschule« sprechen. Das führt in die Irre, denn das große Stichwort der Gemeinschaftsschule heißt Individualisierung: Jedes Kind lernt in seiner Geschwindigkeit. Die je eigene Art jedes Schülers, die Dinge zu verstehen, ist die oberste Maxime der Gemeinschaftsschulen.

Der Name »Einheitsschule« passt viel besser für die Regelschule. Am treffendsten könnte man sie wohl »Gleichschrittschule« nennen, denn die Grundidee, ein Schulsystem nach Leistung in drei Schulformen zu gliedern, lautet: Wir sortieren die Schüler in möglichst homogene Leistungsgruppen, dann können alle im gleichen Tempo lernen, im Gleichschritt. Das hört sich ein bisschen militärisch an, aber allzu oft funktioniert die normale Schule noch bis heute auf diese Weise: Einer gibt den Ton an, die anderen müssen folgen. Max Weber nannte das daraus abgeleitete Prinzip »bürokratische Herrschaft«. Es gibt schriftliche Dokumente, also Lehr- und Stundenpläne, die genau einteilen, was wann gelernt werden muss. Wenn ein Schüler nicht mitkommt, wird er schlechter zensiert. Im Notfall lässt man ihn sitzen oder er wird sogar in eine niedere Schule »abgeschult« – ein Begriff, den es nur im Deutschen gibt. Der Unterrichtsalltag sieht ungefähr so aus: Der Lehrer bittet die Schüler, das Buch auf einer bestimmten Seite aufzuschlagen. Und alle müssen dann in der nächsten Stunde zwei Seiten weiter sein.

Beim neuen Lernen gibt es dieses kollektive Stop-and-go nicht mehr.

Jeder in seinem Tempo

Die Grundidee der Gemeinschaftsschule ist, dass nicht mehr alle in der gleichen Geschwindigkeit lernen. Der Frontalunterricht als die alles dominierende Lernmethode ist damit obsolet. »Nicht jeder Schüler steht an der gleichen Stelle«, erklärt Micha Pallesche, der Schulleiter der Ernst-Reuter-Schule. »Das ist die eigentliche Stärke der Gemeinschaftsschule: Jeder kann in seinem Tempo lernen.«[2] Die Schulform bietet drei grundsätzliche Tempi an. An der Ernst-Reuter-Schule heißen sie grundlegendes, mittleres und erweitertes Niveau. »Aber auch damit ist es noch nicht getan«, ergänzt Pallesche, dem man den Stolz auf seine Arbeit ansieht. »Herr Pallesche, das erweiterte Niveau reicht mir nicht«, hört er seine Schüler immer wieder in Coaching-Gesprächen sagen. Sie wollen also schneller lernen, oft sogar schneller, als es das gymnasiale E-Niveau hergibt. Dann gibt ihnen Pallesche zusätzliche Aufgaben. An manchen Gemeinschaftsschulen ermöglicht man dieses superschnelle Lernen in zusätzlichen Leistungskursen, wie man sie aus Schulen für Hochbegabte kennt. Mit anderen Worten: Wofür anderswo eigene Schularten eingerichtet werden müssen, das schafft die Gemeinschaftsschule intern. In den vermeintlichen Einheitsschulen geht es bunt zu.

Genau besehen, ist die unterschiedliche Geschwindigkeit jedoch gar nicht das wichtigste Merkmal des neuen Lernens. Fragt man Felix Bruder, der an der »Evangelischen Schule Berlin Zentrum« (ESBZ) bald sein Abitur machen wird, welche Elemente der Gemeinschaftsschule die wichtigsten sind, dann antwortet er: »Es geht um die Selbstverantwortung der Schüler.«[3]

Der Reporter fragt nach: »Gibt es noch mehr Eigenschaften? Das kann doch eigentlich nicht alles sein.«

Felix: »Klar gibt es unzählige andere Sachen, die wichtig sind. Aber alle Arten des Lernens, alle Fächer hier lassen sich auf dieses eine Prinzip zurückführen: Selbstverantwortung.«

Felix muss noch fünf Abiturprüfungen ablegen, dann weiß er, ob er seine Traumnote 1,0 geschafft hat. Als er zusammen mit anderen Schülern von seiner Grundschule an die ESBZ wechselte, hatte er einen mittleren Notenschnitt. Er und einige Mitschüler waren bis dahin eher durch ihr Umweltengagement aufgefallen als durch Lerneifer. Sie hatten zum Beispiel in den Straßencafés im Bezirk Prenzlauer Berg Gäste befragt, warum sie ihren Kaffee unter dem Klimakiller Heizpilz tranken. Zeitweilig waren sie dabei von einem Kamerateam des Rundfunk Berlin-Brandenburg begleitet worden, was die Wirksamkeit der Interviews durchaus erhöht haben dürfte. Als die damalige Schulleiterin der ESBZ hörte, dass sich die »Heizpilz«-Gang an ihrer Schule bewarb,

WORAN ERKENNE ICH EIN SANFTES ABI?

Sie wollen, dass Ihr Kind mit mehr Spaß lernt, also ohne Druck. Aber Sie wollen zugleich den Weg zum Abitur offenhalten – am besten, ohne dass Ihr Kind die Schule wechselt. Damit haben Sie die zwei wichtigsten Anforderungen, auf die Sie an Ihrer Wunschschule achten sollten.

1 **Sanfter lernen:** Zum Lernen ohne Druck gehört, erstens, dass nicht mehr nur das eine Lernformat Frontalunterricht existiert – der Lehrervortrag, bei dem die Schüler vor allem zuhören sollen. Und zweitens hilft es, wenn es Projekte gibt. (–> Wie ein gutes Lernprojekt aussieht, S. 148)

Das sanfte Lernen hängt stark von der Lehrperson ab. Tatsächlich ist es aber eine Systemfrage. Zählt an der Schule, für die Sie sich entscheiden wollen, das Stichwort »individuelles Lernen« etwas? Der Witz am individuellen Lernen ist, dass wir es oft noch nicht verstehen, weil wir es in der Schule nicht selbst erlebt haben. Nun findet dieses Lernformat immer öfter statt. Erkundigen Sie sich, ob die Schule mit »Lernbüros« oder »Lernateliers« arbeitet. Und wenn es die gibt, dann schauen Sie sich das einfach mal an. Sie werden sehen: Hier entscheiden die Schüler, was und wie sie lernen. Dieses Lernformat ist selbstbestimmt. Das ist der eigentliche Schlüsselbegriff, denn in Wahrheit geht es nicht um sanft, sondern um selbstständig.

Sie meinen, in einer Klasse zu hospitieren sei zu viel Aufwand? Nun, kaufen Sie sich etwa ein neues Auto ohne Probefahrt? Natürlich nicht. Wieso schauen Sie sich dann nicht auch mal an, wie das Lernformat aussieht, in dem Ihr Kind sechs bis neun Jahre lernen wird? Hospitieren Sie!

Abitur: Am einfachsten lässt sich das Kriterium »Abitur« überprüfen. Bei Gymnasien ist es logischerweise immer erfüllt. Bei allen anderen Sekundarschulen gilt: Fragen Sie, ob es eine Oberstufe gibt. Falls diese Oberstufe nicht existiert: Ist eine geplant? Kooperiert die Schule vielleicht mit anderen Schulen, an deren Oberstufe Ihr Kind das Abitur ablegen kann?

Sie können aber ruhig noch tiefer bohren. Hat die Schule, an der Sie Ihr Kind anmelden wollen, bereits Erfahrung mit dem Abitur? In dem Zusammenhang ist auch die Frage interessant, ob es Gymnasiallehrer (Studienräte) an der Schule gibt. Wenn ja, sprechen Sie diese an. Sie werden sehr schnell dahinterkommen, ob es sich dabei um Strafversetzte handelt, die eigentlich gar keine Lust auf Gemeinschaftsschule haben. Oder ob Sie jemanden vor sich haben, der ganz bewusst an ein Nicht-Gymnasium gewechselt ist – weil er oder sie Druckbetankung und Frontalunterricht leid ist.

Falls Sie keine Studienräte finden, ist das leider kein gutes Zeichen. Wenn eine ehemalige Haupt- und Realschule eine Oberstufe aufbauen will, dann braucht sie dazu Lehrer, die sich damit auskennen. Genauso wichtig ist es, bereits auf dem Weg zur Oberstufe gymnasiale Standards unterrichten zu können.

Wichtig für das Lernen an integrierenden Schulen sind vor allem Lehrer, die mit heterogenen Lerngruppen umgehen können – und das auch wollen. Oft ist für Studienräte schon das Bilden einer spontanen Klein-AG nicht so einfach, denn die Schüler verwandeln sich eben nicht auf Kommando in fleißige Arbeitsgruppen. Wer anderes erwartet, verkennt den Schulalltag, ignoriert Überraschungen – und übersieht die Eigenheiten der Kinder, also verhaltensoriginelle Kinder oder jene, die bedrückt sind oder die einfach mal mit dem falschen Fuß aufgestanden sind. Kurz: Das System allein macht noch keine gute Schule aus. Auch hier gilt: Auf den Lehrer kommt es an.

nahm sie alle auf einmal auf. Der Notendurchschnitt interessierte damals niemanden.

Felix ist natürlich eine zu kleine Stichprobe, um das Lernen in einer Schulform repräsentativ zu beschreiben. Zumal alle Gemeinschaftsschulen tatsächlich ein bisschen anders mit der Autonomie ihrer Schüler umgehen. Das stellten sogar die pädagogischen Leiter vier berühmter deutscher Reformschulen – allesamt Vorläufer der heutigen Gemeinschaftsschulen – mit Erstaunen fest, als sie auf dem Podium eines Kongresses über ihre sogenannten Lernbüros sprachen. Darüber, dass beispielsweise in der Hamburger Max-Brauer-Schule ein Schüler im Lernbüro ein halbes Jahr nur Deutsch machen konnte (und dafür etwa Mathematik völlig wegließ), war der Vertreter der Bodenseeschule St. Martin regelrecht entsetzt. Dort heißt das Lernbüro »Wochenplanarbeit«, und wenn ein Schüler einen Tag kein Mathe macht, sagt der Lehrer: »Du, Michael, morgen musst du wieder Mathematik lernen.« An der Max-Brauer-Schule kommt so etwas nicht vor, berichtete Schulleiter Tim Hagener. »Wenn Stefanie drei Monate lang nicht Mathe machen will, dann muss sie auch selbst herausfinden, ob das gut für sie ist. Und es selbst verantworten.«

Die Idee ist bei allen diesen Schulen, den Kindern möglichst früh beizubringen, wie sie ihren Lernprozess selbst verstehen und steuern können. Daher beginnen zum Beispiel in Berlin die Gemeinschaftsschulen bereits ab der ersten Klasse, in der die Schüler einüben, mit Tages- und Wochenplänen umzugehen. Das sind offene Stundenpläne, nach denen die Sechs- bis Zwölfjährigen (in Berlin dauert die Grundschule sechs Jahre) selbst entscheiden, wann sie Rechnen üben oder ob sie den Tag lieber mit Schreiben beginnen. In der Sekundarstufe entscheiden die Schüler dann in bestimmten Fächern eigenständig, wann sie welchen Baustein lernen. Felix Bruder zum Beispiel absolvierte in der siebten Klasse bereits Lerneinheiten der neunten Klasse in Geschichte. Als er in der 12. Klasse war, gab er zusammen mit einem Geschichtslehrer einen Kurs – für seine Mitschüler. Er wurde also selbst zum Lehrer. Das Selbstbewusstsein, das er aus dem Fach Geschichte zog, trug letztlich dazu bei, dass er in allen Fächern besser wurde. Nun steht er vor einem Traumabi.

In Regelschulen dominiert die Mutter aller Lernformate, die sogenannte frontale Instruktion, auch Frontalunterricht genannt. Das ist eine ziemlich alte und nicht immer effektive Methode des Lernens. Ihr Vorläufer ist der sokratische Dialog eines Meisters mit seinen Schülern in der athenischen Bildung. Zugleich ist der Frontalunterricht auch eine simple Anordnung. Der Lehrer als Sender, die Schüler als mehr oder weniger passive Zuhörer. Kritiker des Formats Frontalunterricht sagen, dass ein Pädagoge auf diese Weise nur das Mittelmaß der Klasse erreicht. Würde er nur mit der Leistungsspitze der Klasse in Dialog treten, würde er viele Schüler übersehen oder überfordern. Richtete er das Wort an die langsameren Schüler, dann würde er den großen Rest der Klasse langweilen. Frontalunterricht hat also Grenzen. Jeder, der ihn erlebt hat, weiß, was gemeint ist. Und jeder weiß auch, wie leicht man sich Frontalunterricht entziehen kann: »Lass den Lehrer mal mit dem Streber, dem Eiferer und dem Klassenclown quatschen, ich geh derweil auf Tauchstation.«

Dennoch hat der Frontalunterricht einen unschätzbaren PR-Effekt: Jeder kapiert sofort, was damit gemeint ist.

Das neue Lernen besteht im Gegensatz dazu nicht aus einem Lernformat, sondern aus vielen. Das erleichtert für die Schüler das individuelle Lernen. Der fest formatierte Unterricht wird zugunsten vieler individueller Phasen und Formate aufgebrochen. Nicht jedem Beobachter aber gelingt es sofort, dieses Lernen zu durchschauen.

Autonom im Lernbüro

Da sind zunächst die genannten »Lernbüros« – Lerneinheiten, in denen sich die Schüler allein oder in Gruppen durch eine Aufgabenstellung arbeiten. Kommen sie nicht weiter, gehen sie zum Lehrer oder stellen ein Schild auf den Tisch, das dem Pädagogen anzeigt: »Ich habe eine Frage, bitte kommen Sie!« Das Format Lernbüro heißt oft anders, »Lernatelier« zum Beispiel oder »Lernwerkstatt«. Es ist auch in vielen Grundschulen verbreitet und heißt häufig Frei-, Still- oder Wochenplanarbeit.

Das gemeinsame Lernen in heterogenen Gruppen ist momentan das große Thema an Schulen und auf Fachkongressen. Beim Treffen der Gesellschaft für Erziehungswissenschaft in Essen im Frühjahr 2018 etwa gab es mehrere Veranstaltungen zur aktuellsten Frage des deutschen Schulsystems: Wie kann man Schüler verschiedener Lerngeschwindigkeit im gleichen Klassenraum fördern? Auf Videos beobachteten die Forscher, wie eine Lehrperson einen Unterricht so arrangieren kann, dass die Aktivität des Lernens vom Schüler ausgeht – und der Lehrer dennoch jederzeit als Auskunftsgeber bereitsteht.

Neben dem Lernbüro gibt es ein zweites wichtiges Lernformat: das »Projekt«. In Gemeinschafts- und Reformschulen existieren alle möglichen Arten von Projekten, in denen die Schüler allein oder in Teams lernen. Damit ist häufig gemeint, dass sie forschend lernen, sich also eine Aufgabe stellen und das dafür notwendige Wissen selbst erarbeiten. Diese Projekt- oder Studienphasen dauern viel länger als die übliche Gruppenarbeit, wie sie heute jede Schule zulässt. An Regelschulen findet Gruppenarbeit allerdings meist nur für ein paar Minuten innerhalb einer Schulstunde statt, und Projekttage werden nicht selten auf einen der letzten Tage vor den Ferien geschoben.

In Gemeinschaftsschulen können Lernprojekte dagegen kolossale Ausmaße annehmen. An der Helene-Lange-Schule in Wiesbaden zum Beispiel dauern sie bis zu fünf Wochen. In dieser Zeit drehen die Schüler einen Film oder bereiten ein Theaterstück vor. An der schon zitierten Evangelischen Schule Berlin Zentrum erstrecken sich Projekte über eine Woche (»Lernexpedition«, »Pulsar«), drei Wochen (»Herausforderung«) oder gar drei Monate (»Alle ins Ausland«). Hinter »Herausforderungen« verbergen sich große Exkursionen. Größere Bekanntheit erlangte dieses Format unter anderem durch Beispiele wie das folgende. Im großen Saal des Bregenzer Festspielhauses sind fast tausend Gäste versammelt, alles Teilnehmer des Bildungskongresses »Archiv der Zukunft«. Die Stimmung ist gut, aber das liegt diesmal nicht an den Gesprächen über gelingendes Lernen, sondern an der zwölfköpfigen Big Band. Die Kongressteilnehmer sind begeistert. Besonders der Schlagzeuger hat es den Festgästen angetan, außerdem der Frontsänger. Was kaum einer ahnt: Die beiden jungen Kerle waren bis vor Kurzem noch so etwas wie Sorgenkinder an der ESBZ.

Als es darum ging, sich ein Ziel und Mitschüler für die »Herausforderung« zu suchen, fiel den beiden Burschen wenig ein. Sie hatten ein Problem, sich mit Freunden ein Ziel zu suchen, auch weil sie nicht immer viele Freunde hatten. Also gingen Peter und Paul – nennen wir sie einmal so – beinahe leer aus. Bei einer Herausforderung an der ESBZ macht sich eine Gruppe von Schülern ohne Lehrer auf den Weg. Sie organisieren vollkommen selbstständig eine dreiwöchige Reise oder eine Unternehmung. Dabei werden sie nicht von einem Lehrer begleitet, sondern von einer eigens angeheuerten Person, die aber eher wie ein Schatten oder Schutzengel mitfährt. Sie greift erst ein, wenn etwa ein Streit nicht geschlichtet werden kann oder ein Moment der Gefahr auftritt. Wenn sich die Schüler auf einer Radtour nach Amsterdam oder an die Ostsee – Radtouren sind beliebte Herausforderungen – verfahren, hält sich der Begleiter zurück. Kein Wunder, dass dieses Format für die Väter und Mütter oft die größte Herausforderung darstellt. Sie sollen sich in die Vorbereitung der Reise nicht einmischen, dürfen ihre Kinder drei Wochen nicht anrufen, und ihre Zöglinge bekommen ein Taschengeld von maximal 150 Euro mit auf die Fahrt.

Doch zurück zu Peter und Paul und dem tanzenden Kongress. Die beiden Jungs blieben am Ende deshalb nicht zurück, weil ein Musiklehrer eine sehr spezielle Herausforderung für Schüler wie sie anbot, die sich noch nicht entschieden hatten: die Gründung einer Band. Geprobt werden sollte drei Wochen lang in einer aufgelassenen Industriehalle irgendwo in Brandenburg. Die Bandgründung verlief erfolgreich – und wurde zugleich eines der bewegendsten Projekte der Evangelischen Schule. Die Band begeisterte nicht nur die tanzenden Kongressteilnehmer, sondern rührte die Eltern von Peter und Paul zu Tränen. Denn die beiden Stars des Abends in Bregenz waren im dreigliedrigen Schulsystem ursprünglich als Lernbehinderte eingestuft worden und sollten an eine Förderschule verwiesen werden. Das dreiwöchige Proben und die fulminanten Auftritte – nicht nur in Bregenz – sollten sie im Ansehen ihrer ESBZ-Mitschüler weit nach oben katapultieren – und ihrer Selbstachtung enormen Auftrieb geben. Aus Peter und Paul wurden keine Superschüler, aber ihre Ergebnisse verbesserten sich stark. »Wir haben eine regelrechte Irrfahrt mit unserem Sohn durch das Schulsystem unternommen«, sagte Peters Vater. »Jetzt ist er zum ersten Mal bei sich angekommen.«

Lange bevor die ESBZ die Herausforderung als Lernmethode bekannt machte, gab es Vorreiter, die mindestens genauso spektakulär waren. Eine Schule in Hamburg-Winterhude zum Beispiel überquerte mit Schülern die Alpen – auf Fahrrädern. Und die schon genannte Max-Brauer-Schule, ebenfalls in Hamburg, schickt schon lange beinahe jedes Jahr eine Schülergruppe zu einem Segeltörn auf See. In Potsdam teilten sich die Montessori-Oberschule und die Berliner Heinrich-von-Stephan-Gemeinschaftsschule eine Zeit lang ein altes Waldstück für Projekte. Die Waldhof-Schule in Templin hat sich gleich einen ganzen Wald von mehreren Hektar Größe zugelegt und beschäftigt dort einen eigenen Förster. Der Wald ist ein ganz normaler Teil des Lernens an dieser inklusiven Schule geworden, die früher eine Schule für geistig Behinderte war. Dennoch gibt es einen Unterschied zwischen all diesen Projekten und denen der ESBZ: An der Evangelischen Schule planen die Schüler ihre Herausforderungen autonom.

Radikale Projekte

Lernprojekte solcher Ausmaße sind in jeder Hinsicht radikal und in Regelschulen wegen ihres zeitlichen Umfangs oft nicht machbar. Ein normales Lehrerkollegium würde wahrscheinlich ablehnen, ein so großes Projekt zuzulassen – mit Verweis auf die eigenen Fächer im Lehrplan. Lehrer müssen bei solchen Projekten aber nicht nur ihr jeweiliges Fach loslassen. Sie müssen auch ihre Autorität als Lehrer neu definieren. Denn es sind nicht mehr sie, die bestimmen, welcher Aufgabe sich die Schüler stellen, sondern die Lerner entscheiden das.

Es gibt Lehrer und Schulerneuerer, die der Meinung sind, dass das Lernen in Projekten nicht die Ausnahme, sondern die Regel werden sollte. Florian Nohl etwa leitet die Karl-Friedrich-Schimper-Schule Schwetzingen, eine der neuen Gemeinschaftsschulen in Baden-Württemberg. Auch dort gibt es inzwischen

Lernbüros. Nohl hat sich Materialien und ganze Lerneinheiten (»Bausteine«) von der ESBZ besorgt, und so entscheiden auch seine Schüler im normalen Schulalltag selbst, an welchem Fach sie arbeiten und in welcher Geschwindigkeit sie lernen wollen. Nohl sagt aber auch: »Wir müssen noch viel radikaler und freier werden. Die Freiheit des Lernens im Lernbüro ist ein Klacks gegen die großen Projekte, in denen die Schüler selbst entscheiden, was sie erforschen und lernen wollen.«[4] Er weiß, mit welchem Projekt er beginnen will: Die Schüler sollen darüber nachdenken, wie sie ihren Schulhof gestalten. Es könnte das erste große eigenständige Projekt werden – Nohl will die Schule in ein großes Büro für Landschaftsplanung und Schulhof-Architektur verwandeln. Es wäre zugleich eine konkrete Anwendung der Fächer Geografie, Geschichte, Mathematik, Physik und Kunst.

Allein, so optimistisch wie Florian Nohl denken in Baden-Württemberg derzeit nicht alle. Dort sind zwar in kurzer Zeit 300 Gemeinschaftsschulen entstanden, aber es riecht wieder nach Pulverdampf. Um die neue Schulart ist – wie einst um die Gesamtschule – eine heftige politische Auseinandersetzung entbrannt.

Wütende Pioniere

Die Fraktion der Grünen im Stuttgarter Landtag hat eingeladen. Hunderte Menschen sind gekommen, um fünf Jahre Gemeinschaftsschule zu feiern. Der Fraktionschef der Grünen ist da, die Kultusministerin der CDU, die Festrede hält der grüne Ministerpräsident Winfried Kretschmann. Darin nennt er die Eltern, die Bürgermeister und vor allem die Lehrer, die Gemeinschaftsschule möglich machen, Pioniere. »Sie sind initiative Menschen, die auch mal was riskieren«, lobt er. »Genießen Sie das auch. Pionier zu sein, das hat man nicht immer.«[5]

Als Kretschmann das sagt, klatschen manche Gäste, einige raunen. Beim anschließenden Essen sitzt die Lehrerin einer Gemeinschaftsschule vor ihrer Suppe und ist sauer. »Das ist zynisch: Da arbeitest du immer mehr, und zur Belohnung nennt man dich dann einen Pionier«, sagt sie. »Die Wahrheit ist: Die Grünen begehen gerade Verrat an der Gemeinschaftsschule. Erst bauen sie was auf – und dann geben sie die Verantwortung dafür an die CDU.«

Die Frau, die so wütend ist, arbeitet an einer kleinen Gemeinschaftsschule in Limbach. Als ihre Schule den Antrag stellte, sich in die neue Schulart zu verwandeln, ging es in erster Linie darum, sich gegenüber anderen Schulen einen Konkurrenzvorteil zu verschaffen, denn auf dem Land herrscht das große Schulsterben. Für die Hauptschulen und die sogenannten Werkrealschulen sind nicht mehr genug Schüler da. Schritt für Schritt ergriff dann der Geist des anderen Lernens die Lehrerschaft. Man begann, ein »Lernband« einzurichten – so nennt man dort das Lernbüro. Im Lernband arbeiten die Schüler individuell an ihren Lernplänen in den Kernfächern Deutsch, Mathematik und Englisch. Manch einer an der Schule träumte vielleicht auch schon davon, irgendwann eine Oberstufe zu bekommen. Doch nun ist ziemlich klar: Eine eigene Oberstufe wird es nicht geben, denn Schulministerin Susanne Eisenmann (CDU) hat ihren festen Willen bekundet, so wenig Oberstufen wie möglich zuzulassen. Als erste Amtshandlung verkündete die neue Ressortchefin, die vermeintliche Bevorzugung der Gemeinschaftsschulen zu beenden und die Zahl der genehmigten Oberstufen zu begrenzen. Es werde sie nur in Einzelfällen geben. Von zehn Oberstufen ist die Rede – für Hunderte Gemeinschaftsschulen in ganz Baden-Württemberg.

In dem Bundesland sind darüber nicht wenige so wütend wie

die Lehrerin aus Limbach. Denn den Gemeinschaftsschulen die Oberstufen vorzuenthalten stellt nicht irgendeine marginale Änderung am Konzept dar. Gemeinschaftsschule, das heißt »anders lernen« plus Abitur – ein *Slow Abi*, wenn man so will. Dass ihre Kinder anders lernen können, ist ein hoher Anreiz für viele der heutigen Eltern. Ohne die Möglichkeit, dabei auch die Hochschulreife zu erlangen, ist der Anreiz allerdings viel kleiner. Viele Eltern sehen dann keinen Grund mehr, warum sie ihre Kinder an einer Gemeinschaftsschule anmelden sollten. »Ohne Oberstufe wird es für diese Schulform nicht leicht, sich durchzusetzen«, prophezeit deshalb Florian Nohl aus Schwetzingen.[6]

Wer diesen Schulen das Abitur vorenthält, entzieht ihnen aber vor allem das intellektuell anreichernde Milieu, das sie für ihre Art des Lernens brauchen. Chiara zum Beispiel besucht die Michael-Buck-Gemeinschaftsschule in Ertingen. Chiara hat von ihrer Grundschule eigentlich eine Gymnasialempfehlung bekommen. Ohne eine Gemeinschaftsschule vor Ort wäre sie nach der vierten Klasse auf das Gymnasium im 15 Kilometer entfernten Bad Saulgau gegangen. So aber ist sie geblieben, und sie und die anderen Gymnasialkinder verändern das Lernen an der ehemaligen Werkrealschule. Es ist keine Restschule mehr, die dem Ableben entgegendümpelt und diese bleierne Atmosphäre auf die Schüler überträgt. »Um überleben zu können, war klar: Wir wollen Gemeinschaftsschule werden«, sagt die stellvertretende Schulleiterin.

Auch für Ertingens Bürgermeister Jürgen Köhler ist es wichtig, eine Schule vor Ort zu haben. »Wir können es uns als Gemeinde in einer wirtschaftlich starken Region wie Biberach nicht leisten, keine weiterführende Schule zu haben«, erklärt er. Aber Köhler denkt weiter. »Unser Ziel ist es, eine Oberstufe zu bekommen. Man braucht heutzutage nicht irgendeine Schule, sondern eine, die unsere Kinder auf eine Zukunft vorbereitet, die wir noch nicht genau kennen.«[7] Dazu sei es wichtig, die Kinder mit gymnasialer Empfehlung so lange wie möglich zu halten. Schüler wie Chiara etwa bleiben jetzt bis zur zehnten Klasse – dann wechseln sie auf ein Gymnasium anderswo.

Bürgermeister Köhler will die Chiaras nicht mehr ziehen lassen. Er hat beim Hospitieren verstanden, dass in Gemeinschaftsschulen verschiedene Talente zusammen lernen – und genau deswegen ihr Potenzial besser entwickeln können. »Das ist ein großer Fortschritt.« Wie Köhler denken viele Bürgermeister in Baden-Württemberg, in deren Komunen es im Mittelstand Hunderte europäische und Weltmarktführer gibt. Dort kann man mit Hauptschulen keinen Blumentopf mehr gewinnen.

Ulrike Felger ist eine Elternvertreterin, die sich engagiert für die Gemeinschaftsschule einsetzt. Sie kommt ursprünglich nicht aus Baden-Württemberg und fand die strikte Trennung zwischen Gymnasiasten, Realschülern und Hauptschülern schon immer künstlich und falsch. Daher hat sie ihre Kinder sofort für diese neue Schulart angemeldet. »Der soziale Ausgleich und eine andere pädagogische Kultur und auch Umgangs-Kultur sind konzeptioneller Teil der Gemeinschaftsschule, das hat mich begeistert.« Inzwischen gehört auch Felger zu denen, die wütend sind. »Hier kann man zusehen, wie eine zukunftsorientierte Schulart von der Politik kaputt gemacht wird«, sagt sie. Die CDU schiebe die junge Schulform aufs Abstellgleis – und die Grünen schauten tatenlos zu. »Diese Partei hat die Gemeinschaftsschule vor fünf Jahren zusammen mit der SPD nach Baden-Württemberg geholt. Und jetzt fallen sie der destruktiven Politik der Kultusministerin nicht entschieden in den Arm – weil der Koalitionsfrieden über allem anderen steht.« Und dann sagt Felger: »Ich habe inzwischen das Gefühl, dass die Grünen unsere Kinder als Versuchskaninchen benutzt haben. Sie haben uns Familien diese Schule mit neuem Lernen und Chance zum Abitur angeboten – jetzt lassen sie uns im Stich.«[8]

Versuchskaninchen

Wenn Ulrike Felger von »Versuchskaninchen« spricht, dann klingt das ein bisschen hysterisch. Tatsächlich lässt sich am Beispiel der Gemeinschaftsschulen eine seltsame, ja irrationale Politisierung beobachten. Das hat mit zwei Phänomenen zu tun:

Erstens, den Ebenen in der Politik. Auf kommunaler Ebene kann man pädagogische Experimente machen, auch gewagte; sobald es aber auf die Landesebene kommt, wird's politisch brisant.

Zweitens, das Abitur am Gymnasium ist eine heilige Kuh. Sobald es einer anfasst, wird es heikel.

Als Susanne Eisenmann noch Schulbürgermeisterin in Stuttgart war, bereitete sie insgesamt acht Schulen darauf vor, Gemeinschaftsschule zu werden. Sie selbst erinnert immer wieder daran. Sie gab ohnehin gern eine CDUlerin, die keine Angst vor den Konservativen ihrer Partei zeigt. Als Kultusministerin aber fährt sie plötzlich einen ganz anderen Kurs. Nun redet sie fast nur noch von den Realschulen, die nicht benachteiligt werden dürften – und vernachlässigt gleichzeitig die Gemeinschaftsschule. Sie kleidet das in diplomatische Formeln, deren Gift oft erst beim Nachhören wirkt. Man dürfe nicht ungerecht zu den Gemeinschaftsschulen sein, sagte sie etwa bei der Stuttgarter Festveranstaltung der Grünen, um dann nachzuschieben: »Leistungsstarke Schüler gibt's an diesen Schulen schon auch – das wird in der Öffentlichkeit gern vergessen.«[9]

Wer möchte sein Kind auf einer Schule anmelden, deren Schüler von der Kultusministerin derart abqualifiziert werden?

Das Problem der politischen Ebenen lässt sich ganz gut am Beispiel der Geschwister-Scholl-Schule in Tübingen zeigen. Die Schule war im Grunde schon eine Gemeinschaftsschule, als es diese Schulform in Baden-Württemberg noch gar nicht gab. Seit 2009 kooperierten die verschiedenen Teilschulen der Geschwister-Scholl-Schule – interessanterweise versammelte sie schon immer alle drei Schulformen unter einem Dach – so miteinander, dass alle Schüler in den gleichen Klassen unterrichtet wurden. Die Lehrer der Hauptschule, der Realschule und des Gymnasiums hatten zu dem Zweck eine »erweiterte Kooperation« vereinbart. Der damalige Kultusminister Herbert Rau (CDU) gab seinen Segen. Drei Jahre lang lief diese Kooperation gut. Spricht man heute mit den Lehrern über diese Zeit, dann erzählen sie begeistert etwa von dem Achtklässler, der stets der Klassenbeste in Mathematik gewesen war – obwohl er an der erweiterten Kooperation nur als Hauptschüler teilnahm. Dennoch ließ er alle gymnasialempfohlenen Schüler hinter sich. »In einer Hauptschule wäre ihm das nie passiert. Weil er dort nie Aufgaben auf gymnasialem Niveau bekommen hätte«, meint dazu Joachim Friedrichsdorf, der ehemalige Schulleiter.[10]

Vertreter aller Parteien im Landtag besuchten den Tübinger Schulversuch der »erweiterten Kooperation« und beklatschten ihn. Alle waren also zufrieden – bis die Geschwister-Scholl-Schule nach der Wahl im Jahr 2011 auch offiziell Gemeinschaftsschule werden sollte.

In dem Moment verwandelte sich das viel gelobte lokale Projekt plötzlich in ein heißes landespolitisches Eisen. Die neue Landesregierung aus Grünen und SPD kürte die Schulform der Gemeinschaftsschule zu einem ihrer Vorzeigeprojekte. Und von dem Moment an wurde diese von CDU und FDP erbittert bekämpft. Das bisher von allen unterstützte Kooperationsprojekt in Tübingen geriet so ins Fadenkreuz des Parteienstreits. Der landespolitische Klimawandel ließ die Atmosphäre auch unter den Kooperationspartnern innerhalb der Schule gefrieren. »Wir waren über Nacht die Lieblingsgegner von Philologenverband und Realschullehrerverband«, berichtet ein Lehrer.[11] Er schüttelt ratlos den Kopf. Fünfundzwanzig Jahre hat er gut mit seinen Kollegen zusammengearbeitet. Die hatten sich schiedlich-friedlich die Schulleitung zwischen Realschule und Gymnasium geteilt, auch die Hauptschule war anerkannter Teil gewesen. Kaum aber wurde die Kooperation von einem pädagogischen zu einem politischen Projekt, verwandelten sich die Lehrer plötzlich in Vertreter von Standesinteressen – und standen sich spinnefeind gegenüber.

Aus der Gemeinschaftsschule in Tübingen ist auf diese Weise ein Unikum geworden. Früher bestand die Schule aus Hauptschule, Realschule und Gymnasium – und man kooperierte. Heute sind Haupt- und Realschule zu einer Gemeinschaftsschule fusioniert – aber das Gymnasium bleibt außen vor. Somit koexistieren nun Gemeinschaftsschule und Gymnasium unter einem Dach. Teilweise werden sogar die Klassenräume von beiden Schulen benutzt. Aber wenn die Gemeinschaftsschule demnächst eine Oberstufe bekommt, dann wird sie nicht im eigenen Haus eingerichtet, sondern in einem anderen Schulgebäude, zusammen mit einer anderen Tübinger Gemeinschaftsschule. Einige Gymnasiallehrer der Geschwister-Scholl-Schule werden an dieser Oberstufe sogar Aufbauarbeit leisten – aber eben nicht im Gebäude der Scholl-Schule, sondern woanders. Weil das Gymnasium im eigenen Haus nicht mitmachen will.

Tübingen ist kein Einzelfall. In Deutschland gibt es manche Schulen, die sich dasselbe Gebäude teilen. Will man aber von der Realschule in die Hauptschule im gleichen Haus gehen, muss man außen herumlaufen – weil innen die Übergänge zugemauert sind. Das ist ein Symbol für die Mauer zwischen den Schulformen in Deutschland. Der Grund für diese Mauer ist das Abitur. Und eine gescheiterte Revolution.

Deutsche Mandarine

Versetzen wir uns noch einmal zurück ins 19. Jahrhundert. In Deutschlands Monarchien, eigentlich in ganz Europa, begann im März 1848 vielversprechend die bürgerliche Revolution. Es wurde eine Nationalversammlung gewählt, die sich in Frankfurt sogleich daranmachte, eine Verfassung auszuarbeiten. Mit auf dem Programm stand damals auch eine demokratische Schule für alle Bürger des Landes. Die Einteilung in Volksschulen für die vielen und Gelehrtenschulen für wenige sollte aufgehoben werden. Doch die Monarchie machte den Verfassungsgebern einen Strich durch die Rechnung. Sie blieb an der Macht, weil die Revoluzzer schwächelten. Die Aufständischen hatten ein bisschen zu lang über die Grundrechte verhandelt – und dabei vergessen, den Oberbefehl über das Militär an sich zu reißen.

Ganz ohne Zugeständnisse kam die Monarchie allerdings nicht davon. Unter anderem machte sie dem gehobenen Bürgertum gewissermaßen ein unmoralisches Angebot: Wenn ihr auf die politische Revolution verzichtet, dann dürft ihr weiter das Privileg einer höheren Schule behalten, die nur eure Kinder besuchen dürfen: das Gymnasium. Die Bürgerlichen verzichteten auf die politische Machtübernahme und gaben sich mit einer Art Ämterübernahme zufrieden. Es entstand das, was man Geistesadel nennt. Der Historiker Fritz K. Ringer hat dieses Phänomen als deutsches Mandarinentum beschrieben. »Eine klassische höhere Schulbildung war so etwas wie ein Ersatz für den Adel an

Geburt«, schreibt er über die Schulentwicklung im 19. Jahrhundert.[12] Das Bürgertum konnte sich über Bildung und Fleiß dem Adel geistig annähern – und wurde dafür mit wichtigen Posten versorgt. Das Gymnasium besuchte damals nur eine winzige Minderheit. Sein Besuch war mit einer Jobgarantie in Militär, Verwaltung, Gerichten oder in der Ärzteschaft verbunden. Über Staatsexamina wurden aus Bürgern hohe Beamte.

Es ist dieses Privileg, welches das Bürgertum bis heute mit Zähnen und Klauen verteidigt. Das Gymnasium wirkt wie eine für das Bürgertum reservierte Spezialschule. Auch wenn heute rein statistisch nicht mehr nur 0,8 Prozent eines Jahrgangs Abitur machen, sondern weit über die Hälfte, so ist die damit verbundene elitäre Attitüde noch nicht ausgestorben. Reste davon sind in den Köpfen geblieben. Und auch die Privilegienanstalt von damals gibt es ja noch: das Gymnasium. »Die offizielle Bevorzugung des Gymnasiums gegenüber den anderen höheren Schulen war nur der Anfang eines tragischen Prozesses«, beschreibt Ringer. »Es begann sich eine Kluft aufzutun zwischen den Gebildeten und dem Rest der Nation.«[13]

Zur Verteidigung des Gymnasialprivilegs sind eigene Interessenvertreter entstanden. Weil Gymnasiallehrer anders ausgebildet werden als die Lehrer anderer Schulen – das ist seit 1810 so –, werden sie von einem eigenen Verband vertreten, dem Philologenverband. Und auch die Realschullehrer haben eine eigene Standesorganisation – den Realschullehrerverband. Er ist die wohl härteste Lobby im Schulbereich, denn er verteidigt das dreigliedrige Schulsystem an vorderster Front – sind die Realschulen doch die Ersten, die fusioniert werden, wenn Zusammenlegungen anstehen.

Auf die heutige Debatte bezogen, kann man die Situation so lesen: Sobald jemand kommt und das Abiturprivileg des Gymnasiums angreift, schalten die Interessenvertreter und Teile des Bürgertums wieder auf Angriff. Denn sie sehen dann ihren historischen Pakt in Gefahr: Gymnasium für wenige bedeutet Ruhe; Abitur für alle bedeutet Gefährdung ihres Privilegs. Je mehr Abiturienten auf alternativen Wegen, etwa über Gemeinschaftsschulen, zum Ziel gelangen, desto aggressiver kann das Bürgertum werden.

Als in Hamburg Gemeinschaftsschulen eingeführt wurden (sie heißen dort »Stadtteilschulen«), fragte ein Kamerateam des NDR Hamburger Bürger, was sie davon halten. Einige sagten, das könne gar nicht klappen. Es sei unmöglich, dass Hartz-IV-Kinder zusammen mit Kindern etwa von Vorstandsvorsitzenden in eine Klasse gehen und gemeinsam lernen. Als in Berlin Haupt- und Realschulen zusammengelegt werden sollten, stand auf einer Versammlung eine Elternvertreterin auf und sagte: »In den Hauptschulen gibt es zu viele Migrantenkinder. Wenn sie die Schulen zusammenlegen, dann werden sie noch einen größeren Haufen Scheiße produzieren.«[14]

Manche Nachwehen des alten Dünkels waren sogar auf dem Fest der Grünen in Stuttgart noch zu bemerken. Dort hatte man einen Fernsehmoderator angeheuert, der den Gästen erklären sollte, was in Stuttgart wie ein Ding der Unmöglichkeit erschien: dass Hauptschüler, Realschüler und Gymnasiasten miteinander im gleichen Klassenzimmer lernen. Ob das Gymnasiasten nicht unterfordere, wollte der Moderator wissen. Die Schüler auf dem Podium reagierten überrascht. »Ich finde es Blödsinn, dass man da unterfordert ist«, antwortete einer. Für ihn sei es ganz normal, so zu lernen.[15]

IST »KUSCHELPÄDAGOGIK« GEFÄHRLICH?

Seit den Missbrauchsfällen an der Odenwaldschule liegt ein Schatten über der Reformpädagogik: Führt die »Nähe zum Kind«, die ihr Kennzeichen ist, leichter zu sexualisierter Gewalt gegen Kinder? So pauschal lässt sich das nicht sagen. Aber: Die Schule war fast 100 Jahre lang die wichtigste deutsche Reformschule, und der Missbrauch dort wurde mit Begriffen der Reformpädagogik begründet: dem »pädagogischen Eros« zum Beispiel.

Nicht nur die Odenwaldschule ist unter den Reformschulen in Misskredit geraten. An einer Reihe von Landerziehungsheimen fand sexualisierte Gewalt gegen Schüler statt, auch an der Helene-Lange-Schule in Wiesbaden, ebenfalls eine der führenden Reformschulen. Hätte man nicht ahnen können, fragen Kritiker, dass Kuschelpädagogik zu Missbrauch führt?

Das Dilemma der reformpädagogischen Bewegung liegt darin, dass sie in Scharen an die Odenwaldschule pilgerte, ohne zu bemerken, dass dort mehrere pädosexuelle Lehrer ein regelrechtes Missbrauchssystem errichtet hatten. Ihm fielen laut einem Untersuchungsbericht 125 Schüler, wahrscheinlich sogar mehrere Hundert zum Opfer. Der Haupttäter war der damalige Leiter der Schule, Gerold Becker, der über seinen Freund Hartmut von Hentig eng mit der (reform-)pädagogischen Elite Deutschlands bekannt war. Diese reichte vom Gründer des Max-Planck-Instituts für Bildungsforschung, Hellmut Becker, der die Neigungen des Schulleiters kannte, bis zur pädagogischen Zeitschrift *Neue Sammlung*, wo der Täter als Redakteur arbeitete – obwohl man längst von seinen sexuellen Übergriffen wusste.

Aber es geht nicht nur um die Person Gerold Beckers. Die Odenwaldschule fußte mit ihren Internatsfamilien auf der »Eros«-Idee von Gustav Wyneken, einem berühmten Führer der Jugendbewegung. Diese Emanzipationsbewegung entstand um 1900 in Steglitz und hatte damals einigen Einfluss. Wyneken verwirklichte, was er Eros nannte, erstmals an der »Freien Schulgemeinde Wickersdorf«, wo er dann wegen des sexuellen Missbrauchs zweier Schüler verurteilt wurde. Wyneken hatte die Internatsfamilien in Form von Lehrer-Schüler-Wohngruppen eingeführt, um dort den pädagogischen Eros praktizieren zu können. Auch in der Jugendbewegung spukte dieser Begriff aus der Antike herum. Hans Blüher entwarf das Konzept einer mann-männlichen erotischen Gesellschaft, eine Art pädophiler Staatsgründung. Alle diese Begriffe wurden in der Pädagogik viele Jahre nicht nur nicht hinterfragt, sie wanderten als »pädagogischer Bezug« und »Nähe zum Kind« in das Konzept von Reformschulen ein.

Die Gemeinde der Reformpädagogen, aber auch die Gesellschaft für Erziehungswissenschaften tun sich nach wie vor schwer, pädagogischen Eros als Idee über Bord zu werfen. In Kreisen des Reformschul-Bundes »Blick über den Zaun«, der lange von der Odenwaldschule geprägt wurde, heißt es gern: Darf man etwa ein Kind nicht mehr in den Arm nehmen, wenn es weint? Der Verband der Alternativschulen hat sich von dem Konzept losgesagt. »Gerade in den Freien Schulen gibt es einen großen Bedarf an Auseinandersetzungen wegen der besonderen Nähe, die in solchen Schulen zwischen Erwachsenen und Kindern bestehen«, heißt es in Matthias Hofmanns Buch *Geschichte und Gegenwart Freier Alternativschulen*, das der Verband 2013 herausgegeben hat. Darin werden die Alternativschulen aufgefordert, über »den Schutz der Kinder vor Grenzverletzungen« nachzudenken – konzeptionell sowie durch Verabschiedung spezieller Schutzregeln für Schüler.

Eine Gettoschule steht auf

In anderen Bundesländern lernen alle Schüler ebenfalls schon selbstverständlich in einer Schule und auch in einer Klasse zusammen. Zum Beispiel in der Heinrich-von-Stephan-Schule in Berlin. Seit 2016 vergibt sie das Abitur. Bis es so weit war, dauerte es allerdings eine ganze Weile.

Dazu muss man Jens Großpietsch zuhören, dem inzwischen pensionierten Schulleiter. Er wollte für seine Schule nie nur die kleine Fusion zwischen Haupt- und Realschule, sondern immer die große Lösung: eine Schule, in der alle Schüler ihren Platz finden – auch die vermeintlich genau definierbaren Hauptschüler. Großpietsch spricht nicht gerne von »Hauptschülern«, denn seiner Meinung nach gibt es die gar nicht in Reinform. Lieber sagt er: »Wir können und wollen auf diese Jugendlichen nicht verzichten.« Manchmal nennt er es auch so: »Diese Jugendlichen werden verraten.«[16] Großpietsch tut das gerne dann, wenn er Gesamtschulen betrachtet, in die man nur mit einem Notenschnitt von Eins-Komma hineinkommt – weil sie de facto dieselbe Auslese wie Gymnasien betreiben.

Die Heinrich-von-Stephan-Schule im Bezirk Moabit hat schon alle möglichen Kristallisationsformen von Schule erlebt. Ursprünglich war sie eine Hauptschule, und zwar eine der berüchtigtsten in Berlin. Man verband sie mit Drogenhandel und Konflikten, die vor der Schule mit Messern ausgetragen werden. Die Schulleiterin konnte nicht mehr und wurde krankgeschrieben. Großpietsch und die anderen Lehrer berichten von dieser Zeit als der schwierigsten, die sie erlebt haben – und zugleich als der besten. Denn sie mussten jetzt selbst etwas unternehmen und konnten nicht auf Entscheidungen von oben warten. »Wir waren am Ende unserer pädagogischen Möglichkeiten, die Atmosphäre war einfach zu negativ«, erinnert sich Großpietsch. »Entweder wir machen nichts und gehen unter – oder wir probieren was aus.« Ansatzpunkt war das, worum es im gegliederten Schulsystem immer geht: die soziale Mischung. »Wenn man die Schülerschaft nicht anders mischt, dann werden die angedachten Brennpunktschulen mit ihren ganzen Zusatzkräften ein extrem teures Modell«, warnt Großpietsch. »Oder man gibt diese Jugendlichen auf. Dann braucht man aber Sicherheitskräfte mit Schusswesten, die diese Kids bewachen.«

Die Lehrer wählten sich damals ihre eigene Schulleitung und setzten auf einen Unterricht, der anders, weicher war als bisher. Aber zugleich stellten sie strenge Regeln auf – etwa Taschenkontrollen, erst auf Waffen, später auf Handys. »Man braucht Lehrer, die Regeln durchsetzen können«, sagt Großpietsch. »Weil nicht alle Kollegen es schaffen, die Situation von Angst und Demütigung aus eigener Kraft zu überwinden, hilft ihnen eine für alle gültige Grundordnung.« Paragraf 1 der Schule hieß damals: Je undisziplinierter die Schüler sind, desto eindeutiger müssen die Regeln sein. Und Paragraf 2: Die Lehrerinnen müssen sich wirklich den Schülern zuwenden – egal ob die ihnen passen oder nicht.

Gleichzeitig war dem Kollegium klar: Allein mit der schwierigen Klientel schaffen wir es nicht, wir brauchen eine andere Mischung. »Der klassische Mix einer Hauptschule innerstädtischen Milieus mit hoher Zuwanderung und vielen Sozialhilfefamilien ist zu explosiv.« Also beantragte man einen Schulversuch, dann noch einen und dann noch einen. Und mit jeder Verlängerung wuchs die Schule immer weiter, von einer Hauptschule zu einer Hauptschule mit Realschulstandards, sprich: die auch den mittleren Abschluss anbietet; und schließlich zu einer Gemeinschaftsschule, die auch gymnasialempfohlene Schüler einschließt. 2016 legten dort die ersten Schüler das Abitur ab. Das Einzugsgebiet der Schule reicht inzwischen ziemlich weit, und es kommen immer mehr Schüler mit Gymnasialempfehlung. Ihre ursprüngliche Klientel hat die Schule trotzdem nicht vergessen. Und diese profitiert deutlich von der neuen Mischung. Im ersten Abiturjahrgang schafften 26 Schüler das Abitur. Darunter waren 17 Schüler, die ursprünglich mit einer Empfehlung für Haupt- oder Realschule gekommen waren. Nun haben sie das Abitur in der Tasche. Elf dieser Schüler sind die Ersten in ihrer Familie, die die Hochschulreife geschafft haben.

Aber auch die besseren Schüler profitieren von der Mischung. Es heißt gerne, die guten Schüler seien die Lokomotiven der anderen. Sie würden ausgenutzt und von den Langsameren als Zugpferde missbraucht. Dieses oft gehörte Argument offenbart ein mangelndes Verständnis von Lernen. Wenn ein Schüler einem anderen etwas erklären will, dann muss er nicht nur den Stoff beherrschen, sondern sich auf eine Metaebene begeben. Er fragt sich: Wie kann ich das jetzt beibringen? Was sind im Stoff die Anker, die fürs Verstehen wichtig sind? Welchen Kniff kann ich anwenden, der es dem anderen erleichtert, etwas zu kapieren?

Berlin ist nicht gerade bekannt für gute Schulen, geschweige denn für eine gute Schulpolitik. Die Heinrich-von-Stephan-Schule aber ist so etwas wie eine Blaupause für andere Schulen in der Stadt geworden. Auch die Politik hat dieses Modell gestützt. Eine Schulreform, die ab 2011 umgesetzt wurde, reproduzierte im großen Stil, was die Heinrich-von-Stephan-Schule im Kleinen vorgemacht hatte. Die Schulformen neben dem Gymnasium, darunter auch die bisherigen Gesamtschulen und die neuen Gemeinschaftsschulen, gehören in Berlin zur Rubrik »Integrierte Sekundarschulen«. Diese Schulen können das Abitur anbieten – allerdings erst nach 13 Schuljahren. Das Abitur nach zwölf Jahren bleibt den Gymnasien vorbehalten. Dieses Modell hat sich in der Hauptstadt zu einem Erfolg entwickelt. Nicht wenige bildungsbürgerlich eingestellte Eltern wählen für ihre Kinder das Abitur nach 13 Jahren – und helfen so, die Sekundarschulen sozial ausgeglichener zu gestalten. Das hat so gut funktioniert, dass ein kleiner Run auf die Sekundarschulen eingesetzt hat, genauer auf bestimmte Einrichtungen dieser Form: solche nämlich, die eine Oberstufe anbieten und schon Erfahrung mit dem Abitur haben. Die von Eltern und Schülern am stärksten nachgefragten Schulformen Berlins waren nach der Reform nicht etwa die Gymnasien, sondern eine Reihe von Gesamt- und Gemeinschaftsschulen.

Ohne Schulwechsel zum Abi

Immer wenn in Deutschland jemand die Schulstruktur verändern will, also die Gliederung in Gymnasium, Realschule und Hauptschule anfasst, bekommt das schnell Züge eines Klassenkampfs. Niedersachsen etwa hatte unter Ministerpräsident Christian Wulff (CDU) beschlossen, keine neuen Gesamtschulen mehr zuzulassen; inzwischen boomen auch dort die integrativen Schulen. Bayern ließ gerade einmal 25 Kennenlernprojekte zwischen Haupt- und Realschulen zu, und das nur unter der Maßgabe, dass es eine echte Zusammenarbeit nicht geben darf. »Die Eigenständigkeit der beiden Schulen / Schularten muss gewahrt bleiben«, hieß es in dem Konzeptpapier. »Jede Schülerin und jeder Schüler muss – auch im Rahmen der Kooperation – wissen, welcher Schulart und Schule sie / er angehört.« Daher durften sich die Haupt- und Realschuler nur auf dem Pausenhof sowie in Sport und Musik begegnen. Es mutet fast so an, als trügen Hauptschüler ein gefährliches Virus in sich, mit dem sie Realschüler anstecken könnten, wenn sie gemeinsam lernen.

Will man das Hickhack um die »Schule für alle« verstehen, muss man mit Ernst Rösner sprechen, dem Mann, der das Konzept und den Namen »Gemeinschaftsschule« erfunden hat. Er war lange am Dortmunder Institut für Schulentwicklungsforschung tätig. Für Schleswig-Holstein, den Pionier unter den Bundesländern auf diesem Gebiet, schrieb er 2004 ein Gutachten.[17] Seine Ausgangsüberlegung lautete: »Schulen, die keine gymnasialen Standards im Programm haben, werden von den Eltern über kurz oder lang nicht mehr akzeptiert.« Das Abitur sei der Goldstandard, sagt Rösner heute im Gespräch. Den könne man niemandem mehr vorenthalten. »Wenn die Abiturquote jetzt steigt, dann ist das ausgleichende Gerechtigkeit dafür, dass bestimmte Schichten zwei Jahrhunderte auf das Recht zum Abitur warten mussten. Wir sollten uns darüber freuen, dass es endlich so weit ist – und nicht jammern.«

Rösner ist inzwischen in Pension. Er hat etliche Kommunen beim Umbau ihrer Schullandschaft beraten und kann interessante Geschichten über große und kleine Schulkonflikte erzählen. Er kennt die Gründungsquerelen der Gemeinschaftsschule in Handewitt in Schleswig-Holstein. Dort drohte der Bürgermeister der Landespartei, seine Ortsgruppe geschlossen aus der CDU austreten zu lassen, wenn die Union keine Gemeinschaftsschule in Handewitt zulasse. Rösner hat erlebt, wie sich auf Fehmarn Familien und Freunde entzweiten, als das Inselgymnasium sich in eine Gemeinschaftsschule verwandelte – damit die Kinder weiter auf der Insel zur Schule gehen können. Rösner hat in seinem Bundesland NRW Schulen beraten, sogar nach Bayern ist er von CSU-Bürgermeistern bestellt worden, die die örtliche Schule vor dem Untergang retten wollten. »Was wir nicht brauchen«, fasst Rösner seine Erfahrungen zusammen, »ist, der unüberschaubaren Vielfalt des gegliederten Systems eine weitere Schulform hinzuzufügen. Wir brauchen ersetzende Schulformen für Schularten, die sich überlebt haben.«[18] Zu den sterbenden Schulen zählt Rösner die Hauptschule. Er hat darüber ein Buch geschrieben: *Hauptschule am Ende*.[19] Und er rechnet auch die Realschule zur überlebten Schulspezies. Auch sie werde nicht mehr angenommen, denn Eltern hätten eine sehr feine Nase: »Die wenden sich von einer Schulform sofort ab, wenn dort der gymnasiale Anspruch nicht glaubwürdig vertreten wird. Das bedeutet auch: Es muss ein Minimum an gymnasialempfohlenen Kindern auf der Schule geben.«

Rösners Konzept für Schleswig-Holstein lautete in etwa so: für ländliche Regionen kleine Schulen bereitzustellen, die erstens leistungsfähig sind und zweitens gymnasiale Standards anbieten. Es sei wichtig, dies anzubieten, ohne gleich auf das Großsystem des Gymnasiums zu setzen. »Wir wollten den Export der intellektuell leistungsfähigen Schüler aus dem ländlichen Raum auf die Gymnasien in den Zentren stoppen«, erklärt Rösner.[20] Gerade deshalb zielte die neue Schule vor allem auf die Bedürfnisse der Eltern: »Die Gemeinschaftsschule ist wichtig, weil sie den Eltern eine Schulform bietet, die ihren Kindern den Weg zum Abitur offenhält – und zwar möglichst ohne Schulwechsel.«

Aus heutiger Sicht war das Programm ein Erfolg. Es gibt derzeit 179 Gemeinschaftsschulen in Schleswig-Holstein, 43 davon haben eine Oberstufe. Haupt- und Realschulen existieren nicht mehr, sie sind in den Gemeinschaftsschulen aufgegangen. Rösners Gutachten wirkte jedoch nicht nur in dem nördlichsten Bundesland, sondern bedeutete bundesweit die Initialzündung für die wohl weitreichendste Schulstrukturreform seit dem Beginn des gegliederten Schulwesens im Jahr 1788. Die Folgen sind heute überall in Deutschland sichtbar: durchgehend zweigliedrige Systeme in Schleswig-Holstein und im Saarland sowie in Berlin,

Hamburg und Bremen. Auch die großen Länder Nordrhein-Westfalen, Niedersachsen und Baden-Württemberg haben Gemeinschaftsschulen oder Schularten eingeführt, die integrativ sind. Ihre Zahl hat sich, wie berichtet, in Deutschland seit dem Jahr 2008 verdreifacht.

In seiner Entwicklung war der Fall Schleswig-Holstein allerdings komplizierter. Die Schulen wurden nämlich nach dem berühmten politischen »Heidemord« an Ministerpräsidentin Heide Simonis eingeführt. Die Sozialdemokratin Simonis wurde damals nicht gewählt, und so kam es zu einer Großen Koalition unter dem CDU-Mann Peter Harry Carstensen. Die SPD wollte Gemeinschaftsschulen einführen. Und die CDU machte zur Bedingung, eine weitere Schulform zu erfinden – die »Regionalschule«. Die Regionalschulen (als eine Fusion von Haupt- und Realschulen) liefen sozusagen mit den Gemeinschaftsschulen (als eine Fusion von Haupt- und Realschulen plus Oberstufe) um die Wette. Am Ende gewannen die Gemeinschaftsschulen. Alle 66 Regionalschulen wurden bereits nach kurzer Zeit zu Gemeinschaftsschulen – weil die betroffenen Kommunen sich die Chance offenhalten wollten, eine Schule mit Abitur vor Ort zu haben.

Erst wenn man sich diese Geschichte vor Augen hält, kann man abschätzen, warum der Schulkampf in Baden-Württemberg so kompliziert werden wird. Dort hat man Haupt- und Realschulen eben nicht zugunsten von Gemeinschaftsschulen abgeschafft. Das heißt, der neuen Schulform steht ein hartes Rennen bevor – denn im Südwesten der Republik gibt es weiterhin Realschulen, die sich nun prompt benachteiligt fühlen. Obendrein macht die CDU der Gemeinschaftsschule gleich in doppelter Weise das Leben schwer. Sie gewährt ihr, erstens, nur im Ausnahmefall Oberstufen – und entzieht ihr damit letztlich das intellektuelle Potenzial der gymnasialempfohlenen Kinder. Und sie stärkt, zweitens, die Realschulen, indem sie dort nur noch nach dem mittleren Standard unterrichten und benoten lässt. »Der Unterricht und die Noten orientieren sich in Klasse 5 und 6 ausschließlich am mittleren Niveau, das zum Realschulabschluss führt«, heißt es in der Handreichung für die »neue Realschule«.[21] Was bedeutet das? Wenn ein Hauptschüler auf die Realschule geht, wird er gewissermaßen einem Härtetest unterzogen: Auf ihn wird keine Rücksicht genommen. »Wir würden Ihrem Kind ja so gern helfen«, sagen die Realschullehrer nun zu den Eltern von Kindern mit Hauptschulempfehlung, »aber die Vorschriften lassen nichts anderes zu.«

Florian Nohl, der schon einmal zitierte Schulleiter aus Schwetzingen, findet diese Politik grausam. »Das ist das Skrupelloseste, was ich je an Schulpolitik erlebt habe. Hier wird auf Kosten der Kinder Politik gegen die Gemeinschaftsschule gemacht.« Nohl nennt es Demütigung, wenn man Hauptschüler in Realschulen aufnimmt, sie aber sofort und zwingend dem mittleren Standard unterwirft – ohne ein individuelles Lernen wie an der Gemeinschaftsschule anzubieten. Nohl ist deswegen aus dem Verband der Realschulrektoren ausgetreten. »Es ist pädagogisch nicht zu verantworten, was da gemacht wird.«[22]

Marsianer mit Bienenzucht

Der zehnjährige Adrian von der Ernst-Reuter-Gemeinschaftsschule weiß von alledem nichts. Für ihn ist – zunächst – nicht so wichtig, ob das mit der Oberstufe klappt. Er hat einfach Spaß am Lernen in seiner Schule. »Das beste WLAN gibt's natürlich im Lehrerzimmer«, ist eigentlich das Einzige, was er an seiner Schule zu bemängeln hat. Ansonsten ist er mit der Digitalisierung ganz zufrieden. Er findet an seiner Schule intelligente Tafeln (»Wir benutzen die auch und lassen sie nicht so wie andere Schulen im Keller stehen«), die Schüler können immer wieder Tablets verwenden. Allerdings gibt es auch klare Vorschriften. »Das Tablet bekommen Schüler nur, wenn sie gezeigt haben, dass sie damit umgehen können«, sagt Schulleiter Micha Pallesche.[23]

Für Adrian ist der Digitalkram irgendwie das Wichtigste an der Schule. Für seinen Schulleiter ist der durchaus auch wichtig, Pallesche schätzt die anderen Komponenten der Gemeinschaftsschule aber genauso hoch ein. »Das Entscheidende an unserer Schule sind in meinen Augen die Coaching-Gespräche«, erläutert er. Diese erinnern ein wenig an Personalentwicklungsgespräche in der Wirtschaft: Die Schüler sollen über ihre Ziele und ihre Ansprüche reden, über das, was ihnen schwerfällt, und das, was sie sich noch wünschen. »Ich erfahre sehr viel in diesen Coaching-Gesprächen«, meint Pallesche. »Lernen geht immer über Beziehung.« Und die werde in solchen Gesprächen, bei denen auch die Eltern dabei sind, gestärkt.

Die Ernst-Reuter-Schule in Karlsruhe ist eine der ersten Gemeinschaftsschulen in Baden-Württemberg, die ein großes Projekt verwirklicht: Neuerdings halten sich die Schüler einen Bienenschwarm. In einer Zeit, da es den Bienen immer schlechter geht, zeigt diese Schule ihren Schülern, dass man dem Artenschwund nicht nur ratlos zuschauen oder ihn beklagen muss. Die Bienenkultur ist auch pädagogisch interessant. Bei dem Projekt sind unterschiedliche Talente gefragt. Tommy, Kevin, Damian und Marcel etwa gehörten der Konstruktionsgruppe an, welche die Bienenkästen entwarf und baute. Imran und Joe dokumentierten alles mit der Kamera und schnitten einen Film daraus. Saskia und Jeanne kümmerten sich um den Honigverkauf. Alle Schüler zusammen sind für die Zucht der Bienen und das Ernten des Honigs zuständig. Keiner von ihnen käme auf die Idee zu fragen, wer hier der Hauptschüler und wer der Gymnasiast ist. Sie arbeiten und forschen zusammen – und es macht ihnen Spaß.

Die Kinder bekommen so eine ganz andere Auffassung davon, wie man Aufgaben angeht. »Wenn Sie sich Schüler anderer Schulen etwa in der achten Klasse anschauen«, erzählt ein Lehrer der Ernst-Reuter-Schule, »dann sind die oft vom System ein wenig verdorben.« Kinder lernten in der Regelschule nicht wirklich aus eigenem Antrieb, »sondern oft nur dann, wenn eine Zensur zu erwarten ist«.[24] Im Unterschied dazu üben Schüler an Gemeinschaftsschulen von Anfang an, sich ihre Aufgaben zu suchen, sich ihre Zeit einzuteilen, sich mit den Fächern zu beschäftigen, in denen sie Erfolg haben – und ihnen auf diese Weise Mut für andere Fächer machen, die sie nicht so gut können. In den großen Projekten lernen sie, diese Kompetenzen im Rahmen einer konkreten Aufgabe einzusetzen – und zwar mit anderen Schülern zusammen.

Das nächste große Projekt steht an der Ernst-Reuter-Schule bereits bevor. Sie wollen, zusammen mit mehreren Partnern, ein Innovation-Lab gründen. Die Pläne gibt es bereits. Das Gebäude, das dabei entstehen soll, erinnert ein wenig an das des Marsianers aus dem gleichnamigen Film. Auch die Aufgaben, für die Schüler heute gewappnet sein müssen, haben etwas mit dem Mann auf dem Mars zu tun, der ohne Hilfe und Handbuch sein Überleben organisieren muss. »Die Schüler erwartet eine Welt, in der sie eben nicht immer gesagt bekommen, was sie zu tun haben – wie es im traditionellen Unterricht stattfindet«, erläutert Micha Pallesche. »Schüler müssen sich selbst organisieren. Sie müssen versuchen, eigenständig zu arbeiten, indem sie kreativ werden und sich kollaborativ Teams zusammenstellen, indem sie sich Inhalte selber erschließen.« Die Schule verzichtet daher mehr und mehr auf traditionelle Lehr- und Lernmethoden. Stattdessen hat sie einen »Makerspace« eingerichtet. Dort finden sich eine Reihe von Geräten wie 3-D-Drucker, ein Film- und ein Tonstudio und immer wieder neue Werkzeuge. Der »Lerner als Designer«, nennt Pallesche hier das Prinzip: Die Schüler sollen nicht mehr Konsumenten von Wissen sein, sondern zu Produzenten werden und möglichst eigenverantwortlich lernen.

Wenn man sich die Kompetenzen näher ansieht, die dort gefordert sind, dann begreift man schnell, was die eigentliche Idee des Lernkonzepts der Gemeinschaftsschulen ist: Die Schüler sollen lernen, sich in einer Welt von morgen zurechtzufinden. Wenn man Micha Pallesche auf die Schulpolitik der Landesregierung anspricht, lächelt er. Für ihn haben die Schulen von gestern keine Chance mehr. Auch wenn die Landesregierung ihnen noch eine Verlängerung eingeräumt hat.

4 LEERE LEHRSTELLEN, VOLLE UNIS

Mit Andreas Schleicher verbindet die Deutschen ein zwiespältiges Verhältnis. Schleicher ist in Hamburg geboren, er besuchte eine Waldorfschule und wurde nach seinem Studium an einer australischen Universität der große Bildungsschreck der Deutschen. Der Statistiker erfand nämlich den berühmten Pisa-Test. Mit seinen Urteilen über das hiesige Bildungssystem hielt Schleicher nie hinter dem Berg. Dafür wollten ihn die Kultusminister am liebsten nicht mehr ins Land lassen, er war zeitweise Persona non grata bei Vorstellungen seiner eigenen Studie. Deutschland produziere im internationalen Vergleich zu wenige Hochqualifizierte, kritisierte Schleicher. »Auslesedruck beschränkt die Zahl der Hochschulabsolventen – die ein Industrieland wie Deutschland aber dringend nötig hat«, lautete viele Jahre die Essenz seiner Analyse.[1] Die Berufsausbildung made in Germany beachtete Schleicher anfangs nicht besonders. Seit einiger Zeit nun lobt er die duale Ausbildung, also das systematische Anlernen von Facharbeitern in Betrieb und Berufsschule. Dass Mister Pisa aus Paris, der sonst in bunten Grafiken Akademikerquoten beschwor, einmal den deutschen Azubi hochleben ließ, war so etwas wie der Ritterschlag für die Bildungsrepublik.

Tatsächlich existiert zwischen den Schulen und den sich anschließenden Ausbildungsgängen ein enger Zusammenhang. In Deutschland ist er ein besonderer – denn fast nirgends sonst gibt es zwei so starke konkurrierende Zweige: hier die duale Ausbildung, dort die Hochschulen. Sie reagieren auf den Zuwachs an Abiturienten wie kommunizierende Röhren.

Schauen wir uns zunächst die Ausbildung genauer an.

Azubis verzweifelt gesucht

Das größte Kompliment, das man der Berufsausbildung machen kann, geht so: »Die duale Ausbildung ist so großartig, dass sie zu einem Exportschlager geworden ist.« Es vergeht keine wichtige Rede über die Lehre in Betrieb und Berufsschule, in der dieser Satz nicht vorkäme.

Der Satz vom Exportschlager ist zugleich ein süßes Märchen. In Wirklichkeit versucht kaum eine Handvoll anderer Staaten das duale Prinzip von Lehre im Betrieb plus Berufsschule 1 : 1 zu kopieren. Wie auch? Die deutsche Variante der Berufsausbildung hat Voraussetzungen, die ein anderes Land nicht so einfach schaffen kann: Es braucht Betriebe, die junge Leute in ihr Berufswissen einführen – und sie dafür drei Jahre lang bezahlen. Man müsste berufsständische Vertretungen mit gesetzlich definierten Aufgaben auf die Beine stellen – in Deutschland hat die Entwicklung dieser Kammern Jahrhunderte gedauert. Obendrein wären Berufsschulen mit einer eigenen Spezies von Lehrern zu errichten – Pädagogen, die ein Lehrerstudium absolviert und zusätzlich noch einen Beruf erlernt haben.

Das eigentliche Problem der Exportschlager-Prahlerei ist, dass oft nicht mal in Deutschland die nötigen Voraussetzungen für die Berufsausbildung gegeben sind. Achtzig Prozent der deutschen Betriebe bilden nicht mehr aus. Die Zahl der neu abgeschlossenen Ausbildungsverträge unterbietet in den letzten Jahren immer wieder den bisherigen Tiefststand von 1976 – und das obwohl die deutsche Wirtschaft von einem Höhenrausch zum nächsten fliegt. Berufsschullehrer sind so selten geworden, dass die ersten Berufsschulen zusperren müssen. Selbst ihren Namen hat die Berufsausbildung im Verständnis vieler Bürger abgeben müssen: Fragt man nach dem »dualen System«, denken die meisten Leute an Mülltrennung und nicht an ein wichtiges Standbein des Bildungssystems.

Wie kann es sein, dass die Ausbildung so hoch gelobt wird – aber gleichzeitig so tief gesunken ist?

Das Problem ist so verschachtelt wie die duale Berufsausbildung selbst. Damit sie funktioniert, braucht es viele Mitspieler, vor allem aber ist eines nötig: ausreichend Nachschub an ausbildungsfähigen Bewerbern. Genau auf diesem Gebiet verschärft ein externer Effekt seit einigen Jahren das Problem: der Abi-Boom. Wie ein Magnet zieht das Abitur Bewerber vom Ausbildungsmarkt weg und lockt sie stattdessen an die Hochschulen und Universitäten.

Die Abiturquote ist in Deutschland auf schwindelerregende Höhen um die 50 Prozent des Altersjahrgangs geklettert. Die erfreuliche Entwicklung, dass immer mehr Menschen Zugang zu besserer Bildung haben, sorgt aber gleichzeitig dafür, dass der Berufsausbildung der Nachwuchs ausgeht. Das löst Phantomschmerzen aus.

Die duale Ausbildung, ein – zusammen mit Österreich, der Schweiz und Dänemark – weltweit einzigartiges System, leidet an akuter Schwindsucht. Für den Mittelstand ist das eine kleine Katastrophe. In der vom Zunftwesen herkommenden Ausbildung ist das ganze Berufs- und Materialwissen der Nation gespeichert. Ohne Auszubildende, kurz Azubis, keine Gesellen, keine Facharbeiter, keine Meister. Im Kampf um die besten Köpfe ziehen die Ausbildungsbetriebe eindeutig den Kürzeren.

Der Aufschwung des Abiturs schlägt sich seit etwa 2010 in den Statistiken nieder. Erst mit einer gewissen Verzögerung haben Politik und Wirtschaft damit begonnen, intensiv für eine berufliche Ausbildung zu werben und deren Vorzüge herauszustellen. Es wird dann gerne von der Gleichwertigkeit der beruflichen und der akademischen Bildung gesprochen. Auch die neueste Bildungsministerin des Bundes, Anja Karliczek (CDU), betont diesen Aspekt. Das Thema Gleichwertigkeit gehört allerdings zum Stehsatz der Reden von Bildungsministern. Seit der großen Azubi-Krise in den 1970er-Jahren hört man das. Bewirkt haben all die Durchhalteparolen und Lockrufe für Auszubildende wenig. Die jungen Leute trauen den gebetsmühlenartig vorgetragenen Argumenten der Politiker offenbar nicht. Sie glauben vielmehr an den Karriereweg über die Universität, an dessen Ende der Arzt, die Rechtsanwältin, der Manager, der Ingenieur und so weiter steht. Das führt zu einer paradoxen Situation. Ein Drittel der Betriebe, die Lehrlinge suchten, konnte ihre Stellen im Jahr 2017 nicht besetzen. Gleichzeitig blieben aber auch über 23 000 Bewerber ganz ohne Lehrstelle. Es ist etwas faul im Ausbildungswesen.

Der im Vergleich zu Abitur und Studium schlechtere Ruf der Ausbildung kommt nicht von ungefähr. Die berufliche Lehre ist, historisch gesehen, die logische Ergänzung eines nach Leistung sortierten Bildungssystems – nur eben am unteren Ende. Werkbänke und Lehrwerkstätten wurden an die niedrigste Schulform angedockt, die Hauptschule. Die Hauptschüler und jene, die aus den oberen Schulen hinausflogen, machten eine Ausbildung in Handwerk oder Handel. Später übernahm auch die Industrie das duale Modell.

Lehrjahre sind keine Herrenjahre. Der Spruch gilt – leider – nach wie vor: Ein Viertel der Azubis bricht die Ausbildung vorzeitig ab. Die Gründe dafür sind vielfältig, ein entscheidender aber hält sich beharrlich ganz oben im Ranking der Lehrstellen-Abbrüche: autoritäre Chefs, die herrisch mit ihren Lehrlingen umspringen und sie für Arbeiten missbrauchen, die nichts mit der Ausbildungsordnung zu tun haben. Die hohe Abbrecherquote ist seit etlichen Jahren stabil.

Erfolgsstory Geselle

Dennoch gilt, dass das deutsche Ausbildungswesen eine Erfolgsstory ist. Es mag sein, dass es zu kompliziert ist, die Ausbildung deutscher Machart zu klonen. Aber andere Länder hätten liebend gern derart exzellent ausgebildete Fachkräfte. Eine drei- oder auch nur zweijährige Ausbildung hat eine Tiefe und Gründlichkeit, die die Bildungssysteme anderer Staaten weit übertrifft. Außerhalb Deutschlands findet Ausbildung in der Regel auf zweierlei Art statt: entweder in beruflichen Schulen, bei denen die Schüler einen Beruf erlernen, ohne dabei die Betriebe und ihre eigentliche Arbeit zu Gesicht zu bekommen. Oder es gilt, wie etwa in den USA, das Prinzip »training on the job«. Der Beruf wird im Beruf erlernt. Diese Praxisphase dauert aber allenfalls ein paar Wochen.

Die duale Ausbildung stammt aus der Zeit der Zünfte. Diese Berufsvereinigungen von Handwerkern wie Bäckern, Schustern oder Schmieden regelten schon im Mittelalter die praktische Ausbildung. Allein die Zünfte führten Abschlussprüfungen durch, und die meisten Berufe durften auch nur von Mitgliedern der entsprechenden Zunft ausgeübt werden. Die Begriffe »Lehrling«, »Geselle« und »Meister« stammen aus dieser Zeit. Nach den stürmischen ökonomischen Umwälzungen der Industrialisierung schützte Deutschland im Jahr 1897 die Handwerker mit einem Gesetz. Die Kammern erhielten als Nachfolger der Zünfte die Aufgabe, die Ausbildung von Lehrlingen zu regeln. In der jungen Bundesrepublik beteiligte sich der Staat selbst als zentraler Akteur an der Berufsausbildung. Er sorgte in Zusammenarbeit mit Wirtschaft und Gewerkschaften dafür, dass die rund 330 Berufe über ein Berufsbildungsgesetz zentral definiert wurden. Berufswissen und Materialkunde aus Jahrhunderten fanden somit Eingang in die moderne Berufsausbildung.

Man darf die duale Ausbildung aber auch nicht überhöhen. Industrie und Unternehmen kalkulieren kühl, sobald sie in eine Flaute geraten. Die Ersten, die dann über Bord geworfen beziehungsweise gar nicht erst an Bord genommen werden, sind die Auszubildenden. Die Nichteinstellung Hunderttausender Jugendlicher hat in der Geschichte der Bundesrepublik zweimal dazu geführt, dass massive soziale Verwerfungen entstanden. In den 1970er-Jahren, der Zeit der Ölkrise, machten die »jungen Ungelernten« Furore – Jugendliche, die aufgrund der Wirtschaftskrise keinen Ausbildungsplatz gefunden hatten. Die individuellen wie sozialpolitischen Folgen waren katastrophal. Solange junge Leute einen Beruf erlernen, werden sie zugleich in die Gesellschaft integriert. Wer keine Berufsausbildung hat, droht ein dauerhafter Sozialfall zu werden. Seine Marktchancen sind lebenslang schlechter, denn er kann höchstens als Hilfsarbeiter anheuern.

Die jungen Ungelernten wurden zur Bürde für den Sozialstaat. Die Bemühungen, Menschen ohne Berufsausbildung zu vermitteln, sorgten dafür, dass sich ein sogenannter zweiter Arbeitsmarkt etablierte. Menschen, die auf dem ersten Arbeitsmarkt keine Chance auf einen Job besaßen, fanden beispielsweise in Sozialbetrieben Lohn und Brot. So entwickelte sich ein eigener milliardenschwerer Sektor mit Maßnahmen der Berufseingliederung, den Experten und Politiker regelmäßig kritisierten.

Immer wieder kam der Vorschlag, die duale Ausbildung zugunsten eines staatlichen Fachschulwesens abzuschaffen. Der Staat könne nicht einen wichtigen Teil seiner Aufgaben, die Ausbildung, der Wirtschaft überlassen. Heute spricht niemand mehr davon, die duale Ausbildung abzuschaffen, im Gegenteil: Man will sie mit allen Mitteln retten. Weil sie in einem Boomland Fachkräfte ausbildet, Jugendliche in die Gesellschaft integriert und soziale Spaltungen verhindert.

In den 1990er- und selbst in den 2000er-Jahren trat ein anderes, verzwicktes Problem auf. Nun boomte die Wirtschaft wieder, dennoch blieben viele Jugendliche ohne Ausbildung. Als Rot-Grün im Jahr 1998 die Regierung übernahm, versuchte Bundesbildungsministerin Edelgard Bulmahn (SPD) Abhilfe zu schaffen. Sie fasste eine Vielzahl von Ersatzmaßnahmen für eine reguläre Ausbildung zu einem sogenannten Übergangssystem zusammen. Ein Übergangssystem ist ein Bündel von Warteschleifen, schulischen Nachqualifizierungen und Bildungsmaßnahmen, die fast alle ohne Abschluss bleiben und in denen die Jugendlichen nichts verdienen. Dieses System versucht nichts anderes, als seine Teilnehmer bei Laune zu halten – um sie dann ein Jahr später erneut auf die Suche nach Lehrstellen zu schicken.

Der Aufbau des Übergangssystems war zunächst eine richtige soziale Maßnahme, sorgte aber gleichwohl für eine paradoxe Situation: Zeitweilig war die Zahl der Jugendlichen, die sich in diesem Übergangssystem befanden, fast so hoch wie die der Jugendlichen, die normale Ausbildungsstellen antraten.

Das System hat eine eigene Dynamik entwickelt. Seit seiner Gründung haben sich dort stets zwischen 250 000 und 400 000 Jugendliche befunden.[2] Allein, weil es existiert, nehmen Schüler offenbar an, dass es eine sinnvolle Art der Berufsbildung darstellen könnte. Die Hälfte der Hauptschüler und ein Fünftel der Realschüler wurden zeitweise in den Maßnahmen des Übergangssystems geparkt. Die Folge ist, dass die deutschen Azubis im Schnitt 19,5 Jahre alt sind, wenn sie ihre Lehre beginnen – und das, obwohl die Schulzeit spätestens mit 17 endet. Viele drehen erst ein paar Runden im Übergangssystem, ehe sie einen echten Ausbildungsplatz bekommen. Letztlich ähnelt das Übergangssystem dem zweiten Arbeitsmarkt. Es übernimmt eine wichtige sozialpolitische Funktion, indem es die Jugendlichen ohne Lehrvertrag für eine Weile auffängt. Doch es vermittelt die Jugendlichen eben nicht in Jobs. Sie sind in einer Pseudo-Ausbildungswelt gefangen, die sie nicht ausbildet, sondern aufbewahrt.

Der Traum der Millenniumskinder

Der Ausbildungsmarkt befindet sich trotz des anhaltenden Wirtschaftsboom, seit Jahren in der Krise. Die Entwicklung verläuft dabei in Ost und West unterschiedlich. Im Osten Deutschlands ist die Zahl der Lehrverträge seit Ende der 1990er-Jahre um die Hälfte zurückgegangen. Im Westen schrumpft die Ausbildung nicht ganz so schnell. Dort sind es 17 Prozent weniger Ausbildungsverträge seit dem Jahr 1999. Insgesamt nähert sich die Zahl der neuen Azubis pro Jahr der kritischen Marke von 500 000. Zuletzt konnte die Zahl minimal gesteigert werden. Das liegt jedoch nicht am tollen System. Vielmehr hilft ein historischer Zufall. Diesmal retten die jungen Menschen, die vor der arabischen Krise fliehen, das duale System. Sie drängen immer stärker in die Ausbildung, allein 2017 nahmen 10 000 Geflüchtete eine Lehre auf und verhinderten so einen neuen Tiefstwert. Gleichzeitig nimmt aber auch die Zahl der unbesetzten Ausbildungsplätze, rasant zu. Zuletzt waren es fast 50 000 Stellen, die frei blieben.

Während die Ansprüche der Ausbildungsbetriebe an die Bewerber höher werden, gibt es gleichzeitig eine wachsende Zahl von Risikoschülern und Bildungsverlierern. Wir haben diese Klientel in den Kapiteln 1 und 2 kennengelernt. Ihre Kompetenzen kommen für anspruchsvolle Ausbildungen oft kaum mehr infrage. Mit der Digitalisierung werden die Kompetenz-Anforderungen in vielen Berufen weiter steigen.

Zugleich kommt ein Phänomen hinzu, das sich bei den Bewerbern selbst beobachten lässt. Die heutige Generation hat sehr hohe Ansprüche an einen zukünftigen Job, aber sehr wenig Kenntnis davon, wie die Arbeits- und Studienwelt eigentlich aussieht. Deutschland hat ein vielgestaltiges Berufs- und Bildungssystem entwickelt. Es ist inzwischen jedoch so komplex geworden, dass viele Schüler damit nichts mehr anfangen können – und gar nicht erst hineinfinden. Da gibt es die normale berufliche Bildung, die bezahlt ist. Dazu kommt das beschriebene Übergangssystem ohne Entlohnung. Obendrein existiert noch ein fachschulisches Berufsbildungswesen, in dem man ebenfalls kein Geld verdienen kann. Die Bewerbung auf einen Ausbildungsplatz stellt für viele Jugendliche eine harte Konfrontation mit der Wirklichkeit dar.

Eine Studie im Auftrag der Vodafone Stiftung hat gezeigt, was passiert, wenn die Generation Y auf die Berufsausbildung trifft.[3] Vor allem die kurz vor der Jahrtausendwende geborenen Millenniumskinder befinden sich biografisch und technologisch in einer Umbruchsituation. Es ist die erste Gruppe Jugendlicher, die von klein auf mit einem stets verfügbaren Internet aufgewachsen ist. Über ihre Smartphones konnte sich die Jahrtausendwende-Generation den hochfliegenden, internationalen Internet-Celebrities noch näher fühlen. Mit dem Alltag einer dualen Ausbildung passt das nicht recht zusammen. »In keinem anderen Bereich sind die Ypsiloner so radikale Utopisten wie bei Ar-

ABITURIENTEN GUT BERATEN

Deutschland leidet immer stärker unter einem Lehrlingsmangel. Viele Jahre schienen gerade Jugendliche aus den Haupt- und Mittelschulen häufig nicht fit für Lehrstellen. Jetzt fehlen oft die Gymnasiasten – weil sie ein Studium anfangen. Die Bundesregierung will das Problem durch Beratung lösen. Auf deutsch: Sie will den Leuten den Studienwunsch ausreden.

Vor allem zwei Gruppen gelten als Sorgenkinder: die Kinder von Zuwanderern und Gymnasiasten. Die einen wissen oft nicht, dass es die duale Ausbildung gibt. Die anderen denken: Das ist nichts für mich.

Die Wirtschaft drängt schon lange darauf, Schüler besser zu beraten. »Wir bräuchten so etwas wie eine ganzheitliche Bildungsberatung«, sagt der Ausbildungsexperte einer Industrie- und Handelskammer in Süddeutschland. Allerdings gebe es dabei ein Problem: »Wir blitzen da immer wieder ab, weil Studienräte manchmal noch denken, dass das Gymnasium mit Berufsausbildung nichts zu tun hat.«

Die Bundesregierung setzt auf Imagekampagnen. »Du und Deine Ausbildung – praktisch unschlagbar«, heißt ihr Slogan, der auf blauen motorisierten Piaggio-Dreirädern herumgefahren wird. Berater, die täglich mit Jugendlichen zu tun haben, bezweifeln freilich, ob derlei Werbung passend ist. Jugendliche wissen oft nicht, welcher Weg für sie der richtige ist. »Soll ich studieren? Oder lieber eine Lehre machen?«

Beratung heißt nicht, verunsicherten Schülern Berufe aufzuzählen. »Vertiefte Beratung muss auf Kooperation basieren, von Empathie getragen sein und auf Freiwilligkeit beruhen«, betont Hans-Dieter Metzger, der Leiter der Schülerberatung »Schlau« in Nürnberg.

Im Zentrum muss der einzelne Jugendliche stehen. Er soll einen offenen Prozess durchlaufen, in dem er sich orientieren und selbstvergewissern kann. Er soll ausdrücklich mitgestalten. Was nicht geht: Als Berater einfach in Schulklassen erzählen, dass das Studium nicht passt. »Es wäre töricht, Jugendliche einfach nur von ihren Zielen abbringen zu wollen«, sagt Metzger.

Die Beratungsinitiativen machen die Erfahrung, dass häufig Schüler, die auf dem Weg zum Abitur sind, innere Konflikte austragen. Sie sind oft vom Lernstress überfordert, aber die Schule aufzugeben und sich neu zu orientieren fällt ihnen schwer. Sie klammern sich an das große Ziel Abitur – auch weil es manchmal der größte Wunsch ihrer Eltern ist. »Diese Schüler erleben sich unter hohem Druck«, meint etwa Petra Lölkes von der Frankfurter Gesellschaft für Jugendbeschäftigung. Sie bräuchten eine Beratung, in der sie »Schritt für Schritt herausfinden, was sie wollen und für welche Berufe sie Interesse und Talent haben«.

Wie frühes Zukunftsberaten gehen kann, sieht man in der Berliner Wilhelm-von-Humboldt-Gemeinschaftsschule, die auch das Abitur anbietet. Dort ziehen schon Siebtklässler in einem Workshop eine Karte, auf der ein Beruf steht. In einem Berufebuch erkundigen sie sich über den Job und die Ausbildung – und spielen ihren Mitschülern in einem Mini-Theaterstück eine typische Tätigkeit vor. Die anderen sollen den Beruf erraten.

Am schwersten zu durchschauen ist übrigens jener Bereich, in dem oft Schüler mit den wenigsten Ressourcen landen: das sogenannte Übergangssystem. Dabei handelt es sich um schulische Ersatzmaßnahmen, Praxiskurse oder Warteschleifen für Jugendliche, die keine Lehrstelle finden. In diesem Maßnahmengeflecht finden sich schon viele Forscher nicht zurecht. Das heißt: Gerade hier braucht es Beratung für die Jugendlichen.

beit und Beruf«, meint der Jugendforscher Klaus Hurrelmann.[4] Die Berufsschule genießt bei ihnen nicht nur kein hohes Ansehen, sie kennen sie praktisch nicht. Und wenn sie sie kennenlernen, kommt es zum Kulturschock.

Die Meinungsforscher hatten die Jugendlichen gefragt, warum die Lehrstelle so oft zur Leerstelle wird. »Reden ist Gold«, lautete die Antwort. Die Jugendlichen müssen oft hart arbeiten, bekommen aber wenig Anerkennung – und kaum Erklärungen. Schon gar nicht von den nicht selten ruppigen Meistern im Lehrbetrieb. Die Lehrer der Berufsschulen, bei denen die Azubis den zweiten Teil der Ausbildung absolvieren, nehmen in dieser Lage die Rolle der Vermittler ein. Es ist eine komplizierte Aufgabe. Sie müssen gewissermaßen die hochfliegenden Träume der Millenniumskinder herunterregulieren.

Das Bildungsministerium des Bundes würde die Diskrepanz zwischen den Wunschbildern der Jugendlichen und der Realität der Lehre gerne verringern, indem es Schülern die Berufswelt besser erklärt. Früher musste man gerade den Absolventen von Hauptschulen Orientierungshilfen geben. Heute kommt eine neue Gruppe hinzu: Gymnasiasten. Denn die Schülerschaft der Gymnasien hat sich gewandelt, immer mehr Kinder stammen aus Familien, in denen bisher niemand ein Abitur vorzuweisen hat. Diese Jugendlichen stehen am unmittelbarsten in dem Dilemma, das die Nation seit Pisa umtreibt: Das Abitur soll her, die Familien erwarten, dass ihre Kinder Studiermöglichkeiten realisieren – auch dann, wenn das den Interessen der Jugendlichen nicht hundertprozentig entspricht. Für manchen Berufsschullehrer ein willkommenes Argument, um für sich zu werben. »Es kann nicht lauter Häuptlinge geben«, sagt der Sprecher des Berufsschullehrerverbandes trocken. »Deswegen müssen wir auch Indianer ausbilden.«[5]

Berufsschule vor dem Aus

Freilich brauchen inzwischen die Berufsschulen selbst so etwas wie eine Orientierungshilfe, denn dieser Schulzweig kämpft ums Überleben. Das hat viel mit der Historie der Berufsschulen zu tun. Hervorgegangen sind sie aus den Sonntagsschulen, die Ende des 18. Jahrhunderts entstanden, damit Knaben jenseits der Schulpflicht das Lesen nicht verlernten. Von hier stammt die allgemeinbildende Mission der Berufsschulen. Im Laufe der Zeit kam das Fachwissen der Gewerke hinzu, also die Berufskunde über Material, Handwerkstechniken und Maschinen. Die Ausbildung der Berufsschullehrer soll das alles abbilden – was länger dauert als ein Medizinstudium, nämlich stolze zehn Jahre. Zuerst kommt die dreijährige Lehre, dann das Lehramtsstudium, am Ende noch ein Referendariat.

Das ist der Normalfall, der insofern keiner mehr ist, weil nur wenige Berufsschullehrer durch den langen Tunnel ihrer Ausbildung durchkommen. Also greifen die Berufsschulen zu Quereinsteigern, meist versuchen sie mit Verbeamtung und sicherem Job Ingenieure aus der Industrie zu locken. Aber auch dafür reicht es häufig nicht mehr. Das kann man in Nordrhein-Westfalen gut beobachten. Das bevölkerungsreichste Bundesland steht praktisch vor dem Lehrerkollaps in seinen Berufsschulen. Etwa 40 Prozent der Lehrkräfte gehen demnächst in den Leitbranchen Elektrotechnik, Kfz und Metall in den Ruhestand. Rund 5000 Lehrer fehlen den NRW-Berufsschulen dann – das sind mehr als zehn Prozent aller Berufsschullehrer bundesweit. Als eine Kommission nach Abhilfe suchte, machte sie eine bittere Entdeckung: In der Leitbranche der Metall- und Elektroberufe gibt es so gut wie keinen Lehrernachwuchs mehr. Auf 177 pensionierte kamen nur neun frisch ausgebildete Lehrer. In anderen Bundesländern sieht es nicht besser aus. In keinem Feld der Lehrerbildung haben die Kultusminister Vorzeigbares geleistet – bei den Berufsschullehrern aber haben sie eine Situation zu verantworten, die einen ganzen Schulzweig ausradieren könnte.

Der dualen Ausbildung, dem vermeintlichen Exportschlager, geht es genau besehen kaum besser. Bereits Ende der 1980er-Jahre stand das Ausbildungssystem vor dem Kollaps. Ein historischer Zufall rettete damals die Lehre – die Wiedervereinigung und der Zustrom neuer Bewerber aus dem Osten. Damals war die Zahl der neuen Azubis binnen weniger Jahre von 723 000 (1984) auf 538 000 (1990) gesackt, ein Minus von lebensbedrohlichen 25 Prozent in so kurzer Zeit. Die Ost-Jugendlichen stabilisierten das duale System, allerdings nur für wenige Jahre.

Inzwischen rafft im Osten der Nachwende-Geburtenknick im Verein mit dem Abi-Boom das duale System dahin. Zwischen 1999 und 2016 halbierte sich in den neuen Ländern die Zahl der neuen Ausbildungsverträge auf 74 000. Nimmt man den grassierenden Schwund von Berufsschulen hinzu, ist es nur eine Frage der Zeit, bis die duale Ausbildung dort zugunsten einer vollzeitschulischen Berufsausbildung abgeschafft werden muss.

Der Boom der Abiturienten allein ist also nicht schuld am Niedergang der dualen Ausbildung. Er deckt allenfalls Schwächen auf, die längst bekannt waren. Handwerk, Handel und Industrie haben versäumt, ihre Berufsausbildungen aufzupolieren – und, vor allem, sie so gut zu bezahlen, dass Jugendliche wenigstens einen finanziellen Anreiz für eine Lehre haben.

In den Hochschulen ist die Lage ähnlich kritisch. Allerdings nicht, weil es an Bewerbern fehlen würde, sondern weil der Staat seine Universitäten geradezu aushungert.

Die Krise der Hochschulen

Die Krise der deutschen Hochschulen begann, als Willy Brandt mehr Demokratie wagen wollte. Selbstverständlich hatte der erste SPD-Kanzler nicht im Sinn, die Probleme der Universitäten zu verschärfen. Brandt wollte »allen Bürgern die gleichen Chancen geben«, wie er in seiner berühmten Regierungserklärung von 1969 sagte.[6] Sein Ziel war eine Bildungsexpansion. Die Hochschulen sollten für neue Schichten geöffnet werden. Parallel demonstrierten rebellische Studenten mit dem Transparent »Unter den Talaren der Muff von 1000 Jahren« für mehr Mitbestimmung in den Universitäten. Aber selbst dieses doppelte Signal des Aufbruchs reichte nicht aus. Die Bildungsexpansion der 1970er-Jahre ist in Wirklichkeit nie nachhaltig finanziert worden. Man versäumte es, die Hochschulen personell und finanziell für den Studentenboom auszustatten. Das bekommt selbst die Generation der heutigen Abiturienten noch zu spüren. Die Hochschule zu öffnen, ohne sie auszubauen – das wurde die Blaupause deutscher Wissenschaftspolitik.

Startschuss der falsch verstandenen Hochschulpolitik war eine »Untertunnelung«. So nannten die zuständigen Wissenschaftsminister der Länder einen Beschluss, den sie im Jahr 1977 fällten. Inhalt war, den Studentenberg zu untertunneln, sprich, die Hochschulen nicht auf den Zuwachs an Studierenden vorzubereiten, sondern zu warten. Die Länderminister entwickelten damals eine fatale Haltung. Sie begriffen ein Plus an Studierenden nie als Teil einer notwendigen Modernisierung der Bundesrepublik zu einer »sozialen Demokratie« (Willy Brandt). Die Minister betrachteten seitdem eine steigende Bildungsnachfrage stets als vorübergehendes Phänomen. Konkret hieß das: Die Bundesländer ließen die Hochschulen zwar geöffnet, aber sie stellten nicht mehr Lehrpersonal ein. Die Politik zog gleichsam den Kopf ein – und wartete darauf, dass die Studierenden wieder verschwanden.

Die Folgen waren drastisch und sind bis heute am Patienten Hochschule zu diagnostizieren. Die Studentenzahlen verdoppelten sich erfreulicherweise innerhalb von zehn Jahren auf eine Million Studierende im Jahr 1980. Die Studierenden wurden jedoch nicht annähernd mit dem angemessenen Zuwachs an Dozenten versorgt.

Seitdem begleiteten überfüllte Hörsäle und Seminare ohne Sitzplatz die Studierenden über Jahrzehnte hinweg. Besonders eng wurde es, als die doppelten Abiturjahrgänge ab 2011 an die Hochschulen drängten. In Bochum verteilte man im Jahr 2013 in der Mensa Henkelmänner, also mobile Thermoskannen von Bergleuten, um dem Ansturm hungriger Studierender Herr zu werden – ein Beispiel schierer Not. In Köln bewarben sich 50 000 Abiturienten auf 6500 freie Studienplätze. Die Hochschulen wurden vom doppelten Abitur-Jahrgang quasi überrannt.

Ganze Studiengenerationen mussten den Eindruck gewinnen, dass es weder um ihre Zukunft noch um die Universität geht, nicht um Elite, geschweige denn um Erkenntnis. Im Zentrum stand und steht seit den 1970er-Jahren der Mangel. Der Mangel an Geld, Stellen, Professoren und ausreichenden Räumlichkeiten. In den Jahren 1988, 1997, 2010 fanden große bundesweite Studentenproteste statt. Der vordergründige Anlass dafür war stets ein anderer, aber der wahre Grund war immer derselbe: Die deutsche Uni ist eine große Sparbüchse. Sie kommt ihrer Krise immer nur durch Rechentricks bei.

Die Geschichte der Universitäten wird gern als bedeutender Beitrag zu Bildung und Wissenschaft der Nation erzählt. Deutsche Universitäten haben nach wie vor einen großen Ruf. Auf Hochschulmessen in Dubai oder Saigon nicken die Besucher ehrfürchtig, wenn sie die Namen Heidelberg, Aachen oder München hören. Sie denken dann an Philosophen wie Martin Heidegger oder an Nobelpreisträger wie Albert Einstein. Selbst Wilhelm von Humboldt zahlt als Untoter scheinbar ewig auf den Ruf deutscher Hochschulen ein. Doch die deutsche Uni kann sich nicht ewig an Humboldt und Einstein hochziehen.

Hoffnung Elite-Uni

Dabei schien Ende der 1990er-Jahre ein neues Kapitel Bildungsgeschichte geschrieben zu werden – eines mit gut finanzierten Hochschulen. Die geistig-moralische Wende unter Helmut Kohl war stets mit einer großen Portion Verachtung des Kanzlers für Studenten einhergegangen. »Unsere jungen Leute«, sagte er einmal, wollen »möglichst spät in dieses unwirtliche Leben hinausgehen und bleiben möglichst lange auf dem bequemen Sofa des Umhegtseins sitzen.«[7] Dieses anti-universitäre Ressentiment endete, als Rot-Grün im Jahr 1998 an die Regierung kam. Die neue sozialdemokratische Bildungsministerin Edelgard Bulmahn legte auch an den Hochschulen mit viel Reformtempo los. Sie beendete die Austrocknung der Studierendenförderung Bafög, verbot Studiengebühren und brannte ein Feuerwerk von Personalreformen ab, zu denen etwa die Einführung der Juniorprofessur zählte. Man konnte so bereits im Alter von 30 Jahren und nicht erst mit 45 Professor werden. Zusammen mit Bundeskanzler Gerhard Schröder nahm sich Bulmahn zudem die US-amerikanische Universität Harvard zum Vorbild. »Deutschland sucht die Super-Uni« lautete der – missglückte – Titel eines Wettbewerbs um Exzellenz-Universitäten. In einem großen Schaulaufen rangelten deutsche Hochschulen darum, »Elite-Universität« zu werden. Mit dem Titel waren Zuschüsse von bis zu 100 Millionen Euro je ausgewählter Hochschule verbunden. Allein die Bundesregierung investierte dafür insgesamt 3,5 Milliarden Euro zusätzlich in Universitäten. Die Wirkung der Exzellenzinitiative als ein Signal des Aufbruchs war kolossal. Wenn die Botschafter des Akademischen Austauschdienstes aus Neu-Delhi, Washington, Peking oder Brasilia zu ihrem Jahrestreffen nach Berlin kamen, berichteten sie davon, wie aufmerksam der Exzellenzwettbewerb im Ausland verfolgt wird. Deutschland gehörte schon bald zu den beliebtesten Studienorten der Welt. Nach den – traditionell uneinholbaren – USA und Großbritannien steht Deutschland nun auf Platz drei der Beliebtheitsskala bei internationalen Studierenden.

Nicht alles an der Exzellenzinitiative war bis zum Ende durchdacht. Der Wettbewerb löste jedoch eine Kaskade weiterer Finanzspritzen für die Hochschulen aus. Mal ging es um Weiterführungen der Elite-Zuschüsse, mal um Kompensationen für die Lehre. Auch für die Generation der Turbo-Abiturienten des G8 richtete der Bund einen Sondertopf ein, den sogenannten Hochschulpakt, auf den wir gleich noch zu sprechen kommen. Der Bund sparte also nicht. Hätten die Bundesländer ihrerseits in der gleichen Größenordnung in die Hochschulen investiert, so wäre die finanzielle Lage heute sicher eine andere. Dann wären Turbo-Abiturienten nicht enttäuscht worden von der Politik, dann hätten sie nicht jahrelang auf Studienplätze warten oder zunächst in Scharen in die Fremde gehen müssen. Die Zahl der Auslandsjahre, der Praktika in Hongkong, der Sprachstudien in Spanien oder der Reisen nach Neuseeland stieg steil an, als viele Absolventen der doppelten Abiturjahrgänge keinen Platz an den Unis fanden.

Die deutsche Universität der 1980er- und 1990er-Jahre war überaltert, überreglementiert und extrem immobil, das heißt gemächlich im Studium und elend langsam in ihren Entscheidungen. Geradezu ungeheuerliche Kennziffern prägen diese Phase: Das Durchschnittsalter der Absolventen lag bei 28 Jahren; die Abbrecherquoten waren immens hoch, in manchen Fächern bis zu 60 Prozent. Die Ära Schröder war im Vergleich dazu eine des Aufbruchs. Bei Wahlreden lauschte eine technologisch aufgeschlossene Zuhörerschaft dem, was der Kanzler der neuen Mitte zu sagen hatte. Die Intelligenz hoffte auf einen wissenschaftlichen Aufschwung. Die Studienzeiten sanken, das Abschlussalter der Studierenden ebenfalls.

Dass das Hochschulsystem heute in der Lage ist, fast drei Millionen Studierende auszubilden, stellt aber nicht das Ergebnis einer planvollen und zielgerichteten Politik dar. Es waren nicht die zuständigen Bildungs- und Wissenschaftsminister der Bundesländer, die dafür sorgten, dass das deutsche Hochschulsystem so viele Abiturienten überhaupt immatrikulieren und zum Abschluss führen kann. Die Länder hatten zwar den Abiturboom angestoßen, aber sie haben gleichzeitig die Hochschulen nicht darauf vorbereitet, die aus der Abiturverkürzung resultierende Studierneigung bewältigen zu können. Manche Studiengänge sind schon allein deshalb nicht in der Regelstudienzeit zu schaffen, weil das Angebot an Seminaren, Vorlesungen und Praktika nicht ausreicht.

Die erhöhte Aufnahmefähigkeit der Hochschulen wurde erreicht durch die größte und weitreichendste Studienreform seit der Neuerfindung der Universität durch Wilhelm von Humboldt im Jahr 1810. Gemeint ist die Bologna-Vereinbarung aus dem Jahr 1999. Mit ihr beschlossen die Wissenschaftsminister aus ganz Europa, die Studiengänge auf Bachelor und Master umzustellen. Das Sinken des hohen Alters deutscher Uni-Absolventen geht nicht auf das Turbo-Abitur zurück, das jüngere Studienbewerber auf den Markt brachte. Man kann das im Wesentlichen auf den Impuls der europäischen Bildungsminister zurückführen. Bologna versuchte die Studienzeiten auf – in der Regel – sechs Semester für den Bachelor und zwei bis vier weitere Semester für den Master-Abschluss zu reduzieren.

Einschneidende Auswirkungen hatte diese Reform auf Deutschland. Die Einführung der Studiengänge Bachelor und Master war – trotz der vielen Kritik – für die deutschen Hochschulen existenziell. Vor Bologna gab es 1,9 Millionen Studierende in Deutschland, heute sind es 2,8 Millionen, Tendenz steigend. Schlossen sie 2003 ihr Studium, wie erwähnt, mit 28 Jahren ab, sind sie heute im Schnitt 24 Jahre alt. Die Studienzeit bis zum ersten Abschluss liegt im Schnitt bei 7,5 Semestern – vor der Bologna-Reform dauerte ein Studium fast 13 Semester.

Bologna hielt das deutsche Hochschulsystem de facto am Leben. Ohne Bologna hätte die Studierendengeneration aus dem Abi-Boom nach Pisa nämlich keine Heimat an den Universitäten gefunden. Dennoch fiel das Urteil des Feuilletons zehn Jahre nach der Unterzeichnung der Bologna-Vereinbarung verheerend aus. Die *Süddeutsche Zeitung* beklagte »das Ende einer Lebensform« – die des frei und ungezwungen Studierenden, der Humboldts Bildung durch Wissenschaft erleben will.[8] Bologna sei »der größte Missgriff in der Geschichte der Universitätsreformen« gewesen, klagte *Die Zeit*.[9]

Was war da passiert? Die Hochschulbürokratie hätte es beinahe geschafft, auch die neuen Studiengänge zu ruinieren. Dafür hatte eine Mischung aus Bürokratie und Verantwortungslosigkeit gesorgt.

Verantwortungslos handelten die Professoren. Sie sind diejenigen, die laut Verfassung für Studienreformen verantwortlich zeichnen. Sie haben zugleich die Freiheit dazu, niemand kann sie zwingen. Die Umstellung auf Bachelor und Master aber führten die Professoren nicht im Stile einer nachhaltigen Studienreform aus. Oft klebten sie ihren Diplom- und Magisterstudiengängen einfach die neuen Etiketten »Bachelor« und »Master« auf. Wirklich schlanker und damit studierbar machten sie nur die wenigsten der Studiengänge.

Bürokratisch verhielten sich die Wissenschaftsminister. Weil sie selbst Studienreformen in den Hochschulen nicht ausführen können, richteten sie eigene Agenturen ein, die den Professoren auf die Finger schauen sollten. Das Regime dieser sogenannten Akkreditierungsagenturen war ziemlich kompliziert – und streng. »Wir hatten engste Vorgaben. Wir Professoren konnten das nur noch ausführen«, sagte der Vorsitzendes des Hochschulverbandes, Bernhard Kempen. »Wir waren die Hilfsarbeiter.«[10]

Die Länder brechen den Pakt

Irgendwann im Jahr 2012 wurde es selbst Annette Schavan zu bunt. Schavan war damals die Bildungs- und Wissenschaftsministerin des Bundes, und sie war in dieses Amt gewählt worden, weil sie eine überzeugte Föderalistin ist. Das bedeutet: Sie achtete die Kulturhoheit der Länder, also die alleinige Zuständigkeit der Bundesländer für die Schulen und die Lehre an den Hochschulen. Trotzdem ließ die CDU-Politikerin einen Brief schreiben und nach Sachsen bringen. Es war ein Mahnbrief. Schavan machte darin deutlich, dass sie es nicht weiter hinnehmen werde, viele Millionen Euro für Hochschulen in das Bundesland zu überweisen, wenn das Geld nicht auch für diese verwendet werde.

Die sächsische Landesregierung hatte binnen zwei Jahren 138 Millionen Euro vom Bund für ihre Hochschulen bekommen. Dennoch fasste sie den Beschluss, zehn Prozent des Universitätspersonals abzubauen. Ein klarer Bruch des genannten Hochschulpakts, den Bund und Länder geschlossen hatten. Er war nötig geworden, weil die unterfinanzierten Hochschulen und Universitäten ja irgendwie auf den Abiturboom vorbereitet werden mussten. Die Länder hatten zwar den Weg zum Abitur verkürzt. Aber die Studienplätze wollten sie nicht bereitstellen – angeblich, weil ihnen das Geld dazu fehlte. Also sprang der Bund ein. »Die doppelten Abitur-Jahrgänge waren für uns keine Überraschung«, sagte ein hoher Beamter des Bundesbildungsministeriums. »Es gibt klare Vereinbarungen mit den Ländern, wie sie die Gelder einzusetzen haben und dass sie darüber berichten, wie viele Studienanfänger zusätzlich studieren.«[11]

Die Wahrheit ist eine andere. Bildungsministerin Schavan und der Bund konnten kaum etwas dagegen unternehmen, wenn ein Land die Mittel umwidmete. Niemand in Berlin war wie einst befugt, preußische Truppen zu entsenden, um widerspenstige Minister festzusetzen. Schavans Beamte konnten nur mahnen – und blaue Briefe verschicken. »Die Rechenschaftsberichte der Länder müssen künftig transparenter werden«, sagte ein Mitarbeiter der Ministerin ratlos. Was er eigentlich sagen wollte: Wir sind blind als Kontrolleure. Wir können nicht sehen, ob das Geld für den Zweck verwendet wird, der vereinbart war.

Auf dem blauen Brief Schavans stehen zwei Stichworte: erstens Föderalismus und zweitens Kaltschnäuzigkeit. Der Föderalismus sieht zwar vor, dass die Bundesländer für Schulen und Hochschulen zuständig sind, die aber lassen sich gerne Zuschüsse aus Berlin überweisen. Hier kommt die Kaltschnäuzigkeit ins Spiel. Die Länder verwenden das Geld für alles Mögliche, aber eben nur vielleicht für Bildung.

Man kann es auch drastischer sagen: Einige Bundesländer veruntreuen praktisch die Zuschüsse für Bildung und Wissenschaft. Sie lassen sich das Geld erst aus Berlin überweisen. Sobald es da ist, pochen sie frech auf ihre Kulturhoheit – und stecken es in Haushalts- oder Straßenlöcher. Oder sie verschleiern einfach dessen Verwendung.

Wie chaotisch die Finanzierung der Hochschulen durch die Länder ganz grundsätzlich ist, wurde 2014 klar. Damals untersuchte eine Gruppe Wissenschaftler um den Hochschulforscher Roland Bloch, wer eigentlich die Lehre an den Hochschulen trägt.[12] Das Ergebnis war frappierend. Die Hochschulen wussten oft gar nicht, wer eigentlich vor den Studenten steht und lehrt. Ein Drittel der Dozenten wird für ihre Lehrtätigkeit nicht bezahlt: Die Doktoranden lehren verdeckt – sie sind eigentlich für ihre Promotion, aber nicht für die Lehre da; von externen Lehrbeauftragten, mit denen Löcher in der Lehre gestopft werden, arbeitet die Hälfte für die Ehre. Eine wichtige Personalkategorie, die eigens erschaffen worden war, um den Ansturm der Studenten nach den doppelten Abiturjahrgängen zu meistern, tauchte in der Untersuchung nicht auf – weil die Hochschulen sie gar nicht erst eingerichtet hatten. Gemeint ist der Lecturer oder Lektor, ein Lehrprofessor mit erhöhtem Lehrpensum, der unbefristet beschäftigt ist. Solche teuren Dozenten wollten die Länder lieber nicht einstellen.

Kein Manager eines Unternehmens könnte es sich leisten, nicht zu wissen, wer eigentlich seine Produkte herstellt oder seine Dienstleistungen erbringt. Nicht so bei den Hochschulen. Sie sind gar nicht erpicht darauf, lückenlose Informationen darüber zu haben, wer mit den Studierenden forscht und lernt. Das ist keine Nachlässigkeit, das ist Strategie. Wie bereits 1977 geht man erneut kaltschnäuzig mit dem Personal um. Würde man die herrschenden Kriterien befolgen, müsste man weiteres Lehrpersonal einstellen. Das aber geschieht fast nur auf dem Wege befristeter

Einstellungen, das heißt, es sind keine Professoren. Immer mehr Studenten werden von der gleichbleibenden Zahl an Professoren ausgebildet. Mit anderen Worten: Die Annahme der 1970er-Jahre, dass die Studierenden wieder verschwinden, ist nach wie vor oberstes Prinzip der Hochschulfinanzierung. Die Länder versuchen erneut, was schon einmal schiefgegangen ist: Sie wollen einen Studentenberg untertunneln.

Was die Hochschulforscher der Uni Halle-Wittenberg herausfanden, warf ein interessantes Licht auf die Wirklichkeit einer Hochschullandschaft, die seit zehn Jahren über Elitezuschüsse und Hochschulpakte mit viel zusätzlichem Geld ausgestattet worden war. Die Hochschulen erlebten in dieser Zeit einen ungeheuren Boom. Aber viele der 2,8 Millionen Studierenden hatten gar nichts von dem Geldsegen. Die zweite Bildungsexpansion ist erneut auf Sand gebaut.

5 TURBO-ABI: DIE MACHT DER ELTERN

Als der Talkmaster Reinhold Beckmann das Turbo-Abitur entdeckte, war es bereits sieben Jahre lang Gesetz. Beckmann hatte seine Sendung eigentlich mit ganz anderen Themen bestreiten wollen. Große Ministerpräsidenten waren dran, das kurze Gymnasium stand an diesem Abend nicht auf dem Programm. Als sein Gast Kurt Biedenkopf aber die Schulpolitik streifte, unterbrach Beckmann den ehemaligen Ministerpräsidenten Sachsens sofort – und hob zu einer Suada wider das Blitzabitur an. Das achtjährige Gymnasium sei Ausdruck verfehlter Schulpolitik. »Der Druck der Behörden ist eins zu eins weitergegeben worden an die Lehrer, die Lehrer geben es weiter an die Schüler, die Schüler geben es zurück an die Eltern.«[1] Einwände Biedenkopfs, das auf acht Jahre Lernzeit verkürzte Abitur funktioniere in Sachsen seit zwanzig Jahren sehr gut, ließ der Moderator nicht gelten. Beckmanns Kinder zählten zu den Ersten im Westen, die das Turbo-Abi erlitten.

Wir schreiben das Jahr 2008, als sich diese Szene im Ersten Programm zuträgt. Das Saarland und Hamburg hatten schon 2001 beschlossen, die gymnasiale Lernzeit um ein Jahr abzukürzen, was damals kein großes Aufsehen erregt hatte. Als Ministerpräsident Edmund Stoiber jedoch 2003 dekretierte, dass auch der Bildungsleitwolf Bayern das Abitur verkürzen werde, brach eine Lawine los. Danach beschleunigten zehn weitere Bundesländer das Abitur auf Expresstempo.

Zusammen mit Bayern stellten 2004/05 Baden-Württemberg, Bremen, Mecklenburg-Vorpommern, Sachsen-Anhalt und Niedersachsen auf G8 um. Ein Jahr später folgte Nordrhein-Westfalen, dann kamen Berlin und Brandenburg. Hessen streckte seinen Umbau über drei Jahre, Schleswig-Holstein zog 2008/09 nach. Thüringen und Sachsen hatten das achtjährige Gymnasium bereits Anfang der 1990er-Jahre eingeführt. Aber erst als der Journalist Reinhold Beckmann Jahre später aus seinem Dornröschenschlaf erwachte, schien die Bildungsrepublik zu bemerken, was ihr die Schulminister angetan hatten. Die *BILD*-Zeitung recherchierte eine mehrteilige Serie, in der sie entdeckte, was jede Gymnasialfamilie zu Hause erlebte. Nun war plötzlich die gesamte Medienlandschaft voller einfühlsamer Berichte über das Leid der Turbo-Abiturienten. »Als ich nach dem Mittagessen gefragt habe: ›Was steht denn an?‹, ist er in Tränen ausgebrochen und sagt: Ich kann nicht mehr, ich kann jetzt keine Hausaufgaben mehr machen, also der brach mir am Tisch förmlich zusammen«, erzählte eine Mutter.[2] Die Schülerin eines Münchner Gymnasiums berichtete frühmorgens, welcher Schultag ihr bevorsteht: »Wir haben elf Stunden. Das ist äußerst anstrengend.«[3]

Das G8 war von Anfang an ein Missverständnis. Schlecht vorbereitet, überhastet umgesetzt und ohne Rücksicht durchgeboxt. Es hat die wichtigste deutsche Schule verwirrt. Möglicherweise wird der jahrhundertealten Lehranstalt Gymnasium sogar nachhaltiger Schaden zugefügt. Die Geschichte der G8-G9-Springprozession ist nämlich noch nicht zu Ende. Gerade wird überall im Westen der Republik beschlossen, das G8 wieder in die Länge zu ziehen. Das wird sehr teuer, lange dauern und ist in seinen Folgen noch nicht absehbar.

Stoibers Putsch

Der Beginn des Projekts »Hochschulreif in acht Jahren« ähnelte einem Putsch. »Das deutsche Bildungssystem raubt den Jugendlichen im europäischen Vergleich wertvolle Zeit, die sie für Familiengründung, Beruf und Aufbau ihrer Altersversorgung nutzen können.«[4] Der das sagte, war Edmund Stoiber. In einer Regierungserklärung versuchte der bayerische Ministerpräsident zu erläutern, dass das Alter, in dem deutsche Akademiker ins Berufsleben eintreten – 28 Jahre –, eine Vergeudung von Ressourcen für die Sozialversicherungssysteme bedeutet. Die Jugendlichen, so Stoiber, »sollen auch mit Jugendlichen aus anderen Ländern mithalten können, die früher in das Berufsleben einsteigen und damit in unserer globalen Welt bessere Chancen haben. Deshalb werden wir das Gymnasium auf acht Jahre verkürzen.«

An Stoibers Zahlen gab es nichts zu deuten. Deutsche Studienabgänger waren damals die Methusalems in Europa. Und es war nicht für jeden ein Vergnügen, erst mit knapp dreißig Jahren auf den Arbeitsmarkt zu kommen, ganz zu schweigen von Langzeitstudenten, die bis zu 40 Semester eingeschrieben waren. Das Problem bestand darin, dass der Ministerpräsident seine Schulministerin Monika Hohlmeier überrumpelte – und mit ihr das ganze Land. Praktisch über Nacht stülpte der Macher aus München den Gymnasien das schnelle Abitur über den Kopf. Die Entscheidung soll in einem klandestinen Stoiberschen Küchenkabinett gefallen sein – ohne die zuständige Ministerin. Eltern, Lehrer oder Schulleiter seien nicht gehört worden, schrieb die *Augsburger Allgemeine*.[5] Kein Verband, kein Bildungsexperte der CSU sei nach seiner Meinung gefragt worden.

Monika Hohlmeier sollte viel später sagen, dass die Art und Weise, wie die Gymnasialreform durchgepaukt wurde, viele der

Probleme und Widerstände erst erzeugt habe. »Der Ministerpräsident Edmund Stoiber und ich haben uns sehr gestritten, denn es ging mir zu schnell«, erinnerte sie sich. »Ich hätte meine Bedenken damals vehementer vertreten sollen.«[6] Stoiber sah das selbstverständlich ganz anders. Er behauptete, er werde ein Gymnasium erschaffen, »wie es das in Deutschland in dieser Qualität noch nicht gibt«.

Das Gymnasium existiert seit mehreren Hundert Jahren. In seiner jetzigen Form ist es eine Melange verschiedener höherer Schulen der Jahre um 1870 und der Kollegstufenreform aus dem Hamburger Abkommen rund 100 Jahre später. Mit anderen Worten, das Gymnasium ist eine ehrwürdige, durchkomponierte, langlebige Anstalt. Die Schulminister aber behandelten es nun wie eine Salami, der man einfach eine Jahresscheibe abschneiden kann – ohne dafür den Lehrplan zu reformieren oder auch nur zu entschlacken. Das fiel ihnen erst Jahre später ein, als die halbe Medienrepublik auf die Barrikaden ging. Am Beginn des G8 legten die Schulminister eine legendär stoische Haltung an den Tag – sie beschlossen einfach gar nichts. Obwohl ab 2001 mehrere Bundesländer die Lernzeit bis zum Abitur um ein Jahr kürzten, hielten die zuständigen Minister an den 265 Wochenstunden fest, die Gymnasiasten bis zum Abitur zu absolvieren hatten. Das durchschnittliche wöchentliche Unterrichtspensum lag im Neunjahresgymnasium bei 29,4 Stunden; im G8 stieg es auf über 33 Stunden.

Was kaum jemand außerhalb pädagogischer Hochschulen und Lehrerseminare versteht, bedeutet konkret: Die Minister beschlossen einerseits, den Weg zum Abi abzukürzen, bestanden andererseits aber darauf, dass sich an der Masse des Lernstoffs nichts ändern dürfe. Das konnte nur ein Gremium wie die Konferenz der Kultusminister zustande bringen, das sich im Besitz höherer Weihen wähnt. Zum ersten Mal befasste sich die KMK sieben Jahre nach Ausrufung des ersten Turbo-Abiturs mit dem G8. »Es gab keine Beschlüsse zwischen 1997 und 2008, die G8/G9 betroffen haben«, bestätigte das KMK-Sekretariat.[7] Das heißt: Die Kultusminister haben beim Turbo-Abitur jahrelang ihre Arbeit nicht gemacht. Bevor das G8 eingeführt wurde, dachten sie nicht ein einziges Mal gemeinsam darüber nach, was es bedeutet, wenn man das wöchentliche Lernpensum von Gymnasiasten um knapp vier Stunden anhebt.

Rein praktisch gesehen wurde die Gymnasialreform also mittels einer ordinären Stauchung ausgeführt. Die Kultusminister drückten von oben auf das Gymnasium, um es von neun auf acht Jahre zusammenzupressen. Wie bei einem Sandwich die Mayonnaise aus den Brötchenhälften quoll nun der Lernstoff aus dem Schultag. Der Stundenplan verteilte sich plötzlich in Schlieren über den ganzen Tag. Die Schüler waren nun gezwungen, bis nachmittags in der Schule zu bleiben. Es kam zu Stundenplänen mit bis zu 37 Stunden pro Woche. Zeitweilig zogen die Kultusminister sogar in Erwägung, den Samstag als Schultag zu reaktivieren. Die Reaktion in der Öffentlichkeit darauf war Fassungslosigkeit. »Da würde ich streiken«, sagte die Ex-Kanzler-Gattin Doris Schröder-Köpf in einem Interview dazu. »Samstags gehört mein Kind mir. Um zum Beispiel am Vormittag gemeinsam auf den Markt zu gehen, nachmittags in den Zoo.«[8]

Mit dem Wechsel zum Express-Abitur wurde gleichzeitig durch die Hintertür die Ganztagsschule an den Gymnasien eingeführt. Denn ohne Nachmittagsunterricht waren 33 und mehr Stunden pro Woche nicht zu schaffen. Dabei hatte derselbe Edmund Stoiber, der mit seiner Nacht-und-Nebel-Aktion de facto die Ganztagsschule salonfähig machte, kurz zuvor noch heftig gegen ebendiese Schule gekämpft. Das Ganztagsschulprogramm von Rot-Grün war die bis dato teuerste Schulreform der deutschen Geschichte – vier Milliarden Euro kostete sie. Die unionsgeführten Bundesländer, allen voran Bayern, liefen dagegen Sturm. 2006 wurde sogar das berühmte Kooperationsverbot erfunden, um solche Bildungsgeschenke des Bundes ein für alle Mal zu unterbinden. Seitdem durfte Berlin für viele Jahre den Ländern in der Schulpolitik finanziell nicht mehr unter die Arme greifen. Erst für den sogenannten Digitalpakt sollte das Kooperationsverbot im Grundgesetz 2018 wieder gelockert werden. Jedenfalls nahm Bayern damals für sein Schnellgymnasium ganz plötzlich jene Ganztagsmilliarden in Anspruch, die es zuvor angeprangert hatte.

Die Einführung des G8 brachte alle Gewissheiten durcheinander. Das Schulsystem stand Kopf. Aber auch das vermeintlich reformimmune Gymnasium selbst, durchreguliert bis in jeden einzelnen Lehr- und Lernschritt, wurde in seinen Grundfesten erschüttert.

Keiner darf durchfallen

Pädagogisch wurde jahrelang wenig bis nichts unternommen. Die Schulminister hatten ja ihren »Es-bleibt-bei-265-Wochenstunden«-Beschluss im Rücken. Das betäubte jede Reformbemühung der Kultusbürokratie. Kein Bundesland, schon gar nicht eine Einzelschule konnte es sich leisten, davon abzuweichen. Der 265-Stunden-Beschluss der KMK bedeutete, dass die Länder untereinander nur jene Abiture anerkennen, für die Gymnasiasten mindestens 265 Wochenstunden unterrichtet worden waren. Mit jeder Abweichung davon hätte ein Schulminister riskiert, dass das Abitur seiner Landeskinder in anderen Bundesländern nicht gilt.

Das heißt aber nicht, dass die Gymnasien für ihr Blitzabitur nicht auch eherne Regeln brechen mussten. Nach und nach bemerkte man nämlich, dass man einer Schulart nicht komplikationslos den Kopf abschneiden kann. So musste zum Beispiel Vorsorge getroffen werden, dass die deutsche Spezialdisziplin, das Sitzenbleiben, an der Nahtstelle zwischen neun- und achtjährigem Gymnasium vermieden wurde. Jeder musste durchkommen. Kein Schüler aus dem letzten G9-Zug sollte sitzen bleiben – andernfalls bestand das Risiko, vom nachfolgenden G8-Express überrollt zu werden. »Kein G9-Schüler darf durchfallen, weil er sonst in ein komplett anderes Oberstufensystem wechseln müsste, das er sich gar nicht ausgesucht hat«, lästerte *Die Zeit* über Bayerns neue Nichtabstiegspolitik in der Schule.[9] Dazu muss man wissen: In keinem Schulsystem der Welt wird so viel sitzen geblieben wie in Deutschland. Auf einmal sollte es verboten sein.

Das G8 wurde zum Sinnbild für eine verkorkste Reform. Es dauerte rund zehn Jahre, bis die letzten G9-Schüler fertig waren und die ersten G8ler ihr Abitur erfolgreich abgelegt hatten. In dem Moment aber, da der doppelte Abitur-Jahrgang die Schule verließ, fehlten Studienplätze. Die Schulminister hatten die Abiturienten zwar im Eiltempo durch das Gymnasium gehetzt, aber ihre Kollegen Wissenschaftsminister hatten an den Hochschulen für die Abi-Sprinter keine Vorsorge getroffen. So wurde aus dem ersten G8-Jahrgang auch eine betrogene Abitur-Generation. Sie fuhren Vollgas durchs Gymnasium – um dann ein Jahr im Ausland zu verbummeln, weil die Studienplätze nicht reichten. Die Konferenz der Kultusminister war einst erfunden worden, damit Schul- wie auch Wissenschaftsminister das Zusammenspiel von Schule und Hochschule angemessen planen können. Ausgerechnet bei der bedeutendsten Reform des Gymnasiums seit seiner Gründung klappte das nicht.

TRAUMJOB LEHRER?

In einer Schülerzeitung sprach der einstige Kanzler Gerhard Schröder von Lehrern als „faulen Säcken" und bediente hemmungslos ein gängiges Vorurteil. Nie war es falscher als heute.

Der Lehrerjob gehört spätestens seit der Jahrtausendwende zu den wechselvollsten Berufen, die es gibt. Die Pisa-Studie veränderte für Pädagogen beinahe alles. Die Eltern wurden seitdem fordernder – und gleichzeitig brach eine Flut von Reformen über die Lehrerschaft herein. So stellte der Umbau der Schulen in Ganztagsschulen die Lehrer vor die Herausforderung, auch nachmittags in der Schule zu sein. Auch erzieherische Aufgaben werden immer stärker von Lehrern übernommen. Nicht wenige Schüler sind unorganisiert, buchstäblich unerzogen oder im Extremfall sogar gewalttätig. Ein Viertel der Lehrer gab in einer Studie des Verbands Bildung und Erziehung an, bereits physische Gewalt durch Schüler oder Eltern erlebt zu haben.

Alle großen sozialen Umbrüche der vergangenen Jahre haben sich auf die Lehrer und ihre Art des Unterrichtens ausgewirkt. Die bis zur Jahrtausendwende mehr oder weniger stabile Homogenität der Lerngruppen hat sich dramatisch verändert: Das Gymnasium nimmt mehr Schüler auf – und wird heterogener. Die Schulformen Hauptschule und Realschule werden zusammengeführt – was die Klassen ebenfalls heterogener macht. Inklusion bringt Kinder mit Handicaps in Regelschulen – und verstärkt die Unterschiedlichkeit der Schüler weiter. Ein simples Vermitteln von Stoff wird so schwerer, Lehrer brauchen viel pädagogisches Geschick. Für Lehrer ist der Wandel der Schulen im Gefolge der Post-Pisa-Schulreformen fundamental. Die Fähigkeit, mit unterschiedlichen Schülern in einem Klassenzimmer zu arbeiten, wurde Anfang der 2000er-Jahre nur noch in Bayern systematisch gelehrt – als sogenannter Abteilungsunterricht. Die Umstellung von Frontalunterricht auf individuelles Lernen verändert den Lehrerberuf in seinem Wesen und sorgt bei den Pädagogen für Verunsicherung. Früher war der Lehrer ein Solist mit Anordnungsbefugnis, der sich auf Lehr- und Stundenplan sowie das Schulbuch stützen konnte. Nun arbeiten Lehrer zusehends als Lernbegleiter, die keinen Stundenplan mehr haben und ihre Aufgaben im Team entwickeln – weil das Ausarbeiten für verschiedene Niveaustufen sehr anspruchsvoll ist.

Die Digitalisierung verstärkt die Verunsicherung ebenfalls. Erstens kennen sich viele Lehrer mit den unzähligen digitalen Plattformen, Endgeräten und Lern-Apps oft noch nicht aus. Das erhöht nicht unbedingt ihre Bereitschaft, sich auf das Neue einzulassen. Zweitens wissen Schüler technisch oft besser Bescheid als ihre Lehrer, das heißt, der Pädagoge büßt seine Rolle als fachliche Autorität ein.

Das Hauptproblem derzeit: Das Schulsystem ist wegen des dramatischen Lehrermangels unter Druck. Es fehlen Zehntausende ausgebildete Pädagogen. Die Bundesländer beginnen sich gegenseitig Lehrer abzujagen und locken mit großzügigen Gehaltsverbesserungen oder frühen Verbeamtungen. Dennoch ist der Mangel so groß, dass viele Länder Lehrer einstellen müssen, die gar keine sind. In ganz Deutschland waren laut Bundesbildungsbericht zuletzt acht Prozent der in Schulen Eingestellten keine ausgebildeten Lehrer. Als der Bildungsökonom Klaus Klemm Anfang 2018 einen Mangel von rund 35 000 Lehrerinnen an Grundschulen vorhersagte, gaben die Kultusminister schnell bekannt, dass sie die Lage nicht hätten absehen können. Tatsächlich hatte Klemm bereits im Jahr 2004 davor gewarnt, dass die Länder viel zu wenig neue Lehrer einstellen. Unbesetzte Pulte waren für die Bildungsminister also absehbar. Nun müssen sie Laien in Klassen holen – in denen oft schon Profi-Pädagogen überfordert sind.

Vor allem aber muss man sich fragen, welche Folgen eine Flip-Flop-Reform wie das Turbo-Abitur auf eine so bedeutende Institution wie das Gymnasium und all jene hat, die darin lehren und lernen. Zehn Jahre lang wurden alle Kräfte mobilisiert, um etwas umzubauen – dann sind weitere zehn Jahre Engagement nötig, um alles wieder zurückzubauen. Man schneidet dem Gymnasium den Kopf ab und klebt ihn dann wieder an. Zwanzig Jahre intensivster Arbeit, begleitet von beißender öffentlicher Kritik – nur um wieder beim gleichen Ergebnis herauszukommen. Kein Unternehmen könnte sich eine derart sinnfreie Warteschleife leisten. Sie bindet kreative Kräfte, nur um Stillstand herzustellen. Sie demotiviert und entfremdet das Personal und stellt die Integrität der Schulpolitik generell infrage. Wie sollen Studienräte, die ein halbes Berufsleben an ein sinnloses Vor und Zurück vergeudet haben, für wirklich wichtige Anpassungen an die Zukunft gewonnen werden, wenn ihnen das Wort »Schulreform« wie ein Nackenschlag vorkommen muss?

Während in Berlin eine Zeitlang sogar das siebenjährige Abitur ohne Murren hingenommen wurde, regte sich vor allem im Westen der Republik ein sich allmählich aufschaukelnder Widerstand gegen diese desaströse Schulpolitik.

Die Mädchen weinen recht viel

Die Politik hatte ihren großen Auftritt bei der überfallartigen Einführung des G8 – und dann wieder bei dessen Abschaffung. In der Zwischenzeit ging es in der öffentlichen Debatte viele Jahre vor allem um die sozialen Folgen des Schnell-Lernens. »Die Mädchen weinen recht viel in letzter Zeit«, berichtete 2010 die Studienrätin eines Münchener Gymnasiums.[10] Da waren die ersten Blitzabiturienten in der elften Klasse angekommen, die den Namen

Q11 trug, Qualifizierungsphase 11. Klasse. Sie befanden sich also schon auf der Zielgeraden. Direkt neben ihnen lernten die Zwölftklässler, die im Jahr darauf gleichzeitig mit ihnen das Abitur ablegen würden. Diese Situation sorgte aber nicht etwa für Gemeinsamkeit, sondern erhöhte den Druck auf den ersten G8-Jahrgang.

Unterdessen bildeten sich Elterninitiativen, um Kultusbürokratie, Politik und vor allem die Öffentlichkeit auf das Mängelexemplar G8 hinzuweisen. Der Druck der Elternvereinigungen erwies sich als ausgesprochen hartnäckig und folgenreich. Mit regelrechten Horrorszenarien beschrieben diverse Elterngruppen – organisierte wie spontan gegründete – den Lernalltag ihrer Kinder.

Die Schulpolitik in Nordrhein-Westfalen habe sich »an den Kindern schuldig gemacht«, so geht die Klage von vier Frauen, die sich bereitwillig im *Westfalenblatt* präsentieren.[11] Die Damen sind so etwas wie die Heroinen von Höxter. Sie haben sich zum Ziel gesetzt, das achtjährige Gymnasium wieder abzuschaffen. Und zwar schneller, als die Politik das will. Das »engstirnige Festhalten der Politik an Fehlentscheidungen« wollen sie brechen.

In anderen Bundesländern hört sich das mitunter noch dramatischer an. »Lernen kann man nicht im Akkord!«, schimpft die baden-württembergische Initiative gegen G8. In dieser Schule gebe es nur bulimieartiges Auswendiglernen – »um alles am nächsten Tag auszuspucken und dann wieder zu vergessen«.[12]

Derartige Kritik von Elternseite ließ und lässt sich noch heute quer durch das Land beobachten. Sie hält zum Teil seit Jahren an.

Das G8 vereint die Milieus

Der Protest der Eltern ist zäh. Durch Fakten lässt er sich so gut wie nicht erschüttern. Dabei ist den wissenschaftlichen Untersuchungen, die über das achtjährige Gymnasium angestellt wurden,

Erstaunliches zu entnehmen. Fragt man die Abiturienten, welcher Weg zum Abitur für sie der bessere ist, so antworten sie mit großer Mehrheit: das neunjährige Gymnasium. Will man aber konkret wissen, wie es sich mit Leistungen, Stress und Zeit im achtjährigen Gymnasium verhält, dann kommt dieses Ergebnis heraus: Weder sind die Noten durch das G8 schlechter geworden als im G9, noch ist die gesundheitliche oder zeitliche Belastung im Turbo-Abitur erkennbar angestiegen.

Renommierte Forscher haben G8 und G9 nüchtern und mit wissenschaftlichen Methoden verglichen. Ihre Erkenntnisse sind so valide wie stabil. »Es konnten keine erheblichen Unterschiede zwischen G8 und G9 festgestellt werden«, lautet die Zusammenfassung von Jochen Kramer.[13] Er gehörte dem Team der Abteilung »Empirische Bildungsforschung und Pädagogische Psychologie« der Universität Tübingen an, die einen der ersten wissenschaftlichen G8-G9-Vergleiche vornahm. Die G8-Abiturienten schnitten zum Beispiel im Abitur nur um 0,07 Notenstufen schlechter ab als ihre Mitschüler, die ein Jahr mehr Zeit zum Lernen hatten.

Die Tübinger Arbeitsgruppe untersuchte auch, wie viel Zeit den G8-Abiturienten neben dem Unterricht zur Verfügung stand. Für Eltern von G8-Schülern ist das stets die Gretchenfrage. Die Kinder hätten für nichts anderes mehr Zeit als fürs Lernen, heißt es gern. Die Wahrheit der Forscher sieht anders aus. Die G8-Schüler hatten zwar nach ihren eigenen Angaben tatsächlich weniger Zeit für ihre Freunde – statt 11,5 Stunden nur 11 Stunden pro Woche. Aber dafür hatten sie sehr wohl noch Zeit für Schülerjobs. Für Orchester, Sport, Computer und ihre Eltern nahmen sie sich sogar mehr Zeit als ihre G9-Konkurrenten.[14]

Diese Ergebnisse waren alles andere als spektakulär. Sie legten nahe, dass Eltern über die erforschte Wirklichkeit des Achtjahresgymnasiums offenbar kaum Bescheid wissen. Aber wie kann es sein, dass das Turbo-Gymnasium die Eltern allem Anschein nach mehr belastet als ihre Kinder? Die Duisburg-Essener Bildungsforscherin Svenja Kühn hat es von den Eltern selbst wissen wollen. Sie befragte dazu Mütter und Väter, die Kinder in beiden Gymnasialformen G8 und G9 hatten. Von den Eltern der G9-Kinder wollte Kühn wissen, auf welche Schule sie ihr Kind geschickt hätten, wenn es das Gymnasium in der langen Form nicht gegeben hätte. Sie bekam eine überraschende Antwort. Fünfundsiebzig Prozent der Eltern sagten: aufs Gymnasium natürlich! Nur dann eben aufs achtjährige Gymnasium. Was bedeutet das? Die überwältigende Mehrheit der Eltern wäre bereit, ihr Kind genau jenem Schnellabitur auszuliefern, das sie so vehement ablehnen. Sie würden nicht etwa die Gesamtschule wählen oder eine der vielen anderen Schulformen, die mutmaßlich weniger Stress verursachen. Sie würden ihren Kindern das G8 zumuten.

Kühn hat diese große Mehrheit erstaunt. Sie schlussfolgert daraus: Die Tatsache, dass ihr Kind auf einem Gymnasium das Abitur macht, ist den Eltern viel wichtiger als die Frage, ob der Lernstress ihren Kindern schaden könnte. »Vielleicht ist der Ruf vieler Eltern nach G9 eingebettet in eine gesamtgesellschaftliche Wahrnehmung von zunehmender Beschleunigung und Zeitdruck.«[15]

Postfaktische Eltern

Die Vermutung der Forscherin dürfte in die richtige Richtung gehen. Doch nicht allein das allgemeine Unbehagen über die Beschleunigung der Welt spielt hier eine Rolle. Das Abitur selbst, gleichgültig, wie lange es dauert, ist als Abschluss unauflöslich mit dem gesellschaftlichen Selbstbild der Mittelschicht verknüpft. Die Konrad-Adenauer-Stiftung hatte bereits 2008 in einer sogenannten Milieustudie zeigen können, »dass die Belange der Schule mittlerweile zum beherrschenden Thema des Familienlebens, vor allem in der Bürgerlichen Mitte, geworden sind«. Die Eltern gehobener Milieus nähmen danach die Förderung ihrer Kinder zu einem möglichst frühen Zeitpunkt selbst in die Hand. Und befeuern insgesamt eine ungute Entwicklung: »Eltern wirken mit den gestiegenen Anforderungen von Schule und gesellschaftlichen Bildungserwartungen an Kinder weniger als Filter, der die Leistungsanforderungen abmildert, denn als Katalysator, der die Leistungsmotivation antreibt.«[16]

Die Milieustudien der Adenauer-Stiftung öffnen die Blackbox »Mittelschicht«, um sie im Detail zu betrachten. Die verschiedenen bürgerlichen Milieus werden in Tiefeninterviews in Bezug auf ihr Verhältnis zu Bildung und Schule gewissermaßen unter die Lupe genommen. Ergebnis: Sie unterscheiden sich erheblich. Für die sogenannten »Etablierten« ist nicht die Frage wichtig, *ob* ihre Kinder auf eine Privatschule gehen, sondern auf *welche*. Die »Postmateriellen« wünschen sich einen ganzheitlichen Bildungsauftrag der Schule. »Expeditive« sind bereit, ihre Kinder auf experimentelle Schulen zu schicken. Die »Hedonisten« haben vor allem einen Wunsch: Bitte, Schule, erledige den Job für mich! Die »Performer« basteln sich ihre Privatschule gewissermaßen selbst zusammen, indem sie ihre Kinder in zugekaufte Kurse und Neigungsgruppen entsenden. Und die »bürgerliche Mitte« will einen guten Schulabschluss, hat aber wenig Lust, »gegen [Schul-]Strukturen zu intervenieren, die sich nicht ändern lassen«. Das sind, leicht vergröbert, die Haltungen der Eltern zum Erfolg im Schulsystem.

Im Jahr 2013 wiederholte die Stiftung die Studie in ähnlicher

Weise – und stellte eine dramatische Zuspitzung der Situation fest. Plötzlich waren nämlich alle diese Milieus bereit, sich zu engagieren – sogar die eher passive bürgerliche Mitte begehrte auf. Ihr gemeinsamer Angriffspunkt: die Verkürzung des Abiturs. »Der Druck auf die Kinder – und damit auch auf die Eltern – ist massiv gewachsen«, beklagten die Mitte-Eltern in den Tiefeninterviews. Und dafür gab es ihrer Ansicht nach eine klar benennbare Ursache – das achtjährige Gymnasium. Plötzlich war die Haltung zum Druck im Gymnasium eine gemeinsame: »Das G8 (›Turbo-Abi‹) stellt eine Steigerung dieser Entwicklung dar«, beklagten die Expeditiven das übertriebene Leistungserleben. »Das G8 verstärkt die negativen Effekte des Schulsystems«, sagten die »Postmateriellen«. »Es bleibt noch weniger Zeit, um den notenrelevanten Stoff zu vermitteln«, schimpfte die bürgerliche Mitte. Selbst das unpolitischste der bürgerlichen Milieus wandte sich damit gegen das G8.

Was kann man daraus schließen? Solange die Bildungskrise als Pisa-Schock oder Tod der Hauptschule die Unterschichten betraf, war sie den bürgerlichen Eltern nicht besonders wichtig gewesen. Sobald sie aber merkten, dass die Politik die Axt ans Gymnasium legt, war für die Bürger eine rote Linie überschritten. Seitdem bündelt sich die komplette Pisa- und Schulkritik in diesem Punkt. Die Bürger begehren auf. Und das können sie von jeher besser als Hartz-IV-Empfänger und Armutsmigranten.

Alle renommierten Schulforscher haben die Rückkehr zum Abitur in der 13. Klasse abgelehnt. Der Leiter zweier Pisa-Studien, Manfred Prenzel, spottete über das »Luxusproblem einer bestimmten sozialen Gruppe, die sich wünscht, dass ihr Kind mittags von Mami zu Hause bekocht und nachmittags zum Ballett gebracht wird«.[17] Olaf Köller, auch er ein einflussreicher Bildungsforscher, war geradezu schockiert. »Wir regen uns in

Deutschland über Donald Trump auf, der die Ergebnisse der Klimaforschung leugnet, doch Politiker und Eltern, die wieder G9 wollen, verhalten sich genauso postfaktisch.«[18]

Für das Bürgertum sind, soziologisch gesehen, als gesellschaftliche Schicht drei Elemente essenziell: Besitz, Kultur und Bildung. Wenn die berufliche Situation nun kompliziert oder gar riskant wird, wenn Status und Eigentum fragil werden, dann spielen die anderen Aspekte der Bourgeoisie eine umso größere Rolle. Nun wird die Bildung so etwas wie die letzte Bastion des Bürgertums: Unsere Bildung kann uns keiner nehmen! So lautet die Losung. Dazu gehört aber auch, die eigenen Kinder darauf vorzubereiten, dass sie den wirtschaftlichen Risiken trotzen können. Was sich ein bisschen theoretisch anhört, hat in der Situation des Bürgertums mit Kindern ziemlich praktische Folgen.

Für Eltern besteht heute eine direkte Verbindung zwischen dem wirtschaftlichen Erfolg, den sie ihren Kindern wünschen, und der Schulform. Sie empfinden das G8 als eine Bedrohung der Bildung ihrer Kinder genau wie eine soziale Gefährdung ihrer selbst.

Was fing die Politik mit diesen schweren Bedenken der Eltern an?

Sieben Jahre nichts beraten

Alle warteten damals gespannt auf eine Reaktion der Schulminister und ihrer KMK. Deren Antwortmuster wandelte sich zwar im Laufe der Zeit. Die Reaktionen der Politik bestanden aber im Wesentlichen aus Ablenken, Leugnen, Schönreden. Zu Beginn des Protestes etwa, im Jahr 2008, hatte gerade Annegret Kramp-Karrenbauer, Saarlands damalige Schulministerin, die Präsidentschaft der KMK übernommen. Als sie sich in Berlin vorstellte, beschrieb sie sogleich, wie famos das Bonsai-Abitur bei ihr im Saarland funktioniere. Ein Reporter fragte: »Werden sich die Kultusminister noch mal mit dem Thema befassen?« – »Mit welchem Thema?«, fragte die heutige CDU-Generalsekretärin verwundert zurück. – »Na, mit dem Turbo-Abi. Werden die Kultusminister es noch einmal thematisieren?«, hakte der Kollege nach. »Eigentlich eine gute Idee«, sagte Kramp-Karrenbauer.[19] Kurz darauf setzten die Schulminister das Thema tatsächlich offiziell auf die Tagesordnung – und beschlossen erstmals Änderungen. Wenn man so will, begannen sie das G8 im Jahr sieben nach seiner Einführung pädagogisch abzupuffern. Von einer Abschaffung des Turbo-Gymnasiums war zu dieser Zeit unter den Schulministern allerdings noch keine Rede.

Es würde zu weit führen, das Reiz-Reaktions-Schema zwischen Protest und Politik beim Turbo-Gymnasium im Detail nachzuerzählen. Dreizehn Bundesländer multipliziert mit diversen Anti-G8-Initiativen ergibt eine Vielzahl von Wirklichkeiten und Lösungen. Gemeinsam ist allen, dass jeweils eine erstaunlich große zeitliche Lücke zwischen der elterlichen Kritik am Blitzabitur und einem wirklich folgenreichen politischen Handeln klaffte. Die Politik reagierte nie direkt auf die Eltern, sondern griff stets erst viel später das Thema G8 auf. Es ist aufschlussreich, an zwei Fällen exemplarisch zu betrachten, wann und warum sie das tat. Sehen wir uns also den Ablauf in Schleswig-Holstein und Bayern genauer an.

Daniel Günther, 2017 zum Ministerpräsidenten Schleswig-Holsteins gewählt, gehört jener Partei an, die das G8 in Schleswig-Holstein eingeführt hat: der CDU. In einer Großen Koalition setzte die Kieler Union 2007 das Blitzabitur durch – gegen den Willen der SPD. Schleswig-Holstein war damit, wie erwähnt, das letzte Bundesland im Westen, welches das achtjährige Gymnasium einführte. Als die CDU kurz danach einer schwarz-gelben Koalition mit der FDP vorstand, beharrte sie auf ihrem G8-Beschluss.

Als Daniel Günther aber im Jahr 2017 der CDU-Spitzenkandidat für die Landtagswahl wurde, erfolgte die Kehrtwende. Günther kündigte an, die CDU werde das Schnellabitur wieder abschaffen – sofern sie an die Regierung komme. Er benutzte das G9 also als Köder. Zu diesem Zeitpunkt gab es allerdings gar keinen öffentlichen Protest mehr gegen das Turbo-Gymnasium. Man hatte sich im Grunde mit dem abgeschnittenen Schuljahr abgefunden, ein mühsamer, aber letztlich erfolgreicher Prozess. Es war vielmehr so, dass sich die Schulen und sogar Elternverbände nun entschieden dagegen wandten, das Abitur erneut anzufassen. »Bitte keine neue Schulstrukturdebatte, wir wollen Schulfrieden! Das ist die Rückmeldung, die wir von den Eltern bekommen«, sagte etwa Thomas Wulff, Vorsitzender des Landeselternbeirats der Gymnasien.[20] Das Thema G8 war durch. Eigentlich.

Nicht jedoch für den CDU-Spitzenkandidaten Daniel Günther. Seine Partei hatte in einer Umfrage die Haltung der Bürger zur Lernzeit am Gymnasium ausloten lassen. Die antworteten anders als die gewählten Elternvertreter – und sprachen sich mit 71 Prozent für das Abitur nach neun Jahren Gymnasium aus. Das genügte Günther für eine Kehrtwende. »Es ist Quatsch, dass wir auf das Turbo-Abitur gesetzt haben«, fand er plötzlich.

Wir lernen: Die CDU führte in Schleswig-Holstein das G8 ein. Sie verweigerte Reformen am Turbo-Abitur, als die Eltern sie wollten. Sobald Eltern und Schulen die Reform aber bewältigt hatten, schaffte dieselbe CDU das G8 wieder ab. Im Jahr 2007 starteten die bislang letzten Neun-Jahres-Abiturienten. Im Jahr 2027 werden die ersten Abiturienten wieder nach neun Jahren die Hochschulreife erworben haben. Das sind zwanzig Jahre Schulreform, nur um wieder beim Status quo ante anzukommen.

Sehen wir uns als Zweites den Fall Bayern an. Wir erinnern uns: Das Land hatte das G8 in einem einsamen politischen Akt über Nacht eingeführt – und die Proteste der Eltern dagegen ignoriert. Kultusminister Ludwig Spaenle (CSU) zum Beispiel nannte die Wiedereinführung des neunjährigen Gymnasiums »bildungspolitischen Dilettantismus«.

Allerdings war schon bald klar, dass es Spaenle nicht anders ergehen würde als seiner Vorvorgängerin Hohlmeier: Wie sie genoss er in Sachen Turbo-Gymnasium nicht das Vertrauen seines Ministerpräsidenten. Der hieß inzwischen Horst Seehofer, auch er jemand, der ein feines Gespür für politische Stimmungen besitzt. Seehofer hatte wiederum einen politischen Sparringspartner, der ähnlich stimmungsbegabt ist: den Vorsitzenden der Freien Wähler, Hubert Aiwanger. Anders als Daniel Günther in Schleswig-Holstein benutzte Aiwanger in Bayern allerdings nicht eine Meinungsumfrage, sondern er setzte auf die Karte eines Volksbegehrens. Der Versuch scheiterte jedoch deutlich, denn statt der erforderlichen zehn Prozent der wahlberechtigten Bayern votierten nur drei Prozent für eine Volksabstimmung über das Turbo-Gymnasium. Die Wiedereinführung des neunjährigen Gymnasiums war damit vom Tisch. Das Volk hatte entschieden: Das Thema ist uns nicht mehr wichtig genug. Politisch war da nichts mehr zu holen. Jedenfalls dachte man das.

Aber Seehofer verband wahrscheinlich mehr mit Stoiber, als es der Schulpolitik guttat. Der Ministerpräsident machte, wie sein Vorgänger, das Turbo-Gymnasium zur Chefsache. Er setzte einen eigenen Kabinettsausschuss ein, der auf die Wiedereinführung des G9 hinarbeiten sollte. Anfang des Jahres 2017 verkündete er schließlich, dass auch Bayern wieder zum Abitur nach 13 Jahren zurückkehren werde.

Wir lernen: Die CSU setzte das Turbo-Gymnasium durch –

und dieselbe CSU schaffte es wieder ab. Wie schon in Schleswig-Holstein griff auch in Bayern die Politik das Thema zu einem Zeitpunkt auf, als Eltern und Bürger es nicht mehr wichtig fanden. Im Freistaat wird es am Ende sogar ein Vierteljahrhundert Gymnasialreform sein, bis der Stand von 2003 wieder erreicht ist. Hier diente die Zurückreform nicht dem Machterwerb, sondern einem obskuren Plan Horst Seehofers zur Machterhaltung.

Freilich ist die Wendehälsigkeit beim Abitur keine Spezialität der Union. Auf den Geschmack hat seine Kollegen nämlich erst Niedersachsens Ministerpräsident Stephan Weil gebracht. Der Sozialdemokrat machte vor, wie man mithilfe eines Saltos rückwärts beim Gymnasium Wählerstimmen mobilisieren kann. Niedersachsen beschloss 2014 als erstes Bundesland, das G8 wieder komplett abzuwickeln.

Die Folgen des Hin und Her beim Gymnasium sind gravierend: Jedes Bundesland macht es nun irgendwie anders. Die Abschaffung des Blitzgymnasiums erfolgt sukzessive und oft nur teilweise. Manche Bundesländer schaffen es ganz ab, andere nur halb, wieder andere blieben beim G8 oder erfanden interessante Mischformen. Bayern führte zunächst eine Art staatlich genehmigte Ehrenrunde ein, Berlin verteilte G8 und G9 schiedlich-friedlich auf Gymnasien und Gesamtschulen, nur Rheinland-Pfalz machte gar nichts und bietet eine Art G8,5 an. Pfälzer Schüler schreiben traditionell im Januar Abitur und nicht im Mai.

Einheit des Gymnasiums

Wer glaubt, dass der Zirkus um das Turbo-Gymnasium ein Sonderfall der Schulgeschichte ist, der täuscht sich. Das Gymnasium hat schon immer für bildungspolitische Debatten gesorgt. Diese höhere Schule, entstanden aus Kloster- und Lateinschulen, war der Öffentlichkeit stets wichtiger als Volks- oder Grundschule. Ihre Historie ist allerdings weniger vom Kampf um Distinktion, um Unterscheidung, geprägt, als vom Ringen um ihre Einheit. Das unterscheidet die Debatte um das Turbo-Abitur von den drei wichtigsten Stationen des Gymnasialdiskurses: den um das Einheitsgymnasium ab 1870, den um die Oberstufe ab 1960 und den um das Zentralabitur in unseren Tagen.

Es beginnt Mitte des 19. Jahrhunderts mit dem Streit um das humanistische Gymnasium in Preußen, der sich über Jahrzehnte hinziehen sollte. Damals lieferten sich drei Typen höherer Schulen eine erbitterte Schlacht darum, wer für die Überweisung der Schüler zur Universität das beste und modernste Angebot machte. Im jungen Kaiserreich wurde damals ein rein innergymnasialer Streit ausgefochten. Die Vertreter des klassischen humanistischen Gymnasiums stritten sich mit den bisherigen Gymnasien zweiter Klasse, dem Realgymnasium und der sogenannten Oberrealschule. Die einen ergriffen Partei für das Gymnasium als strenge klassische Anstalt. Sie bildeten eine Art geistige Aristokratie und wollten, dass die künftigen akademisch Gebildeten weiterhin allein vom humanistischen Gymnasium auf die Universität vorbereitet werden sollten. »Sie [die akademisch Gebildeten] bilden in ihrer Gesamtheit eine Art Amtsadel [...]; wenn auch diese und jene ihren privaten Hochmut hat, so erkennen sich auch die Inhaber aller akademischen Berufe grundsätzlich als Gleichstehende an«, sagte damals der Historiker Friedrich Paulsen. »Umgekehrt: wer keine akademische Bildung hat, dem fehlt in Deutschland etwas, wofür Reichtum und vornehme Geburt nicht vollen Ersatz bieten.«[21]

Auf der anderen Seite des Gymnasialstreits standen die Absolventen der Oberrealschulen und Realgymnasien, die »Realisten«. Sie kamen aus jener Schicht, die den beispiellosen wirtschaftlichen Aufschwung in der zweiten Hälfte des 19. Jahrhunderts bewerkstelligt hatte. Sie hatten Deutschland von einem Agrar- in einen Industriestaat verwandelt. Aber in ihrer Ausbildung sahen sich Kaufleute und Ingenieure vor undurchlässige Barrieren gestellt. »Es ist die Aufgabe der Schulreform, in viel höherem Maße als bisher durch die Pflege der neusprachlichen und naturwissenschaftlichen Bildungsmittel die gewerblichen Kreise der Bevölkerung zu hohen Leistungen zu befähigen«, schrieb der Verein der deutschen Ingenieure damals ans preußische Ministerium.[22] Oberrealschulen und Realgymnasien sollten demnach mit den humanistischen Gymnasien gleichgestellt werden.

Das leitende Motiv der Debatte war das der Einheitsschule. »Die Einheit des Volksgeistes beruht im wesentlichen auf der Einheit der höheren allgemeinen Bildung«, schrieb der Deutsche Einheitsschulverein im Jahr 1886. »Deshalb muß an die Stelle des Gymnasiums und des Realgymnasiums wieder eine höhere Unterrichtsanstalt treten, die Einheitsschule, welche sich den Kern der humanistisch-gymnasialen Bildung, das Studium der klassischen Sprachen bewahrt.«[23] Allerdings solle dieses Gymnasium die neueren Sprachen und die mathematisch-naturwissenschaftlichen Fächer stärken. So wie heute mehr Digitales und Programmieren als Zukunftsthemen in die Lehrpläne der Schulen integriert werden sollen, forderte man damals mehr Französisch, Mathematik, Physik, Chemie.

Hundert Jahre später ging es erneut um Einheit und Vergleichbarkeit der gymnasialen Standards. Die Schulminister der Länder stritten darum, was das Gemeinsame am Gymnasium sein sollte. Die Einigung kam unter vergleichsweise aufregenden Bedingungen zustande. Der damalige Präsident der KMK, Bayerns Kultusminister Hans Maier, lud seine Kollegen 1982 auf ein Boot ein. Es sollte erst dann wieder in Hamburg anlegen, wenn

Einigkeit erzielt worden war. So viel Aufwand trieb man damals, um die Einheit des Gymnasiums herzustellen.

In der Gegenwart nun beobachten wir eine intensive Debatte um das Zentralabitur. Sie dreht sich allein um die Zentralisierung des föderalen Bildungssystems. Die Schulen der Länder sollen an ihrem wichtigsten Zertifikat vereinheitlicht werden, das sie vergeben, der Hochschulzugangsberechtigung. Das Zentralabitur gilt seit dem Pisa-Schock als ein Zaubermittel, um Deutschlands Schulen insgesamt vergleichbarer zu machen. Und sei es nur über einen gemeinsamen Aufgabenpool, mithilfe dessen alle Länder ihre Abiturienten prüfen.

Die Definition des Abiturs ist von jeher der kleinste gemeinsame Nenner des ganzen Schulsystems. Seine Ausrufung mittels eines Dekrets des preußischen Königs im Jahr 1834 stellte sozusagen den Startschuss für die Bemühungen dar, ein gemeinsames deutsches Schulsystem zu organisieren. Vorher gab es einen Wildwuchs von Schulen. Von da an beginnt man, das Schulwesen von seinem Kopf aus zu definieren und zusammenzuführen, also vom Abitur aus abwärts.

Nur wer diesen prägenden Teil der Schulgeschichte im Blick hat, kann ermessen, welchen Tort Schulminister, populistische Wahlkämpfer und Ministerpräsidenten dem Gymnasium gerade antun. Das G8-Zickzack zerstört die Einheit des Gymnasiums und macht alle Bemühungen eines zentralen Abiturs zuschanden. Wie soll ein gemeinsames, faires, vergleichbares Abitur möglich sein, wenn sich die Schuldauer nicht nur um einige Wochen unterscheidet, sondern um Jahre – weil quasi jedes Bundesland einen anderen Mix an Abiturlängen vorweist? Die G8/G9-Deform fügt der Einheit der deutschen Schule insgesamt schweren Schaden zu.

Schule ohne Pauken

Das Gymnasium ist die älteste deutsche Schulform, das Abitur der mit Abstand wichtigste Abschluss. Über die Schulzeitverkürzung aber sind beide zur Beute der Politik geworden. Die Rückkehr zum G9 ist ein Crashkurs für das Gymnasium – allein finanziell. Die Verlängerung der Lernzeit wird in Bayern mit rund 600 Millionen Euro zu Buche schlagen.

Die Bildungsrepublik wird chaotischer, denn ihre Leitwährung, das Abiturzeugnis, wird an Bindekraft einbüßen. Die Deutschen werden es künftig mit einer unüberschaubaren Gemengelage von Abiturabarten zu tun haben, zwischen G7 und G9 wird es jede Variante geben. Und es wird wieder eine Mauer durch Deutschland gehen: der Westen bunt gemischt, der Osten uniform beim G8. Innerhalb der Flächenländer wird der Umzug mit Schulkindern noch komplizierter. Erfolgreiche Gymnasien werden stolz am G8 festhalten – und nur noch Abiturienten annehmen, die es unfallfrei absolvieren können. Das Land wird gleichsam in die 1870er-Jahre zurückgebeamt, als Gymnasien, Realgymnasien und Oberrealschulen existierten – also Gymnasien erster, zweiter und dritter Klasse.

Das G8 abzuschaffen und zu multiplen Varianten des G9 zurückzukehren ist der Akt einer verwirrten Bildungsrepublik. Er beruht auf falschen Tatsachen und resultiert nicht zuletzt aus einer fatalen Liaison zwischen unfähigen Bildungspolitikern und frustrierten Eltern. Diese Eltern sind die widersprüchlichen Treiber des Zurück gewesen.

Haben die Eltern also die Macht übernommen? Sind sie eine unheilvolle Kraft, die gefährliche Dinge tut? Nein, das sind sie nicht. Es geht nicht darum, ihre Ängste zu stimulieren, sondern sie zu beschreiben und zu verstehen. Was macht die Lage von

Eltern aus? Was motiviert diese, so zu handeln, wie sie handeln? Eltern wollen das Beste für ihr Kind. Weil das in der Schule oft nicht klappt, haben sie begonnen, die Dinge selbst in die Hand zu nehmen. Sie kaufen Nachhilfe, flüchten in Privatschulen und beteiligen sich politisch, um das Gymnasium zu retten – für ihre Kinder. Sie tun dies umso nachdrücklicher, weil ihre soziale Situation riskanter geworden ist.

Eltern erwarten eine gute, verantwortliche und transparente Schule, die sie aber oft nicht bekommen. Die für Schulen verantwortlichen Minister haben den Durchblick für Eltern im Gegenteil sogar noch komplizierter gemacht, indem sie eine geradezu babylonische Verwirrung in der deutschen Bildungslandschaft angerichtet haben. Kein Wunder also, dass Eltern das Vertrauen in Schule und Kultusbürokratie verloren haben.

Umfragen liefern jedoch nicht nur Hinweise auf die Nervosität der Eltern. Befragt man Mütter und Väter abseits konkreter schulpolitischer Streitpunkte, so kommen erstaunliche Ergebnisse heraus. Sie zeigen, dass Eltern den Grundwerten einer neuen Schule nicht im Wege stehen. Drei Viertel der Eltern erwarten zum Beispiel von einer guten Schule »gezielte Förderung von Kindern nach ihren Begabungen«.[24] Individuelles Lernen, das ist das wichtigste Kennzeichen der Schule von morgen – und der von den Eltern am höchsten eingestufte Aspekt des Lernens. In derselben Umfrage sagte wiederum nur noch ein Drittel der Eltern, dass Leistung für sie der bedeutendste Wert einer guten Schule ist. Pauken – das war das Kennzeichen der Schule von gestern.

Vielleicht versteckt sich hier die gute Nachricht für die Mütter und Väter von rund neun Millionen Schülern: Die Schule, die sie wollen, die individuell fördert, die kreative Projekte statt Pauken bietet, diese Schule steht bereits vor der Tür. Sie müssen ihre

Kinder nur noch dorthin schicken, dann haben sie weniger Druck – und die Tür zum Abi bleibt trotzdem lange offen.

Dennoch gibt es auch unter Eltern sehr umstrittene Bereiche in der Schulpolitik. Da wird oft mit harten Bandagen gekämpft. Eltern machen etwa seit einiger Zeit gegen die Einbeziehung behinderter Kinder Stimmung. »Wie kann man so verwegen sein, ein debiles Kind in ein Gymnasium zu geben!« So lautete das Urteil einer Elternsprecherin im baden-württembergischen Walldorf. Es geht um einen konkreten Fall – und die Ausweitung der Kampfzone vom G8 auf ein neues Feld: Inklusion. Schauen wir uns im folgenden Kapitel an, was dort stattfindet und was es mit dem Abitur zu tun hat.

6 INKLUSION: VERWEHRTES MENSCHENRECHT

Der Fall Christel Kelm gegen das Land Bremen ist ein Symbol für den Stand der Menschlichkeit. Im März des Jahres 2018 reichte die Schulleiterin Klage gegen das gemeinsame Lernen ein, die sogenannte Inklusion. Kelm will so verhindern, dass bei ihr am Bremer Gymnasium Horn eine Klasse eingerichtet wird, in der behinderte Mädchen und Jungen wie alle anderen Kinder auch lernen. Als der *Weserkurier* darüber berichtete, rasten kurz nacheinander zwei Medienwellen durchs Land.

Erst meldeten Zeitungen, Fernsehen und Radio in ganz Deutschland, dass ein Gymnasium Nein zu einem der wichtigsten Projekte der deutschen Bildungspolitik sagt, und das ausgerechnet in Bremen. Die Hansestadt sah sich bisher als Inklusionsland Nr. 1 der Republik. Achtzig Prozent der Kinder mit Handicaps besuchen in dem Stadtstaat bereits Regelschulen. Das Urteil über das Verhalten der Schulleiterin fiel weitgehend negativ aus. »Das ist nicht respektvoll, das ist nicht pädagogisch wertvoll, das ist einfach nur diskriminierend«, schrieb eine Journalistin des Magazins *Stern*.[1]

Ganz anders war der Tenor der zweiten Öffentlichkeitswelle, losgetreten durch die vielen Medienberichte. Es waren meist Leserbriefe und Kommentare in den sozialen Medien. Dort wurde die Schulleiterin beglückwünscht. »Inklusion geistig behinderter Kinder ist Schwachsinn, und wird nicht besser durch politisch korrektes Verhalten«, lautete etwa ein Leser-Kommentar bei *Spiegel Online*.[2] »Sind Sie der Meinung, dass in einer gemischten Klasse die gesunden Kinder eine ausreichende Förderung und Unterrichtsgestaltung erhalten, wenn man diese Förderung gleichzeitig den behinderten Kindern zukommen läßt?«, fragte ein anderer Leserbriefschreiber.[3]

Der Streit um Inklusion, also um die schulische Teilhabe von Kindern mit Handicaps, hat sich zu einem schweren Konflikt entwickelt – gerade innerhalb der Elternschaft. Der Kampf gegen das G8 hat die Eltern zusammengeschweißt, der um Inklusion treibt sie auseinander. Auf der einen Seite stehen jene Mütter und Väter, deren Kinder ein Handicap haben. Sie sehen nun die lang ersehnte Chance, ihr Kind auf eine ganz normale Schule zu geben. Auf der anderen Seite stehen jene Eltern, die von Unsicherheit und sogar Ängsten erfüllt sind: Stört der Behinderte mein Kind beim Lernen? Am emotionalsten und erbittertsten wird darüber am Gymnasium gestritten. Schauen wir uns aber zunächst genauer an, wie Inklusion aussehen kann.

Ein Thron für Betty

Sechzehn Kinder lernen zusammen in einer Klasse der Waldhofschule Templin. Es herrscht der übliche Trubel einer Grundschulklasse. Manche knobeln an Aufgaben in ihren Arbeitsheften, andere basteln Schmuck. Viele Kinder kommen herbeigelaufen und fragen den Besucher: »Wer bistn du, wo kommst du denn her?« Und dieser merkt, dass ihm immer wieder eine hässliche Frage durch den Kopf schießt, während er so unverwandt angesprochen wird: »Bist du behindert?«

»Uns fällt das gar nicht mehr auf«, sagt dagegen Birgit Beyer. Im Unterricht weiß die Leiterin der Brandenburger Schule allerdings sehr genau, wer zur gehandicapten Hälfte ihrer Kinder gehört und wer zu der anderen. Früher war die Waldhofschule nur für Kinder mit geistiger Behinderung da. Inzwischen wurde sie geöffnet, sozusagen Inklusion andersherum, denn in Templin durften plötzlich auch Kinder mitlernen, die gar keinen Förderbedarf hatten. Aber halbiert wird hier schon lange nicht mehr – die Kinder lernen zusammen. Wobei das so nicht ganz stimmt: In Wahrheit lernt jeder für sich. Was außerhalb der Waldhofschule oft eine Floskel ist, ist hier zwingend erforderlich: individuelles Lernen. »Jeder darf hier seine eigene Geschwindigkeit haben«, erklärt Beyer. Aber das bedeutet nicht, dass nicht alle dasselbe erreichen wollen. »Auch Betty will eben mal auf dem Vorlesethron sitzen.«

Der »Vorlesethron« ist kein echter Thron, sondern einfach ein Stuhl, der in die Mitte des Klassenzimmers gestellt und dann von den Kindern mit einem Tuch und einem Schild geschmückt wird. Wer sich auf ihn setzt, kann zeigen, wie weit sie oder er schon beim Lesen ist. Gerade liest Lisa, ein stilles Mädchen mit aufmerksamen Augen, aus ihrem Lieblingsbuch *Der schlaue Urfin und die Holzsoldaten* vor. Lisa ist eine exzellente Leserin. Die anderen Kinder hören gebannt zu, wie Urfin mit einem Pulver, das Dinge zum Leben erwecken kann, eine kleine Holzsoldatenarmee entstehen lässt. Wenn Betty auf den Lesethron steigt, ist es anders. Sie kann nicht lesen, sie wird es nie können. Sie hat das Downsyndrom. Betty kann allenfalls ein paar Buchstaben erkennen. Aber darum geht es jetzt nicht. Die Kinder sind trotzdem stolz auf Betty – weil sie sich traut, den Lesethron zu erklimmen. Weil sie das Buch zur Hand nimmt und Lesen spielt. Als sie fertig ist, bricht die Klasse in Jubel aus. Der Beifall für Betty ist so groß wie der, den zuvor Lisa bekommen hat.

Inklusion bedeutet, dass Kinder mit Beeinträchtigungen in

WIE EIN GUTES LERNPROJEKT AUSSIEHT

Nur wenige Eltern können sich das vorstellen: Wie kann man ungleiche Schüler so zusammenarbeiten lassen, dass alle etwas davon haben? Das geht zum Beispiel durch Projekte und Aufgaben, die spannende Zugänge für verschiedene Talente eröffnen.

In vielen Schulen steckt hinter der Bezeichnung »Projekt« leider nicht sehr viel. Projekte finden oft am letzten Tag vor den Ferien statt. Dann schicken Lehrer Schüler mit einem Fragebogen durch die Stadt, auf dem sie ankreuzen sollen, ob die Stadtpfarrkirche 1623, 1723 oder 1823 erbaut wurde. Das ist weder ein Lernprojekt noch eine Forscherfrage. Es ist eine reine Wissensabfrage, die kaum Möglichkeiten eigener Recherche eröffnet. Eine gute Aufgabe wäre es zum Beispiel, Schüler dazu anzuregen, den Hintergrund eines Themas zu recherchieren: Was hat es mit der Skulptur des nackten Mannes auf sich, der an der Paulskirche in Frankfurt/Main steht? Oder warum gibt es so viel Streit um das Relief der sogenannten Judensau an der Stadtkirche in Wittenberg?

Sehen wir uns das Afrika-Projekt einer inklusiven Grundschule an. Die Schüler recherchieren im Internet und in der Hausbibliothek nach Informationen über den Kontinent. Fabian ist schon ein richtiger Afrika-Experte. Ihn faszinieren die verschiedenen Klimazonen. Für einige Kinder sind die großen Tiere ein Thema. Für andere ist plötzlich der Kilimandscharo wichtig.

Nun kann man beobachten, wie vielfältig die Zugänge sind. Die Kinder mit dem Downsyndrom Sophie und Linda haben einen Stapel Zeitschriften vor sich. Sie suchen nach Bildern aus Afrika. Sie finden ein Kilimandscharo-Bild und schneiden es aus. Der kleine Überflieger Fabian befasst sich inzwischen mit der Frage, welche Rolle der Kilimandscharo für die meteorologischen Bedingungen hat. Wieder andere erkunden die Geschichte und Wirtschaft der Region, in der der Berg liegt. Die ganze Klasse arbeitet am selben Thema – aber mit ganz unterschiedlichen Fragestellungen. Es bilden sich Teams. Mal tun sich die schnellsten und besten Denker zusammen, um ein Thema eingehend zu recherchieren, mal wird anders gemischt. Am Ende kommen alle Gruppen zusammen, um sich gegenseitig die Ergebnisse ihrer Recherchen zu präsentieren.

Solche Projekte sind bislang noch nicht sehr verbreitet, weil Schule in der Regel nicht nach Themen, sondern nach Fächern und Stundenplänen organisiert ist. In 45 Minuten Erdkunde lassen sich nicht x-beliebig viele Zugänge zum Kilimandscharo finden. Schulisches Lernen war bisher eben eher das Verabreichen von Wissenspaketen als das eigenständige Erforschen von Themen durch Schüler.

Das Format des Lernens in Projekten ist nichts Neues. Pädagogen wie Seymour Papert oder Martin Wagenschein haben es propagiert. Wagenschein war der Meinung, dass Lernende eine Aufgabe dann neugierig macht, wenn sie ein Erlebnis verspricht. Papert empfahl, irritierende Sachverhalte zum Thema zu machen, die die Schüler nicht kaltlassen.

Diese Art des Lernens verwandelt die Rolle der Lehrer. Sie sind nicht mehr nur Wissensvermittler, sondern Experten für Bildungsangebote, Lernumgebungen – und Neugier. Ein Beispiel: Ein Afrika-Projekt an der Grundschule Kleine Kielstraße in Dortmund wird als »Lernwerkstatt« durchgeführt. Lehrer haben einen Raum voller Original-Materialien und Dokumente über Afrika vorbereitet: Muscheln, Felle, Früchte, Bildbände, Kunstgegenstände und so weiter. Die Schüler betreten den Raum und können frei entscheiden, welches Thema sie aus dieser anregenden Lernumgebung wählen. Früher hätten sie einfach gemeinsam ein Schulbuch aufgeschlagen. Heute forschen sie selber.

Regelschulen lernen – von Anfang an und ganz selbstverständlich. Es gibt dafür mittlerweile Hunderte gelungene Beispiele in ganz Deutschland. Das Schulsystem ist längst über das Stadium von Modellversuchen hinaus, die meist »Integrationsklasse« oder »gemeinsamer Unterricht« hießen. Der Wandel etwa der Waldhofschule Templin von einer Schule für Kinder mit geistiger Behinderung in eine Inklusionsschule hatte schon bald sichtbare Erfolge gezeigt. Im Jahr 2010 hatte sie den renommierten Schulpreis der Bosch-Stiftung erhalten. Die Leistungen ihrer Schüler liegen über dem Schnitt vieler Grundschulen Brandenburgs, viele ihrer Absolventen gehen aufs Gymnasium – manche wechseln freilich auch in die Behinderten-Werkstätten auf dem Templiner Schulgelände. Bereits 2009 hatten die Behindertenbeauftragte der Bundesregierung, die UNESCO-Kommission und die Bertelsmann Stiftung begonnen, Schulen mit dem Inklusionspreis »Jakob Muth« auszuzeichnen. Zu den Gewinnern zählte etwa die Erika-Mann-Grundschule in Berlin, die bereits seit über zehn Jahren Modellschule für Inklusion ist. Die Erich-Kästner-Stadtteilschule in Hamburg ist ebenfalls unter den gelingenden Inklusionsschulen, die Sophie-Scholl-Schule in Hindelang oder auch die Waldschule in Flensburg, die die Hälfte ihrer Abgänger zum Gymnasium schickt, und viele weitere Schulen. Es gibt also eine Vielzahl von Beispielen, die zeigen: Das gemeinsame Lernen ist möglich.

Inzwischen besuchen vier von zehn Schülern mit speziellen Förderbedürfnissen Regelschulen. Fast jeder weiß, dass Kinder mit Beeinträchtigungen in Regelschulen gehen, und oft geschieht das ohne großes Aufheben. Was sich dafür alles ändern muss, wissen freilich die wenigsten. Inklusion bedeutet nämlich nicht nur normale Schulklasse plus behindertes Kind mit Helfer. Dazu gehört viel mehr.

Inklusion war in der deutschen Öffentlichkeit von Anfang an nicht besonders bekannt oder gar beliebt. Das liegt wahrscheinlich auch an dem umständlichen Terminus. Kaum jemand weiß auf Anhieb, was mit Inklusion gemeint ist. »Integration«, diesen Begriff kennt man. Die Leute verbinden damit, dass auch behinderte Kinder im Unterricht an Regelschulen irgendwie dabei sind. Aber was bedeutet dann, Behinderte zu inkludieren?, rätseln die Menschen.

Erste Kratzer bekam das Konzept hierzulande gleich zu Beginn. Ein Sonderberichterstatter der Vereinten Nationen kam 2007 zu Besuch nach Deutschland. Vernor Muñoz Villalobos erschien den Deutschen wie ein UN-Inspekteur, der in Schurkenstaaten fährt, um Regierenden auf die Finger zu sehen. Nur suchte Muñoz nicht nach heimlich gebunkerten Atomwaffen oder Giftgas, sein Kontrollbesuch galt dem Bildungssystem. Der Sonderberichterstatter für das Recht auf Bildung inspizierte die sogenannten Förderschulen, in denen damals 400 000 Kinder separiert unterrichtet wurden. Kurz: Der UN-Inspekteur überprüfte, ob Deutschland korrekt mit behinderten Kindern umging.

Die Bundesrepublik hatte allen Grund, in Sorge zu sein, denn Muñoz machte keinen Hehl daraus, dass das gegliederte deutsche Schulwesen aus Sicht der Vereinten Nationen Kinder benachteilige. »Mit dem derzeitigen System ist die Gefahr verbunden, dass in Deutschland lebenden Mädchen und Jungen das Recht auf Bildung vorenthalten wird«, sagte der Inspekteur.[4] Muñoz zielte besonders auf die Vielzahl der Förderschulen, in denen Kinder mit Handicaps strikt getrennt von anderen Kindern unterrichtet werden. Natürlich gebe es Behinderungen, bei denen Kinder einer besonderen Pflege bedürften, gestand er den Deutschen zu. »Grundsätzlich aber sollte Schule die Vielfalt der Welt widerspiegeln – und nicht Trennungen verstärken.«

Schule für Schwachbefähigte

Gehen wir jedoch noch einmal einen Schritt zurück. Die gleichberechtigte schulische Teilhabe von behinderten Kindern bedeutet eine historische Zäsur für dieses Land. Deutschland hat eine unrühmliche, ja verbrecherische Tradition darin, mit Behinderten zu verfahren. Das Regime des Nationalsozialismus hat – in seiner Terminologie – »unwertes Leben« euthanasiert. Euthanasie bedeutet »schönes Sterben« und ist eine Beschönigung dafür, dass die Nazis Zehntausende Menschen mit Handicaps ermordeten. Häufig mussten sie zuvor noch als Material für Menschenversuche in Kliniken und speziell dafür errichteten Anstalten dienen. Sie wurden Opfer eines Verbrechens gegen die Menschlichkeit.

Schon vorher war die deutsche Schulgeschichte voller Beispiele für Benachteiligung und Aussonderung von Menschen, die einer vermeintlichen Mehrheitsnorm nicht entsprachen. Die erste staatliche Schule für geistig Behinderte war 1846 die »Erziehungsanstalt für blödsinnige Kinder zu Hubertusburg«. Im Jahr 1864 entwickelte der Pädagoge Heinrich Ernst Stötzner ein Konzept zu »Schulen für schwachbefähigte Kinder« und verwendete dabei erstmals den Begriff »Hilfsschule«.[5]

Die Nazis wollten die Hilfsschulen abschaffen, heißt es oft. Der Autor Werner Brill kann belegen, dass die Schließungen von Hilfsschulen eher unkoordinierte Aktionen einzelner SA-Kommandos waren, die glaubten, solche Spezialschulen für Schwachsinnige seien für die – in ihrer Sprache – »Aufartung« oder »Aufnordung« des deutschen Volkes nicht mehr nötig; sie gingen offenbar davon aus, dass die Behinderten ohnehin umgebracht würden.[6] In Wahrheit erkannte der SS-Staat schnell, dass die Schule neben dem Unterricht für sogenannte Schwachsinnige noch eine andere wichtige Funktion erfüllen könnte: Beobachtung und Selektion sogenannter bildungsunfähiger Kinder – zum Zwecke ihrer Sterilisierung oder gar Hinrichtung. Für die Nationalsozialisten sollte die Hilfsschule also eine »volksbiologische Aufgabe« übernehmen, wie man es damals ausdrückte.

Die »Allgemeine Anordnung über die Hilfsschulen in Preußen«[7] von 1938, die auf das ganze Reich ausgedehnt wurde, schrieb dieser Spezialschule offiziell zwei wesentliche Funktionen zu: »Die Hilfsschule entlastet die Volksschule [...]; sie bietet die Möglichkeit zu [...] wirksamer Unterstützung der erb- und rassepflegerischen Maßnahmen des Staates.« Das reduzierte Unterrichten von Behinderten war stets der Zweck der Hilfsschule gewesen. Nun aber kam eine »rassenhygienische« Funktion im Bereich des bereits bestehenden »Gesetzes zur Verhütung erbkranken Nachwuchses« hinzu. Lehrer der Hilfsschule beteiligten sich aktiv an der Selektion von Kindern. »Widerstand von Hilfsschullehrern ist nicht dokumentiert«, heißt es in Brills Studie über die Rolle der Sonderpädagogen im Nationalsozialismus.[8]

Sammelklassen für bildungsunfähige Kinder verbot die preußische Anordnung interessanterweise. Warum? Diese Kinder sollten ausgeschult werden, das heißt, sie mussten die Schulen verlassen und wurden in externen Anstalten untergebracht – was für sie oft den Tod bedeutete. Ab 1939 gründete das Hitler-Regime in Krankenhäusern sogenannte Kinderfachabteilungen. Dort wurde nicht ärztlich gehandelt, sondern es wurden Menschenversuche gemacht. Die beschönigend »Kindereuthanasie« genannte Hinrichtung von Kindern ging ebenfalls von dort aus. 5000 junge Menschen wurden durch tödliche Beigaben ins Essen oder mit Spritzen vergiftet. Die Ermordung der Kinder war der Testlauf für die massenhafte Tötung erwachsener Behinderter, der am Ende 70 000 Menschen zum Opfer fielen.

Das Sortieren von Schülern für Hinrichtungen war Mitte des 19. Jahrhunderts gewiss nicht der Impuls zur Gründung von Schulen für vermeintliche Schwachsinnige gewesen. Allerdings beteiligten sich ab 1935 Hilfsschullehrer wie Karl Tornow eifrig an Konzepten, wie man Kinder am besten aussortieren könnte. Der Nazistaat ermöglichte der Sonderpädagogik – der Begriff aus der NS-Zeit wird noch heute verwendet – jene eugenische Vorstellungen zu verwirklichen, die manche aus der Zunft längst hatten. Die Auslese von Kindern ist eben doppelgesichtig: Sie steht beispielhaft für die Sortierung von Schülern im deutschen Schulsystem – aber sie war eben auch als Selektion für den Holocaust verwendbar.

Die Einbindung der Hilfsschulen in das Vernichtungsprogramm des NS-Staats hat allerdings nicht verhindern können, dass ihre Geschichte des Separierens danach ungebrochen weiterging – bis in die Gegenwart.

Behinderte Kinder wurden in Deutschland bis vor Kurzem konsequent vom allgemeinbildenden Schulsystem ausgeschlossen. Es gibt kaum ein Land, das Menschen mit Behinderung so grundsätzlich von den Regelschulen ausgrenzt. Das wichtigste Argument dafür lautet immer noch: Man müsse die Regelschulen beschützen – und die behinderten Kinder ebenso. Die Schulen heißen nun allerdings nicht mehr Hilfsschulen, sondern »Sonderschulen« und seit einigen Jahren »Förderschulen«. Von rund 480 000 Kindern mit Handicaps durften im Jahr 2007 nur 84 000 an Regelschulen zusammen mit Kindern lernen, für die kein sonderpädagogischer Förderbedarf definiert wurde. Demnach waren 83 Prozent der Schüler mit Handicaps noch in Förderschulen untergebracht. Neben dem allgemeinbildenden Schulsystem existiert damit ein beinahe unsichtbares Sonderschulwesen, von dem die wenigsten Bürger überhaupt wissen.

Förderschulen treiben die Auslese der Schüler auf die Spitze. Während es im normalen Schulsystem nach der Grundschule in der Regel drei verschiedene Schularten gibt, bilden die Bundesländer bei den Förderschulen bis zu zehn eigene Schulformen, in die Behinderte zugewiesen werden. Die diagnostizierten Felder der Beeinträchtigung sind vielfältig: emotionale und soziale Entwicklung, Lernbehinderung, Hören, körperliche und motorische Entwicklung, Krankheiten, Sehen oder Sprache. Die Hälfte der Förderschüler muss wegen einer sogenannten Lernbehinderung die Regelschulen verlassen. Es existiert also ein penibel ausgebautes System – außerhalb des gegliederten Schulwesens. Besonders demütigend empfanden und empfinden Eltern das Verfahren des Aussortierens. Lehrer, Sonderpädagogen und spezielle Spruchkammern legen fest, ob ein Kind »behindert« ist. Danach haben Eltern nur noch wenig Chancen, ihr Kind in eine normale Schule zu bringen.

Die Unterzeichnung der UN-Konvention im Jahr 2008 und ihre Ratifizierung im Folgejahr durch Deutschland änderte das grundlegend. Nun war es nicht mehr so einfach, junge Menschen zu Personen zweiter Klasse zu erklären und sie daran zu hindern, mit anderen zusammen zu lernen.

Bevor die UN-Konvention unterzeichnet wurde, fiel ein Schatten auf die Leistungen der Förderschulen. Eine Studie enthüllte, dass diese Schulen nicht sehr effizient in dem sind, wonach sie benannt wurden: Kinder zu fördern.

Kognitive Friedhofsruhe

Am problematischsten ist die Situation demnach in den Förderschulen für sogenannte Lernbehinderte. Die Kinder werden dort – vereinfacht gesagt – oft nicht schlauer, sondern dümmer.

Teilweise schrumpft ihr Intelligenzquotient. Die von den Integrationspädagogen Hans Wocken und Carola Gröhlich vorgelegten Befunde verschlagen einem den Atem.[9] Nicht der einzelne Schüler und seine Fähigkeiten geben in einer Förderschule den Ausschlag, sondern das durch die Auslese geschaffene soziale Lernmilieu. Je länger der Aufenthalt eines Kindes in der Förderschule dauert, umso geringer werden seine Lernzuwächse. Experten glauben, dass dies an der oft kümmerlichen Pädagogik in diesen Schulen liegt. Wocken spricht davon, dass an Förderschulen »kognitive Friedhofsruhe« herrsche.

Die Förderschule für Lernbehinderte ist, genau genommen, keine Schule für Kinder, die aus medizinischen Gründen nicht in die Regelschule dürfen. In Wahrheit stammen die meisten Schüler aus sozial und kulturell benachteiligten Familien. 37 Prozent der Schüler haben arbeitslose Väter, 40 Prozent der Kinder sind Zuwanderer.

Inzwischen ist gerichtlich bestätigt, dass eine Förderschule Kinder am Fortkommen behindern kann und nicht etwa fördert. Das Landgericht Köln hat einem ehemaligen Förderschüler Schadenersatz gebilligt, weil der Unterricht dort ihn dramatisch unterfordert habe. Das Gericht ging davon aus, dass Nenad M. beim Besuch einer Regelschule bereits mit 16 Jahren einen Schulabschluss abgelegt hätte.[10] Er errang ihn inzwischen auf einem Berufskolleg – mit Bestnoten.

Als die besten Pisa-Forscher des Landes die Förderschulen untersuchten, war das Ergebnis ähnlich wie in der Wocken-Studie. Das Institut zur Qualitätsentwicklung im Bildungswesen (IQB) verglich 2014 den Lernfortschritt behinderter Kinder an Förderschulen mit dem an Regelschulen. »Schülerinnen und Schüler mit sonderpädagogischem Förderbedarf«, hieß es darin, »die in einer Regelschule unterrichtet wurden, weisen in allen untersuchten Bereichen höhere Leistungen auf als vergleichbare Schülerinnen und Schüler in Förderschulen.«[11] Das IQB wird von der Kultusministerkonferenz mitfinanziert und ist so etwas wie die amtliche Forschungsstelle des nationalen Schulwesens.

Die Eltern behinderter Kinder waren zunächst zufrieden, als die Bundesrepublik die UN-Konvention ratifizierte. Es bedeutete, dass das Übereinkommen der UN nun nationales Recht war – und die Eltern sich darauf berufen konnten. Der kurze Frühling war jedoch schnell wieder vorbei. Während nämlich die Schulbehörden begannen, Inklusion immer unkomplizierter möglich zu machen, kam plötzlich Gegenwind – von einer zunehmend inklusionskritischen Öffentlichkeit. Behinderte Kinder und ihre Eltern bekamen die Härte ihrer Mitmenschen zu spüren.

Freilich wandelte sich das Bild schnell, als Inklusion offizielle Schulpolitik wurde. Nun häuften sich abschreckende Berichte aus Schulen, die mit Inklusion noch nicht vertraut waren. So schrieb etwa die *FAZ* über eine Grundschule, in der ein einzelner lernbehinderter Schüler den Unterricht der ganzen Klasse lahmlege. Da war zu lesen, dass der Junge »seine Mitschüler in den Hinterkopf biss, ihnen blaue Flecken machte oder sie ins Gesicht schlug. Einmal schüttete er eine Flasche Apfelsaft auf seinem Tisch aus, legte seinen Kopf in die Lache und wischte dann mit den Händen drin herum. Anschließend rannte er durch die Klasse und schmierte alle Kinder an.«[12] Der 13-Jährige gehörte zu jener größten Gruppe von Schülern, die bisher in Förderschulen für Lernbehinderte gingen. Nun durfte er eine normale Grundschule besuchen. In seiner Klasse hatten sechs der insgesamt 24 Kinder Beeinträchtigungen. Der Lehrer sei von heute auf morgen Klassenlehrer einer Inklusionsklasse geworden – und zwar ohne jede sonderpädagogische Erfahrung.

In demselben Bericht kam der Leiter einer erfahrenen Inklusionsschule zu Wort. Er schilderte, dass er derart auffällige Schüler nicht sofort in den Regelunterricht integriere, sondern sie erst schrittweise darauf vorbereite. »Bei ganz extremen Fällen reduzieren wir für eine gewisse Zeit den Unterricht des Schülers, er kommt dann jeden Tag nur wenige Stunden und wird in dieser Zeit rund um die Uhr individuell betreut.« In komplizierten Fällen hole er sich Hilfe von außen: Das Schulamt, der Schulpsychologische Dienst und das Jugendamt würden eingeschaltet. Die Sonderpädagogen der ehemaligen Förderschule sowie die Ärzte der Kinder werden dann um Mithilfe gebeten – und auch die Eltern, die oft eine Erziehungshilfe erhielten. Die Situation bessere sich dann stets, betonte der Schulleiter.

Solche Passagen über ein strukturiertes pädagogisches Vorgehen bei der Inklusion erhielten bezeichnenderweise wesentlich weniger Aufmerksamkeit als jene von dem kleinen Krawallmacher, der durch die Klasse rennt und seine Mitschüler malträtiert. Diese Sensationsdynamik verschärfte die Debatte um die Inklusion erheblich. »Der Dreh- und Angelpunkt ist die tiefsitzende Verachtung der Bonzen für Bildung und Schule«, kommentierte ein Leser den *FAZ*-Text. Mit stalinistischem Eifer werde alles andere der Inklusion untergeordnet – auch die Beschulung der Schulfähigen. »Uns droht die Liquidierung des öffentlichen Schulsystems.«[13]

Man konnte wie in Zeitlupe mitverfolgen, in welches Fahrwasser der Anti-Inklusions-Protest geriet. Inzwischen hat sich eine Art nationaler Spezialdiskurs herausgebildet, der sich am Thema Inklusion entzündet. Dabei äußern sich nicht mehr nur nervöse Sonderpädagogen oder besorgte Eltern. Inklusion zählt heute zum festen Bestandteil der Mobilisierung auf der äußersten Rechten. Die AfD greift das Thema systematisch auf und wendet sich strikt gegen die Umsetzung der Inklusion. So stellte sie zum

Beispiel im Bundestag eine Anfrage, wie viele Flüchtlingskinder wegen Inzucht behindert seien. Im saarländischen Landtag mutmaßte der AfD-Fraktionschef, kranke Kinder mit Downsyndrom könnten »die anderen Kinder, die ganz normal und gesund sind«, anstecken.[14]

Die Argumentationsmuster sind voller Falschbehauptungen und erfundener Zusammenhänge. Derlei Behauptungen finden sich freilich auch in pädagogischen Diskursen. Zum Beispiel benutzt der Gymnasiallehrer und Buchautor Michael Felten sie auf seiner Website »Inklusion als Problem«. Dort ist zu lesen, dass Inklusion Behinderter als Plage empfunden werde. Wann wurden Menschen zuletzt in die Nähe einer Plage gerückt? In einem Text für *Spiegel Online* verglich Felten behinderte Kinder mit unreifen Früchten: »Frei nach dem Prinzip Banane: Die Ware reift beim Kunden.« Dazu trug er ein scheinbar sachliches Argument vor, das da lautet: Inklusion sei bereits erfüllt. »Förderschulen«, schrieb Felten, »sind derjenige Teil des allgemeinbildenden Schulsystems, der soziale Teilhabe durch spezifische Unterstützung herbeiführen soll – und solche besonderen Maßnahmen gelten gerade nicht als Diskriminierung.«[15] Ähnlich steht es im AfD-Programm. »Die Forderung, behinderten Kindern Teilhabe am Bildungssystem zu ermöglichen, ist bereits umfassend erfüllt«, heißt es da. Diese Aussage ist jedoch schlicht falsch. Man kann die Position von Felten, der AfD und vieler Leserbriefschreiber postfaktisch nennen: Sie bestreiten die Fakten und behaupten einfach das Gegenteil. Gerade deshalb war es so wichtig, dass der »Sonderberichterstatter für das Recht auf Bildung beim Hohen Kommissar der UN für Menschenrechte« bereits 2007 deutlich gemacht hat: Deutsche Förderschulen erfüllen nicht die Konvention.

Was politische Beobachter als absichtliche oder unbewusste

Verwirrtheit einstufen mögen, ist für die Eltern betroffener Kinder eine schlimme Diskriminierung. Es verletzt sie. »Erst haben sie Kinder mit Downsyndrom umgebracht, dann haben sie sie ›in Watte gepackt‹ und de facto in Sonderschulen weggesperrt, jetzt wissen sie nicht mehr, was sie tun sollen«, sagt etwa Petra Dorrmann.[16] Die Mutter eines Kindes mit Downsyndrom spielt damit auf die Nazis und die Hilfsschulen an. Wie so viele Eltern behinderter Kinder ist sie es leid, um Selbstverständliches zu kämpfen.

Schulminister gefährden Inklusion

Sieht man sich die Krise des Menschenrechts der Inklusion hierzulande genauer an, dann waren es allerdings nicht die wütenden Proteste anderer Eltern oder die Lehrer aus sonderpädagogischen Einrichtungen, die die große Chance vereitelt haben. Es waren die Schulminister selbst.

Als die Grüne Sylvia Löhrmann als Schulministerin des bevölkerungsreichsten Bundeslandes Nordrhein-Westfalen den Vorsitz der Kultusministerkonferenz übernahm, rief sie sogleich ein »Jahr der Inklusion« aus. Es gebe zu viel Angst vor dem ersten Schritt, meinte Löhrmann. »Man muss das Lernen mit Behinderten erleben, um zu erkennen, dass es gut ist für alle Kinder.«[17] Die Grüne fand Inklusion schon richtig und gut, als die meisten Deutschen noch nicht mal das Wort kannten. Es sah so aus, als wollte sich die frühere Oberstudienrätin an die Spitze der Bewegung setzen. Viele hofften darauf, dass mit ihr die kritische Stimmung unter den Bildungsministern nach dem Besuch des UN-Inspekteurs überwunden werden könnte. Wenn ein so großes Land wie NRW voranschreitet, sollte es doch klappen. Das war die Hoffnung.

Allerdings wurde schnell deutlich, wie trist auch an Rhein

und Ruhr die Wirklichkeit in den inklusiven Klassenzimmern war. Die Ministerin hatte zwar sogenannte lokale Schulentwicklungsberater eingesetzt, die den Schulen bei der schrittweisen Umstellung auf inklusives Lernen helfen sollten. Bald zogen aber selbst diese engagierten Berater ein kritisches Resümee. »Mit der Inklusion läuft es derzeit ganz schlecht, weil das Land die Schulen zu schlecht ausstattet und darauf vorbereitet«, sagte eine Inklusionsberaterin aus Köln bereits im Jahr 2013.[18]

Amtlich wurde das, als die Kommunen in NRW wissen wollten, wie teuer die Inklusion für sie werde. Der Städtetag gab also eine Studie in Auftrag und fand heraus: Die Umsetzung der Inklusion würde allein die nordrhein-westfälischen Kommunen über 100 Millionen Euro kosten. Die Leiterin der Studie, Alexandra Schwarz von der Bergischen Universität Wuppertal, sagte erstaunt, das Land habe zwar ein Inklusions-Gesetz verabschiedet. Darin stehe »aber überhaupt nicht, wie man Inklusion bewerkstelligen und ausstatten will«.

Eine spezielle Rolle in diesem Prozess nahm die Ministerin ein. Sylvia Löhrmann, die erklärte Anhängerin der Inklusion, verkündete: Die Inklusion koste die Kommunen nur 4,5 Millionen Euro. Kritiker monierten, sie habe die Zahl einfach benutzt, um den Etat des Landes zu schützen. Löhrmann selbst sagte dazu auf Anfrage, dieser Betrag sei zum damaligen Zeitpunkt nun mal ihr Kenntnisstand gewesen.[19] Dass für Sylvia Löhrmann Inklusion gewissermaßen von einer Herzensangelegenheit zu einem Pokerspiel mutiert war, erkannte man, als sie zusammen mit den Kommunen ein Gutachten erstellen ließ – denn es bestätigte die hohen Zahlen. Um gute Bedingungen für die Inklusion von Kindern mit Handicaps zu schaffen, müssten die Kommunen zwischen 100 und 120 Millionen Euro ausgeben.[20]

Die Situation in NRW hat die Debatte im ganzen Land verändert. So bildete sich etwa eine Eltern- und Lehrerinitiative, welche die Inklusion aussetzen will. Sie nannte sich paradoxerweise »Rettet die Inklusion«. In deutschlandweit ausgestrahlten Radiosendern liefen plötzlich Sendungen mit dem Titel »Gescheiterte Inklusion«. Für die rechtsgerichtete Zeitung *Junge Freiheit* ist das Projekt mittlerweile ein »Stück aus dem Inklusionstollhaus fanatischer Bildungsideologen«.[21]

In Wahrheit aber hat also keine geistige Verwirrung und Radikalisierung das Thema Inklusion beschädigt. Es sind nicht die Wutbürger oder beleidigte Sonderpädagogen, die den schlechten Ruf der Inklusion produzieren. Es ist die Politik selbst, welche die Inklusion in die Bredouille gebracht hat – indem sie sie finanziell unterernährte. Inklusion scheitert nicht daran, dass es nicht möglich wäre, Kinder gemeinsam lernen zu lassen. Sie scheitert, weil die Bedingungen dafür nicht geschaffen werden.

(K)ein Gymnasium für Henri

Inklusion gilt in der öffentlichen Wahrnehmung als möglich, solange sie an Grundschulen oder an unteren Schulformen stattfindet. Sobald aber ein Gymnasium Behinderte aufnehmen soll, flippt die Bildungsrepublik geradezu aus. Neben dem Besuch des UN-Inspekteurs für das Recht auf Bildung stechen zwei weitere Momente heraus, an denen die öffentliche Inklusionsdebatte eskalierte. Beide Male versuchte ein behindertes Kind aufs Gymnasium zu kommen. Dabei gehört es eigentlich längst zum Alltag vieler deutscher Gymnasien, Kinder mit Handicaps aufzunehmen. Im Schuljahr 2016 waren dies fast 6700 Schüler. Das bedeutet, seit 2007 hat sich ihre Zahl verfünffacht.

Lange bevor Schulleiterin Kelm in Bremen vor den Kadi zog, wurde am Beispiel eines Jungen mit Handicap deutlich, wie nervös das Gymnasium auf Inklusion reagiert. Es geht um Henri, einen Buben mit Downsyndrom.

Insgesamt waren es sogar drei Kinder, die 2014 von einer inklusiven Walldorfer Grundschule ans örtliche Gymnasium wechseln wollten. Zum einen der elfjährige Henri, der wegen seiner Trisomie 21 als geistig behindert eingestuft ist. Zum anderen zwei Kinder mit körperlichen Beeinträchtigungen, welche die für das Gymnasium geforderten Leistungen schaffen konnten. Die Gruppe bewarb sich nicht von sich aus. Der örtliche Schulrat war es, der empfahl, alle gemeinsam aufs Gymnasium zu schicken. Er wollte so die erfolgreiche Inklusion an der Grundschule auch an der höheren Schule fortsetzen.

Was sich lange Zeit wie ein Selbstläufer anfühlte – Widerstand war nicht erkennbar –, scheiterte schließlich, weil Henri kurz vor der Ziellinie plötzlich ein Bein gestellt wurde. Fast ein Jahr lang gab es Besprechungen mit allen Beteiligten in Schule und Behörden, bei denen alle irgendwie fröhlich nickten. Nur wer ganz genau achtgab, merkte: Es hatte zwar noch keiner Nein zu Henris Absicht gesagt, auf ein Gymnasium zu wechseln. Es hatte aber auch keiner Ja gesagt.

Als der Staat in Gestalt der zuständigen Gremien Henri den Übertritt verwehrte, blieb noch alles still, weil es heimlich geschah: Zunächst stimmten Lehrer des Gymnasiums unter Ausschluss der Öffentlichkeit gegen Henri. Dann sagte auch die Gesamtkonferenz der Schule Nein, und schließlich verzichtete Baden-Württembergs Schulminister darauf, das Gymnasium per Anweisung zu zwingen, Henri aufzunehmen. Offiziell informiert wurde über diese Entscheidungen jeweils mit großer Verzögerung. Das schaffte Fakten. Denn plötzlich gab es drei starke Voten gegen den Jungen – der von alledem glücklicherweise nichts mitbekam.

Dann aber schaltete sich die Zivilgesellschaft in Person eines Vaters ein, der selbst einen behinderten Jungen hat. Er startete auf change.org eine Online-Petition für Henri. Genau dafür ist die Plattform da: Wenn die Behörden zu bürokratisch oder zu streng sind, dann hilft eine Petition. Manchmal. Diesmal half sie nicht, im Gegenteil, jetzt wurde es böse. Es wäre zu viel gesagt, Walldorfs Ortsgesellschaft habe wie ein böses Tier reagiert. Sie hatte nicht die Tollwut. Aber sie hat gebissen.

Zwar erhielt die Petition für Henri Zehntausende Unterzeichner. Aber sie provozierte zugleich eine Gegenreaktion. Plötzlich wurde nämlich eine andere Online-Petition eingereicht, die sich gegen den behinderten Jungen richtete. »Henri sollte für sein und das Wohl aller nicht auf das Gymnasium gehen«, schrieb der Initiator.[22] »Ich frage mich, ob Henris Mutter wirklich an das Wohl ihres Kindes denkt«, war da zu lesen. Und es sei »auch kaum zumutbar eine Klasse von ca 30 Schülern wegen einem Kind zu benachteiligen«. Die Petition stammte aus den Reihen der Kirche, genauer aus der Ministrantengruppe der örtlichen Gemeinde – in der auch Henri Kirchendiener ist.

Kurz nach der ersten Petition gegen Henri folgte eine weitere. Ihr habe der Ton der ersten Gegenpetition nicht gefallen, formulierte die Frau, die sie bei change.org einstellte. »Ich setze mich daher allgemein dafür ein, dass das Gymnasium in Baden-Württemberg wie bisher nur Kindern offensteht, die in der Lage sind, dem Unterricht intellektuell zu folgen«, begründete sie ihre Petition.[23] »Das Gymnasium soll Gymnasium bleiben, auch wenn man sicher einiges verbessern kann.« Die Frau firmiert als »chief innovation officer« bei einem der Weltunternehmen. Zu ihren Aufgaben als Innovationsmanagerin zählt, »Diversität« zu organisieren, also das gedeihliche Zusammenspiel verschiedenster Menschen und Kulturen innerhalb des Unternehmens.

Wenn die Frömmsten und Besten der Zivilgesellschaft wie die Kirche und Weltmarktführer sich gegen einen elfjährigen Jungen verbünden, hat dieser keine Chance.

Inklusion ist sicher auch eine Erfolgsgeschichte. Die Zahl der Inkludierten hat seit 2007 in Deutschland um 143 Prozent, in Bremen um 90, in NRW um 400 und in Hamburg gar um 672 Prozent zugenommen. Trotzdem ist sie kein Selbstläufer. Betrachtet man den Fall Walldorf aus der Distanz, dann erkennt man, dass für die enorme Aufmerksamkeit vor allem eines den Ausschlag gab: das Gymnasium. Das Lehrerkollegium wandte sich vehement gegen den Jungen mit dem Downsyndrom. Auch die große öffentliche Debatte entzündete sich vor allem an der Abiturfrage: »Wenn Henri kein Abitur machen will und auch nicht kann – warum will er dann aufs Gymnasium?« Die Möglichkeit, dass ein Schüler einfach nur so am Lernen teilhat oder seine Klassenkameraden aus der Grundschule nicht verlieren möchte, wurde gar nicht erst in Betracht gezogen.

In der Tat würde die Aufnahme eines behinderten Kindes das Gymnasium ad absurdum führen. Wenn selbst ein Schüler, der der herrschenden Logik nach in die unterste Kategorie von Schule gehört, Zutritt in die höchste deutsche Schule bekommt, dann ist das Gymnasialprivileg nicht mehr zu halten. Dann ist die gegliederte Schule an ihr Ende gelangt. Das wollen viele Menschen nicht wahrhaben und wehren sich. Kritiker der Inklusion am Gymnasium drehen die Frage des Unrechts zum Beispiel einfach um. Sie sagen, dass es ungerecht sei, wenn ein Behinderter an ein Gymnasium komme, »nur weil er behindert ist«. Es sei ungerecht für die anderen Kinder, also die Schüler mit Empfehlungen für Haupt- oder Realschule, die das Gymnasium abweise, »nur weil sie gesund sind«. Eine bemerkenswerte Verdrehung.

Es gibt einen Zusammenhang zwischen der gegliederten

Schule und ihren vorgelagerten Sonderschulwesen: Sie beruhen beide auf dem Prinzip der Auslese. Diese Auslese diente offiziell dazu, Behinderte vor Kritik zu schützen – und zugleich der Entlastung der Volksschule. Dahinter steckt dasselbe Muster wie bei der Nichtzulassung von Hauptschülern zu Realschule oder Gymnasium. Die jeweils Besseren können ungestört lernen, wenn die anderen nicht dabei sind. Grundlage dafür ist das deutsche pädagogische Reinheitsgebot. Seine Annahme lautet: In homogenen Gruppen lernt es sich leichter, und auch der Job des Lehrers ist dann einfacher zu erledigen. Oder anders gesagt: In der gegliederten Schule ist immer jemand falsch – und dieser Jemand muss ausgelesen werden. Der einzige Unterschied zwischen der Auslese im oberen Segment und im unteren besteht nun darin: Ganz unten werden die abgesonderten Schüler medikalisiert und psychiatrisiert. Sie gelten nicht mehr bloß als nicht leistungsfähig genug, sondern sie werden dann für krank erklärt. Im Zweifel gelten sie als andersartig, das heißt, sie werden entmenschlicht – und ausgeschlossen.

Man muss den Versuch, im Zuge der Inklusion behinderten Kindern den Zugang zum regulären Schulsystem zu gewähren, in diesem Zusammenhang betrachten. Dann versteht man den Schrecken, den die Inklusion auf das Gymnasium ausübt. Mit einem Schlag werden seine Philosophie, seine Begründungsmuster und seine Struktur hinterfragt. Der daraus resultierende Schockzustand ist im Falle Henris genau wie bei der Klage der Bremer Schulleiterin zu bemerken. Und er erklärt die Empörung der halben Nation. Inklusion und exklusives Gymnasium – das passt nicht zusammen, das ist wie Feuer und Wasser.

So wird deutlich, warum der Einsatz der Politik für Inklusion, gemessen an der Herkulesaufgabe, viel zu gering war. Die Minister haben die Inklusion rhetorisch vorangetrieben, sie aber finanziell nicht ausreichend unterstützt. Die Politik hat ein Menschenrecht propagiert, aber sie hat es nicht sozial möglich gemacht. Sie hat es versäumt, die Schulen und die Lehrer für das gemeinsame Lernen finanziell, personell, räumlich und durch Fortbildungen zu unterstützen. Dadurch haben die Kultusminister etwas befördert, was mehr als nur eine Schulreform konterkariert. Der politische Diskurs wurde vergiftet und hat sich längst von der Schulpolitik gelöst. Die Inhalte dieser Anti-Inklusions-Kampagne sind verstörend. Es wird nicht nur gegen einen Begriff polemisiert, sondern gleichzeitig gegen die Schwachen, die von ihm profitieren. Eine Mehrheit richtet sich mit kleinen Volksabstimmungen gegen eine Minderheit, gegen Behinderte, genauer gegen behinderte Kinder. Sowohl in Nordrhein-Westfalen als auch in Schleswig-Holstein machten CDU und FDP sogar Wahlkampf gegen Inklusion. Das heißt, sie riefen de facto zu einer Volksabstimmung gegen die Verwirklichung der Rechte von Menschen mit Behinderung auf. Wenn sich die nationale Politik von Staaten gegen Grundregeln der Vereinten Nationen richtet, dann gibt es dafür einen Namen: Man spricht dann von Schurkenstaaten.

7 DER ROBOTER LEHRT UND LENKT

Die Mädchen aus der 6c der Inge-Aicher-Scholl-Realschule in Neu-Ulm begeistert diese Art des Unterrichts. »Ich kann jetzt immer alles sauber mitschreiben«, berichtet eine Schülerin. »Ich habe keine Fehler mehr in meinem Heft. Alles ordentlich!« Ihre Tischnachbarin ist über etwas anderes froh: »Wenn ich etwas nicht verstanden habe, dann spule ich Herrn Schmidt einfach zurück. Dann erklärt er mir das noch einmal.« Nun grinsen sie und warten, bis Herr Schmidt endlich bei ihnen vorbeischaut.

Herr Schmidt heißt mit vollem Namen Sebastian Schmidt und ist ein junger Mathematiklehrer von knapp über dreißig Jahren, der das Lernen an seiner Realschule auf den Kopf gestellt hat. Man kann das wörtlich nehmen. Denn die Lehrmethode heißt »flipped classroom«, umgedrehtes Klassenzimmer. Das geht so, dass Herr Schmidt das, was er eigentlich in seiner Stunde vortragen will, vorher auf einem Video aufnimmt. Zwischen fünf und acht Minuten ist so ein Lehrvideo lang. Man kann den Lehrer dabei in klein vor Schaubildern, karierten Matheblättern oder Koordinatenachsen verfolgen. Die Schüler schauen sich das Video zu Hause an, *vor* dem Unterricht. In der Mathestunde selbst haben sie dann Gelegenheit, ihren Lehrer das zu fragen, was sie nicht verstanden haben. Das meint »flipped«: daheim den Lehrervortrag gucken – und in der Stunde die Fragen stellen.

Was Sebastian Schmidt da macht, läuft unter der Überschrift

»digitale Bildung«, und die ist im Moment schwer in Mode. Das Bundesbildungsministerium will fünf Milliarden Euro investieren, damit sich Schulen ans schnelle Internet anschließen können. Jedes Klassenzimmer soll stabiles WLAN bekommen, so dass die Lehrer in die Lage versetzt werden, mit digitalen Geräten, Plattformen und Lern-Apps den Unterricht spannender zu gestalten.

Das Spektakuläre ist, dass diesmal kein Kleinkrieg zwischen dem Bund und den Ländern stattfindet. Alle stimmen darin überein, dass das digitale Lernen die Zukunft ist. Bund und Länder und die vielen Nerds des digitalen Lernens sind sich aber noch in etwas anderem einig: Deutschland ist beim digitalen Lernen ziemlich weit hinten dran. In Südkorea findet sich längst kein gedrucktes Schulbuch mehr in der Schule. Finnische Schulleiter können für ihre Schule jederzeit problemlos Tablets kaufen. Und auch in entlegenen anatolischen Dörfern soll jeder Schüler einen der flachen Bildschirmcomputer bekommen.

In Deutschland hingegen ist die Sache komplizierter. Die Bildungsrepublik hänge im Digitalen hoffnungslos hinterher, geht die Klage. Vor allem auf Twitter, wo viele der Digitallehrer, Lehrerblogger und Classroom-Flipper unterwegs sind, herrscht ein oft depressiver Diskurs. Seit die alte Bildungsministerin Johanna Wanka (CDU) im Oktober 2016 einen milliardenschweren Digital-Pakt angekündigt hat, wird gemosert und zunehmend aggressiv geschimpft, warum das Geld nicht längst in den Schulen angekommen ist.

Einer der Gründe, warum das Land so weit hinten ist, liegt vielleicht in der Vielzahl der Varianten des digitalen Lernens. Die Moden des Digitalen wechseln schnell. Vor ein paar Jahren waren Smartboards der Renner, intelligente Tafeln, die Kontakt zum World Wide Web aufnehmen können – von denen allerdings nicht wenige in Schulkellern gelandet sind. Es finden sich zudem unzählige Lern-Applikationen, kurz Apps, mit denen man in allen möglichen Fächern und Varianten mit Schülern lernen und auch spielen kann; den Überblick auf dem Markt der Abertausenden Mikro-Lernprogramme zu behalten ist allerdings nicht leicht.

Die derzeit angesagteste Methode sind sogenannte Tablet-Klassen. Jeder Schüler bekommt eines der glänzenden digitalen Endgeräte und kann damit recherchieren, filmen, Apps benutzen, Weblogs schreiben, sich vernetzen und vieles mehr. Die digitale Anwendung, auf die gut informierte Leute schwören, ist das sogenannte Lernmanagement-System. Es verknüpft alle Lernenden und Lehrenden in einem virtuellen Klassenzimmer miteinander.

Und es gibt noch einen heißen Kandidaten für die beliebteste Anwendung des digitalen Lernens – das Coding oder Programmieren. Schon fordern manche, Programmieren müsse neben Lesen, Schreiben und Rechnen die vierte Kulturtechnik werden, die jeder Schüler aus dem Effeff beherrschen sollte.

Schüler sichtbar machen

Es geht um Liebe. Schüler sollen sich über Liebesgedichte austauschen, und weil das für Pubertierende nicht so einfach ist, wird eine besondere Form gewählt. Wir sind in der Heinrich-von-Stephan-Schule, die wir bei den Gemeinschaftsschulen schon einmal kennengelernt haben. Schulleiter Jens Großpietsch, der vor einigen Jahren seine Schüler noch auf Handys filzen ließ, hat die besten Digital-Lehrer aus ganz Deutschland eingeladen, um mit ihnen sowie seinen Lehrern und Schülern das digitale Lernen zu testen. Unter den IT-kundigen Gastlehrern ist René Scheppler von der Wiesbadener Helene-Lange-Gesamtschule. Er gibt die

Stunde über Liebesgedichte und setzt dabei einen sogenannten Schreibeditor im Netz ein. Auf ihm können die Schüler anonym, aber für alle lesbar notieren, was sie denken. Scheppler wendet diese Methode an, weil sie ihm die Möglichkeit eröffnet, eine Sprechblockade zu überwinden. Die Schüler sollen sich ja über ihre Gefühle austauschen, was 14-Jährige aber nicht so gern machen, jedenfalls nicht vor der Klasse. Daher lässt Scheppler sie auf der Schreibplattform schreiben, und zwar anonym. So können sie geschützt austauschen, was sie zu den Gedichten zu sagen haben – und was diese mit ihnen selbst zu tun haben.

Mittels digitaler Plattformen können Lehrer Schüler und Talente sichtbar machen, die vorher im Verborgenen blieben. Das ist einer der großen Vorteile digitaler Bildung, wie man auch in der 6c von Sebastian Schmidt in Neu-Ulm gut beobachten kann. Da sind nicht nur die fleißigen Mädchen, die die Zeit zu Hause nutzen, um das im Video vorgestellte Thema zu studieren, sondern auch Felix und Bob. Die beiden haben sich Schmidts 5-Minuten-Video daheim nicht angesehen. Sie setzen darauf, dass ihnen jemand in der Schulstunde Mathe erklärt. Dazu hat ihr Lehrer im umgedrehten Klassenzimmer tatsächlich viel mehr Zeit als im normalen Unterricht, denn der Prozess des Durchdringens lässt sich sehr flexibel ausdehnen. Einige Schüler haben den Stoff längst verstanden und bekommen nun Extraaufgaben, um ihr Wissen zu sichern oder um voranzuschreiten. Manche erklären Mitschülern, worum es geht. Um hartnäckige Nichtverstehende oder Lustlose wie Felix und Bob kann sich Herr Schmidt nun intensiver kümmern, als den beiden lieb ist. Im frontalen Unterricht würden ihm solche Schüler leicht durchrutschen. Er würde in der Regel nicht wahrnehmen, ob sie den Stoff verstanden haben. Jetzt aber hat er den Lernstand jedes einzelnen Schülers im Blick. Als er bei Felix und Bob vorbeikommt, geben die beiden erst mal kleinlaut zu, dass sie das Video nicht angesehen haben. Schmidt ist darüber nicht sonderlich böse – denn nun kann er sich ihnen ja in Ruhe widmen.

Zeit ist beim Lernen eine entscheidende Ressource. Wie wir lernen und wie lange es dauert, bis wir etwas begreifen, ist jeweils sehr individuell. Jeder lernt anders. Das hat die alte Schule nicht wirklich berücksichtigt. Die Schulpflicht und die folgende »Industrialisierung« der Klassenzimmer – also das Einrichten von Gruppen, die gemeinsam wie am Fließband festgelegte Lernschritte absolvieren – hatten zur Folge, dass Kinder fast nur noch im Gleichschritt lernen konnten. Im »flipped classroom« geht das nicht mehr. »Schüler, die Mathe nicht können oder davon genervt sind, gab es schon immer«, sagt Schmidt. »Aber beim umgedrehten Unterricht habe ich einen viel genaueren Blick auf diese Schüler als im Regelunterricht.«

Diese Form intensiver individueller Betreuung ist nicht neu. Das Programm reformpädagogischer Schulen zielt schon immer darauf, dass mehr Rücksicht auf die Lerngeschwindigkeit des einzelnen Schülers genommen werden kann. Alle Formen von Binnendifferenzierung und Entzerrung des Lernens – etwa durch Doppelstunden, Teilungsräume, Projekte oder Ähnliches – schaffen letztlich zeitliche Freiräume. Die Lehrpersonen haben so mehr Zeit, mit langsameren Schülern intensiver zu arbeiten – können sich aber genauso schnelleren Schülern widmen. Auch die Schüler selbst können besser explorativ arbeiten, allein oder in Gruppen. Digitale Plattformen erweitern diese Möglichkeiten: Sie erleichtern neue Formen der Zusammenarbeit und öffnen neue, virtuelle Räume.

So machte einer der ersten Digital-Lehrer Deutschlands, der Gymnasiallehrer Olaf Kleinschmidt, mit seinen Fernlernprogrammen für die zukünftigen Weltmeister und Olympioniken des Sportgymnasiums in Magdeburg Furore. Über eine digitale Plattform konnte Kleinschmidt seinen Schützlingen die Aufgaben und Lektionen direkt an ihre Wettkampforte liefern. Auf Tablet-PCs notierten in der Schule in Magdeburg Lehrer und Mitschüler die Tafelmitschriften. Schwimmerin Antje Buschschulte oder Kajak-Goldmedaillengewinner Andreas Ihle riefen diese dann in Peking auf – und büffelten.

Inzwischen ist das ortsunabhängige und doch gemeinsame Bearbeiten von Themen eine Methode, die sofort und einfach angewendet wird. Die Schülerzeitung *QRage* etwa wird jedes Jahr von Jugendlichen aus ganz Deutschland hergestellt. Dieses Projekt der Initiative »Schule ohne Rassismus« ist die größte deutsche Schülerzeitung mit einer Auflage von über einer Million Exemplaren. Vor dem kollaborativen Arbeiten über ein Weblog (oder kurz Blog, das ist ein Netztagebuch) war das eine ziemlich nervenaufreibende Sache. Die Schüler trafen sich an einem Wochenende, entwarfen Ideen und begannen zu recherchieren, aber niemand wusste vor dem folgenden Arbeitswochenende einen Monat später, wie der Stand einzelner Texte war. In dem Moment, wo in dem Projekt ein geschütztes gemeinsames Blog zum Einsatz kam, änderte sich das schlagartig. Nun konnten alle Teilnehmer aus dem Zeitungsprojekt in Echtzeit mitverfolgen, was ihre Koautorinnen und -autoren aus Chemnitz oder Bonn gerade geschrieben und welche Kommentare oder Fragen die Schülerjournalisten aus Hamburg oder Jena eingebracht hatten.

Vor der Einführung des Blogs war der Kontakt zwischen den Wochenenden via E-Mail ein kontrollierender gewesen. *Danach* wurde es eine inhaltliche und stilistische Zusammenarbeit, bei der zudem ein viel größerer Kreis von Teilnehmern involviert war. Die Kontrollfrage »Wie weit bist Du?« wich der inhaltlichen Bemerkung »Ich finde den Text gut, vielleicht denkst Du noch mal über den Schluss nach«. Die Arbeit wurde dadurch leichter – und effektiver. Die Rate der *QRage*-Artikel, die bereits vor dem zweiten Blockwochenende fertig waren, schnellte von 20 auf 80 Prozent. Ein Blog zeichnet sich eben dadurch aus, dass Schüler den Arbeitsprozess jedes Beteiligten quasi live mitverfolgen können. Das spornt sie gegenseitig an. Wenn Julian sieht, dass Sarah einen tollen Text schreibt, versucht er, dieses Niveau auch hinzukriegen. Wenn Julian merkt, dass Jan einen nicht so guten Text begonnen hat, traut er sich vielleicht eher, selbst etwas zu schreiben. »Hey, das kann ich besser!«, denkt er.

Die Vorteile des Fernlernens und der kollaborativen Arbeit waren so etwas wie der Beginn des digitalen Lernens. Das war vor 10 bis 15 Jahren. Sie wirken geradezu banal, wenn man sich die Möglichkeiten digitalen Lernens ansieht, die inzwischen dazugekommen sind – und jene, die potenziell möglich sind.

Pepper wird Lehrer

»Da, kannst du wieder haben«, schimpft ein Mädchen im Berliner Klax-Kindergarten. Sie zeigt erbost auf ihre Puppe Cayla. Cayla ist ein intelligentes Spielzeug, das sprechen kann. Das Kind hatte gefragt: »Cayla, was sind Pferde?« Die Puppe aber hatte »Erde« verstanden – und ihr dann einen langen Vortrag über den Blauen Planeten gehalten. Cayla ist so programmiert, dass sie Fragen beantwortet, indem sie Lexikontexte vorliest. Das ärgert und langweilt das Kind so sehr, dass sie Cayla nicht mehr mag. »Die Puppe ist doof.«

Cayla wurde inzwischen verboten. Die Bundesnetzagentur stufte das Kinderspielzeug als eine »versteckte, sendefähige Anlage« ein. Weil sie Gespräche in ihrer Umgebung aufzeichnet, wurde den Eltern geraten, die Puppe zu vernichten. Allerdings hat Cayla längst Geschwister bekommen, die noch viel schlauer sind, geradezu unheimlich schlau. Zum Beispiel den circa 30 Zentimeter kleinen Dinosaurier »CogniToy«. Der Dino weiß viel, denn er hat selbst einen großen Sprachschatz und kann sich obendrein mit dem Superhirn Watson von IBM verbinden. Das Spielzeug passt sich in seiner Sprechweise dem Entwicklungsstand des Kindes an, sagen die Entwickler. Der Dino gibt nicht einfach fertige Antworten, er reagiert auf Sprachfertigkeit, Initiativen und Interesse des Kindes.

Auf dem Spielzeugmarkt tummeln sich massenhaft smarte Figuren, Puppen und Programme. Sie alle zielen darauf, Kreativität zu entwickeln. CogniToy aber steht für eine neue Dimension des Spielens. Mit dem trojanischen Dino hält künstliche Intelligenz (KI) Einzug ins Kinderzimmer. Nicht nur das Kind lernt, der sprechende Dinosaurier lernt mit.

Wenn die Eltern kontrollieren wollen, wie sich ihr drei- oder vierjähriges Kind entwickelt, können sie über ein Tablet zuschauen, wie sich ihr Nachwuchs im Gespräch mit dem Dino anstellt. CogniToy hört ihm nicht nur zu, er filmt das Kind auch. Der kleine Dino wird bald in der Lage sein, die Personen zu unterscheiden, die mit ihm interagieren. Für ein Kleinkind hat der Dino Eigenschaften, die ihm eine menschliche Anmutung geben. Für die Kinder ist der kleine Dinosaurier so etwas wie der erste Cyborg, dem sie begegnen – ein Mischwesen aus Kreatur und Maschine.

An der Universität ist man schon ein bisschen weiter. Dort unterrichtet bald »Pepper«. Dieser Dozent ist nur 1,20 Meter groß und 28 Kilo schwer. Es handelt sich um einen französisch-japanischen Roboter, der sprechen kann und ebenfalls mit KI denkt und spricht. An der Universität Marburg soll er ein Linguistik-Seminar übernehmen, das Studierende überall auf der Welt absolvieren können. »Bei uns legen inzwischen Studenten ein Studien-

GIBT ES DIGITALE MÜNDIGKEIT?

Allenthalben wird propagiert, Kinder zu digital mündigen Nutzern oder gar zum digitalen Souverän zu machen. Geht das – und welche Rolle spielen dabei Eltern, Lehrer und der Staat?

Eltern gelten als die wichtigsten Vorbilder, die Kindern einen achtsamen Umgang mit Smartphone und Internet vorleben können. Das Problem ist: Eltern kennen sich in den Nischen des Internets, in denen ihre Kinder surfen, oft nicht gut aus. Obendrein sind sie häufig selbst keine digitalen Musterschüler. Der erste Schritt wäre es, den eigenen, mitunter ausufernden Gebrauch des Smartphones einzuschränken. Nur so können Sie Ihre Kinder glaubwürdig mit klaren Grenzen in der Mediennutzung erziehen. Psychologen raten unter anderem: Geben Sie Kindern erst mit zehn bis zwölf Jahren Zugang zu Smartphone und Internet. Schaffen Sie handyfreie Zonen und Zeiten: keine Nutzung im Bett, keine nachts, Smartphone nicht als Uhr oder Wecker verwenden.

Für einen verantwortungsvollen Umgang Ihrer Kinder mit dem Internet reicht aber temporäre Abstinenz alleine nicht. Ziel ist eine selbst gesteuerte Nutzung, auch was Datenschutz, Risiken und Nebenwirkungen anbelangt. Medienpädagogen raten: Erkunden Sie das Netz mit Ihren Kindern, nehmen Sie aktiv Anteil an dem, was Ihre Kinder im Web erforschen. Vom Konzept der perfekten Mündigkeit Ihrer Kinder im Netz sollten Sie sich am besten verabschieden. »Digitale Selbstbestimmung ist ein Ziel, das nur in Schranken möglich ist«, sagt Jugendschützerin Mechthild Appelhoff von der Landesanstalt für Medien Nordrhein-Westfalen. Wer digitale Dienste nutzen will, müsse wissen: »Dann haben wir nicht mehr die Entscheidung, bestimmte Daten nicht abzugeben.«

Schulen fallen – bisher – als Träger einer organisierten Medienbildung so gut wie aus. Es ist selbstverständlich, dass die Schule beim Fahrradkurs mit Polizei und Zivilgesellschaft zusammenarbeitet. Bei der Einführung ins Netz ist das (noch) nicht der Fall. »Es macht keinen Sinn, Schulen mit Tablets oder Geld zu bewerfen«, sagt Maik Riecken vom niedersächsischen Landesinstitut für schulische Qualitätsentwicklung. Es braucht zunächst ein Konzept, zu dem der Einsatz digitaler Technologien fürs Lernen genauso zählt wie wirksamer Kinderschutz.

So lange wollen Eltern nicht warten. Daher könnte eine pragmatische Form der Sicherheitseinweisung für Kinder und Jugendliche darin bestehen, gleichsam analog zur Verkehrserziehung eine Netzverkehrserziehung an Schulen anzubieten. Es gibt inzwischen viele Medienpädagogen, besser noch: Jugendschützer vor Ort, die solche Kurse in Schulen geben. Das geht vom Chaos Computer Club über Innocence in Danger und »Schau hin!« bis hin zu Online-Angeboten des Kinderhilfswerks und des Bundesfamilienministeriums.

Was macht die Industrie, um Gefahren im Netz für Kinder zu minimieren? Die Industrie ist darauf bedacht, den Absatz ihrer Geräte, Spiele und den Besuch der Plattformen zu steigern. Die von ihr betriebene Freiwillige Selbstkontrolle klappt nicht immer. Jugendschützer wie die Drogenbeauftragte der Bundesregierung sehen das mittlerweile kritisch. Doch der Staat ist zu schwach, um die großen transnationalen IT-Unternehmen wirksam zu regulieren; auch eine Präsenz der Polizei im Netz gibt es hierzulande kaum. »Ich muss bedauerlicherweise sagen, dass es in Deutschland keinen Kinder- und Jugendschutz im Netz gibt«, klagt daher der Unabhängige Beauftragte gegen sexuellen Kindesmissbrauch. Das bedeutet: Es besteht akuter Handlungsbedarf. Und solange das so ist, sind Sie als Eltern umso mehr als kluge Medienerzieher gefragt.

modul ab, ohne dass wir ihnen jemals begegnen«, erklärt der Linguistik-Professor Jürgen Handke, der deutsche Pionier des digitalen Studierens.[1] Seit über zehn Jahren experimentiert er mit Video- und Online-Kursen. Nun will er Dozenten einsetzen, die nicht mehr aus Fleisch und Blut sind, zum Beispiel Pepper. Bisher haben die Studierenden das Seminar mittels eines elektronischen Unterrichtsprogramms absolviert. Jürgen Handke trat darin nur ab und zu in Videoeinspielungen auf. Pepper soll Handke helfen, das Lernen wieder ein bisschen »menschlicher« zu machen – selbst wenn er gar kein Mensch ist. Er führt die Studierenden als Cyborg-Lehrer durch den Stoff.

Es gibt auch digitale Anwendungen, die noch etwas näher an der traditionellen Schule sind. Sie setzen mit sehr einfachen Mitteln viel Kreativität frei. Die Möglichkeiten etwa, mithilfe von Buch-Apps digitale Schulbücher herzustellen, überschreiten die Varianten einer analogen Buchproduktion bei Weitem. Eine Grundschulklasse, die ein Projekt im Berliner Alten Museum durchführte, stellte eine papierne Kladde mit den Ergebnissen ihrer Recherchen her. Mit digitalen Werkzeugen hätten die Schüler daraus ein virtuelles Buch machen können, das für jeden individuell gestaltbar gewesen wäre. Die Kinder hätten Lehrvideos einbinden können – die einen, wie sie die Skulptur des »Berliner Athleten« vorstellen, die anderen, wie sie mit Museumsbesuchern über den »Betenden Knaben« sprechen oder in der Rotunde Touristen aus aller Welt interviewen.

An diesen Erscheinungsformen von »Schulbuch« lässt sich illustrieren, dass ein digitales Schulbuch etwas völlig anderes ist als ein analoges.

Bisher war ein Schulbuch Teil einer Top-down-Lehrstrategie. Ein Schulbuchverlag beauftragte einen Lehrer, nach den Vorgaben des Lehrplans ein Buch zu schreiben, ließ das Ergebnis dann von den Kultusbehörden genehmigen und produzierte und vertrieb das Ganze anschließend. Die Herstellung eines digitalen Schulbuchs ist ein völlig anderer Prozess. Der Unterschied besteht nicht so sehr darin, dass es digital vertrieben und nicht etwa gedruckt wird. Entscheidend ist vielmehr die damit verbundene Umkehrung der Lernstrategie, denn nun wird das Schulbuch Bottom-up produziert, also von unten nach oben. Die eigentlichen Produzenten sind nicht mehr wenige ausgewählte Lehrer, die nach den Vorgaben eines Kultusministeriums ein Lehrwerk verfassen. Nun sind es die Schüler selbst, die ihr je eigenes »Schulbuch« herstellen können.

Zum Beispiel, wenn sie auf einer Exkursion in eine Ruine Fotos und Filme erstellen, die sie danach mit Texten und Beschreibungen in ein individuelles digitales Schulbuch einbinden. Sie machen das mittels einer der vielen Schulbuch-Apps. Wir sehen: Digitale Instrumente geben Schülern eine große Bandbreite an individuellen Stil- und Präsentationsformen. Dazu zählen unter anderem Präsentationen wie Prezi oder Slide Share, Videos sowie aus Bildern, Tweets und Fotos collagierte Geschichten, von Schülern programmierte Spiele, sogenannte Quizze und vieles mehr. Fast alle Digital-Lernformate können im Netz geteilt werden, entweder geschützt innerhalb der Lernmanagement-Systeme – oder offen auf den vielen Plattformen. Der pädagogische Charakter des Schulbuchs wird damit ein völlig anderer. Es verliert seine Funktion als Leitmedium, das mit quasi-amtlichem Segen für alle Gültigkeit beansprucht.

Digitale Anwendungen bedeuten für die Schule nicht weniger als eine Revolution. Der Online-Tsunami wird das Klassenzimmer, die eingeübten Formate des Lernens, die Lehrerbildung und wohl auch die Zertifikate der alten Schule mit sich reißen, wahrscheinlich sogar die Schulgebäude. Wie bei allen industriellen Revolutionen lautet die Frage allerdings: Wann beginnt der große Umbau wirklich?

Das neue Schulbuch

Der Leitmedienwechsel ist nämlich alles andere als trivial. Das kann man vielleicht nirgends besser als am Schulbuch beobachten. Seit über zehn Jahren verkünden die Anhänger des digitalen Lernens, dass die deutsche Schulbuchindustrie unmittelbar vor dem Untergang stehe. Auf ihren Blogs und ihren »EduCamps« genannten Spontankonferenzen spotten die Digitallehrer mit nicht wenig Arroganz darüber, welch grotesker Irrtum der Geschichte die Gutenberg-Galaxis gedruckter Bücher gewesen sei. Freilich wirkt die Schulbuch-Branche immer noch putzmunter. Auf der Didacta, der weltweit größten Bildungsmesse, sind ihre Stände nach wie vor die Zuschauermagneten. Die Lehrer kommen mit großen Plastiktaschen oder Rollkoffern, um sie mit Broschüren, Ansichtsexemplaren oder vergünstigt erworbenen Schulbüchern vollzuladen. Das analoge Schulbuch ist offenkundig für viele immer noch das unbestrittene Leitmedium.

Der Messestand der Digitalisten, genannt »Start-up-Valley«, liegt hingegen in einer vergleichsweise kleinen Halle. Dort geht es viel ruhiger zu. Nur wenige Lehrer verlaufen sich dorthin. Sie scheinen unsicher, vielleicht weil sie die Roboterbaukästen nicht verstehen und mit den Science-Koffern wenig anfangen können. Viele Lehrer können das Potenzial der Apps noch nicht ermessen und müssen erst lernen, wie man »Tutory« einsetzt – eine Plattform, auf der die Pädagogen ihre Arbeitsblätter selbst herstellen können, so dass sie diese nicht mehr aus Schulbüchern kopieren müssen. Vom »Maker-Space« bekommen die Lehrer in der Technikhalle der Didacta eine erste Ahnung, als ein Mitarbeiter der dänischen Firma »Hippomini« mal eben ein stabiles Kamerastativ bastelt – aus Kartons, Plastikschrauben und einem Smartphone. Der mobile Maker-Wagen für Schulen und Kindergärten hat alles griffbereit. Der Papp-Kameramann sendet dann wackelfrei eine Podiumsdiskussion ins Netz.

Der lange prophezeite, aber bisher nicht eingetretene Leitmedienwechsel ist ein Symbol dafür, wie schwierig die Transformation des Lernens zu realisieren ist – obwohl sie doch schon zum Greifen nahe scheint. Längst sollten sogenannte Open Educational Resources (OER), also unter offenen Lizenzen bereitgestellte, kollaborativ zu bearbeitende und teilbare Arbeits-»Blätter« die Macht übernommen haben. Aber die digitale Loseblattsammlung im Netz ist noch derart unsortiert, dass ihr die Lehrer nicht vertrauen oder sie gar nicht erst finden. Nach wie vor dürften jene Nischen in den Schulen, in denen der Fotokopierer steht, der heißeste Ort der Wissensreproduktion im Bildungssystem sein. Die Bereitschaft der Lehrer, in einer Art massenhafter Zusammenarbeit – man spricht auch von »Schwarmintelligenz« – vielfältige Lernmaterialien herzustellen, ist kleiner als erwartet. Erste Erfahrungen von halbwegs bekannten OER-Websites sind für deren Betreiber frustrierend. In der baden-württembergischen Leitstelle für Open Educational Resources werden binnen eines Monats 1,2 Millionen Aufrufe und 120 000 Downloads gezählt. Die Bereitschaft von Otto Normallehrer, dort eigene oder auch nur ergänzte digitale Arbeitsblätter hochzuladen, geht allerdings gegen null. Der Schwarmintelligenz fehlen bislang sowohl der Schwarm als auch die Intelligenz. Das bundesweite Lehrerkollegium kollaboriert (noch) nicht.

Gleichwohl steht der Bildungssektor vor einem radikalen Umbruch. Niemand zweifelt mehr daran, dass die Art des Lernens und damit auch die benutzten Bildungsmedien sich von

Grund auf wandeln werden. Allein der ökonomische Druck ist enorm. Der deutsche Schulbuchmarkt hat ein Volumen von rund 450 Millionen Euro jährlich. Der Betrag, den die Bundesregierung in digitale Bildung investieren will, übersteigt diese Summe um mehr als das Elffache: 5 Milliarden Euro. Man ändert sogar extra die Verfassung, damit Berlin Geld in die Schulen pumpen darf. IT- und Internetgiganten wie Google, Microsoft, Apple und Samsung stehen mit einer Vielzahl von Tools und mit genauso vielen Lobbyisten bereit, um die Schulen für digitale Bildung zu öffnen. Microsoft zum Beispiel hat ein Dutzend Bundestagsabgeordnete dazu gebracht, als »Botschafter« seine Software »Code Your Life« in die Schulen zu tragen. Frei gewählte Volksvertreter agieren nun wie Vertriebsmitarbeiter des Weltkonzerns mit einem Börsenwert von 660 Milliarden Dollar.

Zwölf Euro für die Digitalkassandra

Und was sagen die Eltern zu alldem? Was die Entwicklung des digitalen Lernens und überhaupt den Umgang mit allem »Digitalen« angeht, sind sie sichtlich hin- und hergerissen.

Einerseits sind Väter und Mütter laut Umfragen erpicht darauf, dass ihre Kinder die Welt von morgen nicht nur als Smartphones in ihren Hosentaschen mit in die Schulen bringen. Ihr Nachwuchs soll vielmehr aktiv auf den Umgang mit digitalen Geräten vorbereitet werden. Rund 80 Prozent der Eltern geben an, dass die Schulen endlich digitaler werden müssen.

Andererseits zählen die Eltern auch zu den großen Bedenkenträgern, was den Einsatz digitaler Geräte betrifft. Der Psychiater und Buchautor Manfred Spitzer ist in der Digitalszene geradezu verhasst – weil er beinahe hysterisch vor der Digitalisierung warnt. In den großen Zeitungen werden Spitzer-Bücher wie *Digi-*

tale Demenz[2] oder *Cyberkrank*[3] rezensiert, als wären es Machwerke eines Hochstaplers. Bei den Eltern indes wird Spitzer beinahe wie ein Messias gehandelt. Wenn er in der Provinz bei Lesungen oder Vorträgen auftritt, sitzen Hunderte Interessierte in den Stadthallen. Sie sind bereit, 12 Euro Eintritt zu bezahlen, um die Schwarzmalereien der Digitalkassandra anzuhören.

Die Tatsache, dass ein Manfred Spitzer so polarisiert, hat stark mit dem Umbruch zu tun, vor dem nicht nur das Bildungssystem steht.

Das Problem Spitzers sind oft nicht seine Mahnungen an sich. Er kann viele von ihnen belegen, und manche der Voraussagen des Klinikleiters sind inzwischen eingetroffen. Dennoch macht er auch etwas kaputt: Jede seriös vorgetragene Kritik an der Digitalisierung und jeder rationale Hinweis auf ihre Risiken werden durch seine schrillen Alarmschreie konterkariert. Viele Probleme, die durch die Digitalisierung von Schule, Jugend und Pubertät auftreten, kann die Gesellschaft nicht seriös diskutieren. Spitzers alarmistische »Computer machen dick, dumm und aggressiv«-Thesen haben den Diskurs vergiftet.

Dabei sind die Fragen real – und drängend. Man kann die Antworten darauf nicht verschieben. Digitalisierung funktioniert nicht nach dem Motto: Jetzt führen wir das ein – und bringen nachträglich die Sicherungen an. Jugendliche machen ja auch *zuerst* das Verkehrsabzeichen oder die Führerscheinprüfung, werden dabei auf Risiken und Nebenwirkungen hingewiesen – und erst *danach* fahren sie Fahrrad oder Auto. Auf der virtuellen Datenautobahn ist es genau umgekehrt: Dort flitzen Kinder und Jugendliche mit hoher Geschwindigkeit herum. Für diesen Netz-Verkehr, suggerieren Medienpädagogen, könne man selbst Sechs- bis Zehnjährige so mündig machen, dass sie Herr ihres Surfens sind. Und zwar ganz allein: *ohne* Zugangsregeln ins Netz, *ohne* Moderatoren als Straßenwächter auf Plattformen, vor allem *ohne* rechtliche Regulierung und selbstverständlich *ohne* Polizei im Netz.

Nicht einmal der Deutsche Bundestag hat die Verantwortung übernommen, über digitale Risiken aufzuklären. Als 2010 die Enquete-Kommission »Internet und digitale Gesellschaft« eingerichtet wurde, geschah dies mit dem Ziel, die Risiken und die Chancen der Digitalisierung abseits vom Tagesbetrieb zu diskutieren. Im Einsetzungsbeschluss war die Erforschung der Risiken noch eines der wichtigsten Ziele der Kommission. Sie richtete dann 14 Arbeitsgruppen ein – zehn mehr als ursprünglich vorgesehen –, aber keine einzige war mit dem Thema »Risiko« tituliert. Eine bewusste Entscheidung. »Wir wollten in der Kommission einmal über die 97 Prozent Chancen sprechen«, sagte der FDP-Abgeordnete Jimmy Schulz im Rückblick. »Wir sollten als Gesellschaft generell mehr darüber nachdenken, was es alles Gutes im Netz gibt.«[4]

Dabei liegen die Risiken der Digitalisierung im Bereich Schule und Jugend auf der Hand. Es geht erstens um Online-Sucht – eines der großen Spitzer-Themen –, die zunehmend ein Problem für Jugendliche wird. Zweitens muss der Datenschutz gewährleistet sein und so die Identität der Schüler gesichert werden. Und drittens muss darüber aufgeklärt werden, dass das Netz und seine Plattformen anfällig sind für das Phänomen des Cybergroomings, also das Anbahnen sexualisierter Gewalt.

Online-Sucht

Lange verhöhnte die deutsche Netzcommunity jene, die davor warnten, dass es so etwas wie eine Online-Sucht geben könne. Inzwischen aber stehen die Zeichen anders. Die Weltgesundheitsbehörde hat kürzlich die sogenannte Gaming-Disorder in den Katalog der definierten Krankheiten aufgenommen. Sie umfasst Jugendliche, die psychisch von Video- und Online-Games abhängig sind. Den Grund kann man in den ambulanten Suchtkliniken sehen: Dort suchen 16- bis 25-Jährige Hilfe, die ihr Leben nicht mehr alleine steuern können, weil sie von Onlinespielen abhängig sind. Sie sitzen exzessiv lange vor ihren Bildschirmen und bekommen ihren normalen Alltag nicht mehr in den Griff. Die Sucht ist vergleichbar mit der Glücksspielabhängigkeit, die ebenfalls eine nicht stoffgebundene Sucht darstellt. »Das ist keine Ausprägung von digitaler Kultur, das ist ganz eindeutig eine Sucht«, sagt Matthias Brand, Psychologe und Gutachter im Auftrag des Bundestages über Online-Sucht.[5] In den Untersuchungen ging man jahrelang davon aus, dass rund 200 000 Jugendliche als suchtgefährdet gelten. Bei der letzten Studie im Jahr 2016 wurden dann aber fast neun Prozent der Jugendlichen zwischen 12 und 25 in den Kreis der Suchtgefährdeten einbezogen. Prompt verzichteten die Experten auf eine Hochrechnung – sonst wäre man auf eine Zahl von etwa einer Million exzessiver Nutzer gekommen. Allerdings verschärfte die Drogenbeauftragte der Regierung, Marlene Mortler (CSU), daraufhin deutlich den Ton gegenüber der Games-Industrie. Die Branche habe offenbar kein Interesse, »besser vor Suchtgefahren zu schützen«.[6] Selbst eine Abhängigkeit von Social Media können die Forscher inzwischen nachweisen. Hier gelten 100 000 Jugendliche als suchtgefährdet. Neben dem Gaming sind die Online-Kaufsucht und die Online-Sexsucht weitere konkrete Ausprägungen. Die Suchtstellen dringen vor allem deshalb darauf, die Internetsüchte zu definieren, damit den Betroffenen besser geholfen werden kann.

Von der Wiege bis zum Examen

Als der Schweizer Mathematikprofessor Paul-Olivier Dehaye von einem Provider die schriftlichen Arbeiten und Lern-Unterlagen seiner Studenten anforderte, musste er feststellen: »Da kommt keine Reaktion, ich habe keinen Zugriff mehr.« Der Professor der Uni Zürich traf damit auf ein Problem, das die meisten Fans der Digitalisierung von Bildung noch gar nicht auf dem Schirm haben: Was passiert eigentlich auf Dauer mit dem ganzen Hirnschmalz in Form von Arbeiten, Präsentationen und Exposés, der auf die Plattformen im Netz hochgeladen wird? In diesem Fall war es der US-amerikanische Anbieter des Lernmanagement-Systems Coursera, der Dehayes Anfrage auf Herausgabe der Daten ignorierte. Der Professor hatte die Plattform genutzt, um die Arbeiten seiner Studierenden kollaborativ zur Verfügung zu stellen – ein riesiger Vorteil im Vergleich zu früher, als Arbeiten noch kopiert und in der Bibliothek zum Lesen ausgelegt wurden. Als Dehaye sich beschwerte, schloss Coursera ihn kurzerhand von seinem eigenen Kurs aus. Die Nachrichten an seine Studenten wurden nicht mehr übermittelt. Seitdem streitet Dehaye mit dem Anbieter vor Gericht, wem die Seminardaten eigentlich gehören.

Nicht jeder Fall, bei dem es um Datenschutz und Urheberrecht geht, dürfte so spektakulär öffentlich verlaufen. Die Spur der biografischen Informationen, die Lernende im Netz hinterlassen, ist dennoch eines der großen Risiken, die digitale Bildung mit sich bringt. Wo landen eigentlich die ganzen Informationen und persönlichen Daten, die durch die Arbeiten im Netz gespeichert werden? Und wer nutzt sie auf welche Weise? Daten-Analytiker können aus den Likes, die Nutzer bei Facebook hinterlassen, deren Kaufwünsche und Wahlpräferenzen herauslesen. Welche Schlüsse könnten sie dann erst ziehen, wenn die komplette Lernbiografie von der Wiege bis zum Examen zur Verfügung steht? Ein Szenario könnte so aussehen: Eine 18-Jährige steht kurz vor dem Abitur, da meldet sich eine Universität von irgendwo auf der Welt – und bietet ihr einen Studienplatz an. In dem freundlichen Schreiben steht: »Sie scheinen mit Ihren Talenten und Interessen bestens geeignet zu sein für unser Bachelor-Programm.« Die erfolgreiche Schülerin hatte sich noch gar nicht beworben, aber durch ihr Lernprofil, das sich aus den Hinterlassenschaften ihrer Schularbeiten, Klausuren und online dokumentierten Referate identifizieren lässt, wird sie für die Uni interessant.

Der Lernende der Zukunft ist gläsern: Der Dino CogniToy speichert die Spracherwerbserfolge des Kleinkindes. Im Kindergarten tragen Erzieherinnen die Sprachstandserhebungen in ein elektronisches Gruppenbuch ein. In der Schule werden sogar Videosequenzen von Präsentationen aufgenommen. In der Hochschule führt Pepper eine umfassende Dokumentation von Studienverlauf, Seminararbeiten und Chatbeiträgen durch. Das heißt, nicht mehr Eltern und Kind entscheiden über die berufliche Zukunft, sondern der Big Brother aller verknüpften Lernmanagement-Systeme. Ist das eine praktische Anwendung, Orwell'sche Fantasie oder schlicht Datenmissbrauch? Das kommt drauf an. Jedenfalls sehen Digital-Manager in der möglichst lückenlosen Speicherung der Spuren von Lernenden den besonderen Reiz von Lernmanagement-Systemen. »Ein digitalisiertes Bildungssystem lebt von der Bereitschaft, persönliche Daten preiszugeben«, sagt etwa Jörg Dräger, Vorstandsmitglied der Bertelsmann Stiftung. »Wir brauchen mehr Datensouveränität, nicht mehr Datenschutz.«[7]

Cybergrooming

Zunächst dachte man, es seien Einzelfälle. Doch es gibt einen Zusammenhang. Da ist der zwölfjährige Paul aus der Schweiz, der zu seinem deutschen Minecraft-Online-Mitspieler nach Düsseldorf fährt, einem Mann, wie sich herausstellt, der ihn dann sexuell missbraucht – ganz real. Da ist die Gruppe Jugendlicher im Ruhrgebiet, die minderjährige Mädchen über WhatsApp anflirten – und sie dann entführen und vergewaltigen. Oder da sind achtjährige Mädchen, die auf der Kinderplattfom Musical.ly online tanzen – und von anonymen erwachsenen Zuschauern gebeten werden, mehr Haut und Brust zu zeigen. Bei allen diesen Beispielen handelt es sich um sogenanntes Cybergrooming. Die wenigsten kennen das Wort, aber das wird nicht so bleiben. Denn die manipulativen Freundlichkeiten, die Kinder und Jugendliche im Netz erhalten, drohen zu einem Massenphänomen zu werden. Eine Hochrechnung aus einer Studie im Auftrag des Familienministeriums ergab, dass fünf Prozent der Erwachsenen berichten, über das Netz sexualisierten Kontakt mit Minderjährigen aufgenommen zu haben. Das sind hochgerechnet 728 000 Personen.[8] Das Ziel des sexualisierten Dialogs ist der Kindesmissbrauch – digital, also vor der Webcam, aber auch bei Offline-Treffen. In Niedersachsen wird bereits ein Drittel der Fälle sexualisierter Gewalt gegen Kinder über das Internet angebahnt.

An den Schulen gibt es bisher kaum Aufklärung über Risiken in der digitalen Welt und so gut wie nichts über das Thema Cybergrooming. Dabei ist das Risiko sehr leicht zu erklären. Wenn sich Täter einem Kind in der *analogen Welt* nähern wollen, müssen sie immer auch die Wahrnehmung von Eltern, Freunden, Mitschülern und so weiter vernebeln. *Digital* aber haben sie den direkten und ungestörten Zugang zu ihrem potenziellen Opfer – dem

Kind. So beschreibt es Julia von Weiler von der Kinderschutzorganisation »Innocence in Danger«.[9]

Die Zahl der digitalen Spielplätze für Kinder übersteigt die in der analogen Welt inzwischen um ein Vielfaches. Und sie sind viel gefährlicher. Der böse Onkel, wie ihn etwa Gert Fröbe in dem Filmklassiker *Es geschah am hellichten Tag* verkörperte, kommt nun direkt ins Kinderzimmer – unerkannt und ungestört. Er begegnet seinen Opfern auf Musical.ly, WhatsApp, Knuddels, Habbo-Hotel, er spielt mit ihnen in Online-Games, tauscht mit ihnen Nachrichten via Kik-Messenger aus – oder er nutzt eine Plattform, welche die Eltern noch nicht einmal kennen.

Täter umgarnen das Kind mit viel Verständnis und Lob. In Gesprächen berichten Opfer sexualisierter Gewalt, die im Netz angebahnt wurde, sie hätten sich sicher gefühlt – gerade weil sie glaubten, sie könnten sich jederzeit ausloggen und den Computer abschalten. Da liegt das Missverständnis. Die Strategie des Cybergroomings besteht immer darin, Macht über die Mädchen oder Jungen zu erlangen, um sie dann zu sexuellen Handlungen zu erpressen. Gelangt der Täter an ein kompromittierendes Foto, so kann eine Spirale der sexuellen Gewalt beginnen. Einer der schlimmsten Fälle war die Selbsttötung der 15-jährigen Amanda Todd. Das kanadische Mädchen hatte einem vermeintlich freundlichen Chatbekannten ein Nacktfoto gesandt – woraufhin dieser nicht mehr aufhörte, der damals Zwölfjährigen mit dessen Veröffentlichung zu drohen. Er stalkte sie auf allen Kanälen. Amanda wechselte mehrfach die Schule, sie zog mit ihrer Familie um, aber sie wurde ihren Peiniger nie mehr los. Und das, obwohl sie ihm niemals direkt begegnete. 2012 nahm sich Amanda das Leben. 2017 wurde der Täter – ein vorbestrafter Niederländer, der von Amsterdam aus agierte – zu elf Jahren Haft verurteilt. Er hatte weltweit Mädchen auf dieselbe Weise bedroht und verfolgt.

Evangelisten lieben Dr. Spitzer

Risiken wie die oben beschriebenen werden von den einen ignoriert und von den anderen skandalisiert. In der Gesellschaft herrscht eine ungute Polarisierung in Bezug auf Digitalisierung und digitale Bildung. Die Debatte sieht, etwas überspitzt, so aus:

Die einen nennen die digitale Revolutionierung beschönigend »Leitmedienwechsel« oder »EduShift«. Sie imaginieren digitale Wolkenkuckucksheime einer glücklichen virtuellen Schule, in der alle alles erreichen können. Sie sprechen eine Sprache, die der Schriftsteller Tom Wolfe schon vor zwanzig Jahren »DigiBlaBla« genannt hat. Kritische Fragen werden nicht gestellt, Risiken nicht gesehen.

Die anderen sagen: Das digitale Lernen ist grundsätzlich nicht kompatibel mit der guten alten Schule, es wird sie nicht reformieren, sondern zerstören.

Die digitalen Evangelisten nennen die anderen »analoge Trottel«, die zu dumm sind, Smartboard & Co. zu begreifen.

Die Skeptiker wiederum beschimpfen ihre Antipoden als blinde, verantwortungslose Euphoriker, die mit ihrem schnellen WLAN, den Tablets und Lern-Apps gleichsam Sprengladungen an der alten Schule anbringen.

Klar ist: Zunächst einmal bedeutet Digitalisierung für Schulen mit traditionellen Unterrichtsformaten eine große Verunsicherung. In der Lehrplanschule sind diese Formate ziemlich genau definiert: Es gibt ein gemeinsames Klassenzimmer, die Lerninhalte sind festgelegt, die Lehrer können sich an den Schulbüchern und ihrer Weisungsbefugnis festhalten. Die Digitalisierung aber stellt alle diese Elemente infrage: Das Klassenzimmer ist nur noch eine Art Basislager, die analogen Schulbücher verschwinden, und nicht wenige Schüler können mit digitalen

Geräten ungleich besser umgehen als die bisherigen Bestimmer, die Lehrer, die ihre Autorität einbüßen. Das verunsichert die Pädagogen, die Lehranstalt, ja das ganze Bildungssystem, macht den bewussten Wandel also nicht leichter. Trotz allem gibt es bereits jetzt einige sehr erfolgreiche digital arbeitende Schulen.

Wischen statt Schreiben

Eine Frage, die beim Thema digitale Bildung naheliegend ist, wird erstaunlicherweise kaum diskutiert: Was bedeutet das Ganze eigentlich für die Kulturtechniken Lesen und Schreiben?

Im April 2018 erfuhren Millionen Leser der *Bild am Sonntag* von einem Projekt, das eine revolutionäre Veränderung bringen würde. Das Projekt läuft bereits seit Längerem, aber die 80 Millionen Bürger wissen noch nicht, dass die Schreibschrift in den Grundschulen abgeschafft werden soll. Stell dir vor, die Kulturnation verliert ihre verbundene Handschrift – aber kaum jemand nimmt Notiz davon.

Bisher lernen ABC-Schützen zwei Schriften: zunächst die Druckschrift, danach die Schreibschrift, die sogenannte Schulausgangsschrift. Die Druckschrift ist zum Lesenlernen und zum späteren Ausfüllen von Formularen gedacht. Mit der verbundenen Schreibschrift verfassen die Schüler ihre Aufsätze, schreiben sie Diktate und später vielleicht Liebesbriefe. Künftig soll es nur noch eine Schrift geben. In der *BamS* war nun über die Schreibschrift plötzlich zu lesen: »Völliger Quatsch, findet der Grundschulverband: ›Eine weitere Schriftform als zweite Schulschrift ist wegen des Bruchs in der Schreibentwicklung schädlich.‹«[10] Seit in der Schule das Schreiben gelernt wird, seit Hunderten von Jahren, übten Kinder die Schreibschrift, auch Kurrent- oder Laufschrift genannt. Später kam eine gedruckte Schrift hinzu, seitdem wurden in der Schule zwei Schreibarten gelehrt. Nun erfahren die Deutschen plötzlich, dass das Erlernen der flüssigen Schreibschrift ein großer Irrtum gewesen sein soll. Stattdessen soll eine neue Grundschrift, ein Zwitter aus Druck- und Schreibschrift gelehrt werden. Urheber der Idee ist der Grundschulverband. Er hat bereits neue Schreibfibeln entworfen.

Im Klassenzimmer sollen die Kinder künftig ihre flüssige Schreibschrift selbst aus der Grundschrift entwickeln. Anleitungen der Lehrer für das verbundene Schreiben sollen wegfallen. Daher empfiehlt der Grundschulverband unter anderem: Schreibanfänger sollten sich untereinander zu »Schreibkonferenzen« zusammensetzen – und dabei beraten, wie man die einzelnen Buchstaben am besten verbindet. Das bedeutet, der Urauftrag von Schule, das Schreibenlernen, wird so zu einem Do-it-yourself-Projekt für Sechsjährige.

Was das mit der Digitalisierung zu tun hat, erfuhr man einige Tage später: Da forderte derselbe Grundschulverband in einem Memorandum, »dass alle Kinder in der Grundschule Zugang zu digitalen Medien erhalten«. Auch die Primarstufen für die sechs- bis zehnjährigen Kinder bräuchten eine schnelle Netzanbindung und flächendeckendes WLAN. Die digitalen Medien kommen, die Schrift geht – so lautet das Programm des Verbandes, der die über 200 000 deutschen Grundschullehrer vertritt. Auf dessen Webseiten sind bereits die neuen Schreibhefte und Lernanleitungen zu erwerben – die für die Grundschrift. Die zuständigen Schulminister haben indes noch gar keinen Beschluss zur Abschaffung der Schreibschrift gefällt. Bislang laufen lediglich Modellprojekte. Die KMK guckt also, wie beim Turbo-Abitur, wieder mal beschlusslos zu.

Ähnlich wie bei der Abschaffung der bislang gelehrten Schreibschrift läuft es bei der Einführung von Computern an

Schulen und Kindergärten: Einen Beschluss der Zuständigen, der Kultusminister der Bundesländer, gibt es nicht, aber die Digitalisierung wird gleichwohl vorangetrieben. Diesmal machen sich gleich mehrere Bundesministerien die Digitalisierung zu eigen, obwohl sie laut Grundgesetz keinerlei inhaltliche Mitwirkungskompetenz in der Bildung haben. So fördert beispielsweise das Bundesministerium für Bildung die Einführung von Tablets in Kindergärten über das »Haus der Kleinen Forscher«, ein Gemeinschaftsprojekt von Industrie, Großforschung und Bund. Das Verkehrsministerium gestaltete eine Veranstaltungsreihe, die digitale Spiele für Kinder attraktiv machen sollte – für die Altersgruppe der Drei- bis Siebenjährigen. Auch das Wirtschaftsministerium wurde aktiv und stellte eine Anschubfinanzierung zur Verfügung, um das Projekt Calliope voranzutreiben. Calliope ist eine Platine, mit der man über einen Computer das Programmieren lernen kann. Sie solle allen dritten Klassen in Deutschland zur Verfügung gestellt werden, kündigte der damalige Bundeswirtschaftsminister Sigmar Gabriel (SPD) beim Nationalen IT-Gipfel 2016 an.

Calliope ist eine zum Teil private, zum Teil wirtschaftliche, zum Teil politische Initiative. An dem gemeinnützigen Projekt haben sich Google, Microsoft, Bosch und andere beteiligt. In diesem Fall reichte die Spannweite aber noch weiter – auch *Die Zeit* bewarb das Projekt. »Dieser Computer kann unser Schulsystem revolutionieren«, hieß es in der Online-Ausgabe des Blattes – im redaktionellen Teil.[11] Die Grenzen zwischen Werbung und Lernen sind beim euphorischen Digitalisieren mitunter fließend.

Mit welcher Begründung sollen nun Kindergärten und Grundschulen digitalisiert werden? Das erste Argument lautet stets, die Computer und das Internet seien nun mal da – also müsse es sie auch in den Einrichtungen für Kinder und Kleinkinder geben. Einer der Vordenker der Grundschul-Digitalisierung ist der Pädagogik-Professor Thomas Irion, der zugleich Referent des Grundschulverbandes ist. In einem Memorandum, das er verfasst hat, heißt es über die digitale Bildung für Sechs- bis Zehnjährige: »[I]nsbesondere ist in dem Zusammenhang die Fähigkeit zur kritischen Reflexion zu beachten.«[12] Kritische Reflexion über die Auswirkungen der Digitalisierung – das mag ein Lernziel für Oberstufen sein, aber an Grundschulen? Das Grundsatzpapier erwähnt digitale Kompetenzen als vierte Kulturtechnik, die ersten drei – Lesen, Schreiben und Rechnen – finden in dem Memorandum gar keine Erwähnung mehr. Digitale Medien böten nicht unerhebliche Entwicklungspotenziale für Kinder im Grundschulalter, heißt es stattdessen. »Kinder eignen sich bspw. über YouTube neue Skateboard- und Schminktipps an«, schreibt der Pädagogik-Professor Irion in einem Aufsatz, »und werden von ehrgeizigen Eltern mittels Lern-Apps für die Schule trainiert.«[13]

Mathe auf YouTube

Noch einmal zurück zu Sebastian Schmidt nach Neu-Ulm, jenem Lehrer, der digitale Methoden wie selbstverständlich in seinen Unterricht integriert. Er lebt bereits, was 99 Prozent der deutschen Pädagogen noch bevorsteht. Schmidt ist in seinem Kollegium anerkannt. Beim Herstellen seiner gut fünfminütigen Erklärvideos benutzt er modernste Schnitttechnik. Er ist nicht mehr nur Mathematiklehrer, sondern Regisseur, Kameramann und Moderator seiner kleinen Mathe-Shows in einem. Aber auch für ihn war der Leitmedienwechsel anfangs eine große Umstellung. Was er heute in weniger als einer Stunde plant, filmt und schneidet, hat ihn am Anfang Stunden gekostet.

Können alle rund 800 000 deutschen Lehrer das? Sind sie in der Lage, diesen Aufwand zu betreiben? Sind sie mutig genug, aus ihrer mehr oder weniger anonymen Rolle als Lehrer, der die Tür zum Klassenzimmer hinter sich zuzieht, in die eines Videostars oder wenigstens Fach-Entertainers zu schlüpfen?

Schmidt hat inzwischen selbst in der Elternschaft Fans. Weil die Väter und Mütter auf YouTube zusehen können, wie er Kindern Mathe erklärt. Genau an dieser Öffentlichkeit des »flipped classroom« zeigt sich nun die ganze Ambivalenz digitalen Lernens und seiner Methoden. Die Videos von Sebastian Schmidt repräsentieren im besten Sinne Bildung als öffentliches Gut. Jeder kann sich die Mathe-Lektionen ansehen, sie sind hochwertig – und umsonst. Aber die Videos sind zugleich ein Produkt, und zwar eines, das sich über das Netz leicht vertreiben ließe. Das macht sie für private Bildungsanbieter interessant. Die Gewinnmarge der Mathe-Lektionen wäre enorm. Man müsste nur Geld dafür verlangen. Sebastian Schmidt selbst würde das nie tun, denn er könnte das mit dem Ethos seiner Familie, in der er zur dritten Generation von Lehrern gehört, nicht vereinbaren.

In Hongkong zum Beispiel läuft das längst anders. Yat-Yan Lam, ebenfalls Lehrer und in etwa so alt wie sein Neu-Ulmer Pendant, lehrt längst nicht mehr an einer Schule. Er verkauft stattdessen seine Lehrvideos über das Netz. Sicher ist die Lernkultur Hongkongs, in der Lehrvideos reißenden Absatz finden, nicht vergleichbar mit der deutschen. In Asien ist es eine Selbstverständlichkeit für Schüler, am Nachmittag oder sogar spätabends noch Extralektionen zu absolvieren. Die Videos von YY Lam sind didaktisch nicht besonders wertvoll, aber ein ideales Produkt für dieses Bedürfnis. Private Bildungsverlage reißen sich in Hongkong um den Videostar, der bei Teens Kultstatus genießt und gern in Fernsehshows eingeladen wird. Der Video-Pädagoge verdient dabei sagenhaft gut – neun Millionen Euro pro Jahr.

Sebastian Schmidt will Kindern etwas beibringen, und zwar

nicht mehr so wie zu Urzeiten, sondern auf eine möglichst moderne Art. Die Unternehmen des Bildungsmarkts sind da weniger idealistisch. Die Videos von Schmidt und einigen anderen YouTube-Lehrern haben eine eigene Industrie auf den Plan gerufen. Sie steht bereit, um aus Lehrvideos Profit zu machen, sobald sich der Markt entwickelt. Dazu gehört zum Beispiel das Unternehmen Bertelsmann. Eines der lukrativsten Geschäftsfelder des Medienkonzerns besteht bereits jetzt darin, Videos herzustellen. Zudem haben die Gütersloher Weltmarktspieler das Know-how, um digitale Produkte zu vertreiben und zu kassieren. Nun haben sie extra eine eigene Bildungssparte gegründet, die ein Umsatzziel von einer Milliarde Euro hat. Nicht zu sprechen von der Bertelsmann Stiftung – sie ist die Eigentümerin des gleichnamigen Konzerns –, die wie keine zweite Stiftung in Deutschland ein weit gespanntes Netzwerk von Schulen und Lehrern aufgebaut hat.

Eines der Megathemen der Stiftung ist seit einiger Zeit die digitale Bildung. Sie hat zum Beispiel die Entwicklung des »flipped classroom« gefördert – Zufall? Formell dürfen der Bertelsmann-Konzern und die Stiftung nicht zusammenarbeiten. Aber wenn ein Konglomerat das Wissen und die Kontakte hat, um aus Bildung und speziell Lernvideos ein großes Geschäft zu machen – dann wäre es Bertelsmann. Es ist erklärtes Ziel des Konzerns, am entstehenden Milliardenmarkt Bildung mitzuspielen. Und auch Jörg Dräger aus dem Vorstand der Bertelsmann Stiftung, will möglichst viele Schulen erreichen. Bei einer Digital-Konferenz mit 38 deutschen Modellschulen sagte er: »Digitalisierung braucht Skalierung! Verstehen Sie uns als Stiftungen. Natürlich ist es schön, 38 Schulen auf den Weg zu bringen. Aber unser Ziel sind die 38 000 deutschen Schulen.«[14]

Wer weiß, vielleicht haben die Gütersloher einen unerwarteten Verbündeten: die Finanzminister der Bundesländer. Wenn die verstehen, wie viel Gehälter sich mit den Videos von Lehrern wie Sebastian Schmidt einsparen lassen, dann wird das wohl auch gemacht. Und dazu braucht man bald keinen leibhaftigen Lehrer mehr. Mit dem KI-erprobten Roboter Pepper lassen sich simple Unterrichtseinheiten auch von einem Cyborg halten. An der Uni Marburg gibt Pepper bereits Seminare. Wann wird er an den Schulen Fuß fassen?

Der vorläufige Schluss, den man aus der Digitalisierung der Schulen ziehen kann, lautet: Die Lage ist ziemlich unübersichtlich. Die Chancen des digitalen Lernens sind da, aber noch nicht im Ansatz realisiert. Von den Risiken wollen gerade die Euphoriker nicht sprechen. Es ist insgesamt nicht klar, wer die handelnden Akteure und Antreiber sind, die bei der digitalen Bildung eine klügere Schulentwicklung als bei der Inklusion bewirken könnten. Vor allem weiß aber niemand, ob die Lehrerschaft mit dieser Aufgabe zurechtkommen wird. Es scheint, dass die Schulen aus sich heraus noch keine gestaltenden Gegenkräfte gefunden haben, welche der Wucht einer Digitalisierung etwas entgegenzusetzen haben.

Möglicherweise gibt es einen pädagogischen Gegenspieler, der helfen könnte, der drohenden Überwältigung der Schulen durch das Digitale souveräner, besonnener und vor allem aktiver zu begegnen: das Gymnasium. Schauen wir uns im Schlusskapitel an, ob die Kräfte innerhalb des Schulsystems reichen, um den Online-Tsunami zu bremsen. Vorher müssen wir aber noch einen Blick auf die zweite große Entwicklung werfen, die Schule bereits jetzt stark beeinflusst: die Flucht.

8 EINE SCHULE, DIE ÜBER DIE DIGITALE WELT NACHDENKT

Nicht schubsen. Nicht treten. Sich melden. Die eisernen Regeln dieser Klasse sind als Symbole auf bunte Poster aufgemalt. Die Kinder verstehen sie auch dann, wenn sie kein Deutsch können. In einem großen Korb in der Ecke stapeln sich Bilder- und Lesebücher. Quer durchs Zimmer ist eine Wäscheleine gespannt, an der hübsch gebastelte Namen der Schüler und kleine Fahnen baumeln. Die halbe Welt hängt hier, Afghanistan, Bosnien, Syrien, Irak, Libanon, Pakistan, Eritrea, Gaza, Bangladesch und viele mehr. Diese Welt lernt gerade Deutsch. Fragt man die Kinder, woher sie kommen, strahlen sie: aus Deutschland!

Die Schüler sollen mithilfe bunter Karten Sätze bilden. Sie erzählen den Ausflug nach, der auf einen Kinderbauernhof geführt hat. Es gibt Karten für Hauptwörter wie Ziege, Kuh oder Schwein. Andere zeigen Verben: gesehen, gefüttert, gespielt. Nadeem sagt: »Ich habe die Ziege gesehen.« Rehaan hat die Kuh gefüttert. Nicoletta und Sarah überbieten sich in kunstvollen Sätzen. Deutschlernen in Raum 021 der Carl-Kraemer-Grundschule, wo diese Willkommensklasse zu Hause ist.

All die Kinder haben einen Traum von Deutschland, aber sie ahnen noch nicht, wo sie eigentlich gelandet sind. Ihre Schule liegt im Soldiner Kiez des Berliner Bezirks Wedding, einem der bildungspolitisch katastrophalsten Orte der Republik: Sechs von zehn Kindern der dritten Klassen können in diesem Kiez praktisch nicht lesen. Im Bezirk der Unterprivilegierten sind sie in der Außenklasse derjenigen gelandet, die Zuflucht vor Armut und Krieg gesucht haben: Sie sind die Under-underclass.

In dieser Willkommensklasse kulminieren alle Entwicklungen, die in diesem Buch beschrieben sind: Inklusion, soziale Heterogenität, der Wille zum Aufstieg. Hier sitzen die hochbegabte Sarah, der verhaltensauffällige Goran und der traumatisierte Tommi in einem Raum zusammen.

Willkommensklasse, das ist die Lerngruppe für Kinder von Geflüchteten und Asylbewerbern der Grundschule in Berlin. In diesen Klassen – sie heißen je nach Bundesland anders, in Bayern zum Beispiel »Übergangsklassen«, in Nordrhein-Westfalen »internationale Klassen« – sollen Flüchtlingskinder Deutsch lernen. Um dann bald in eine Regelklasse zu wechseln.

Verlassene Willkommensklassen

Die Lehrerin heißt Anja Maier[1] und hat eine Ausbildung für Deutsch als Zweitsprache absolviert, kurz DaZ. Sie ist damit ein Profi, den es in vielen Willkommensklassen häufig gar nicht gibt. Bis vor wenigen Jahren hat die 35-Jährige selbst DaZ-Lehrer ausgebildet, als Dozentin beim Bundesamt für Migration und Flüchtlinge. »Aber ich wollte wieder mit Kindern arbeiten«, sagt sie. 2014 bewarb sie sich an der Carl-Kraemer-Schule, um Bildung dorthin zu bringen, wo sie dringend gebraucht wird. Sie wurde sofort genommen. Damals hatte Berlin ungefähr 100 Willkommensklassen. Im Jahr 2015 waren es schon über 400, zwischendurch stieg die Zahl sogar auf 600. In ganz Deutschland sind Tausende Willkommensklassen entstanden. Niemand weiß ganz genau, wie viele es waren und heute noch sind. Nicht mal die Schulminister. Dazu später mehr.

In Raum 021 bekommt Abdullah Lob dafür, dass er alle Artikel für Schwein, Schaf, Ziege und Kuh richtig gesetzt hat. Sarah ist stolz, dass sie die kleine Geschichte über den Besuch des Kinderbauernhofs flüssig lesen kann. Sie ist eine tolle Schülerin, sie wird ihren Weg machen. Für Goran beginnt die Deutschstunde mit dem U. Der Junge soll den Buchstaben nachspuren. Er überschreibt mit seinem Stift also brav die vielen U, die in den oberen Zeilen seines Hefts schemenhaft erkennbar sind. Immer wieder setzt Goran ab. Auf die nächsten Zeilen guckt er lieber nicht. Denn da steht jeweils nur ein U – den Rest der Zeile müsste er selbstständig vollenden. Das U freihändig zu schreiben ist für Goran noch eine Herausforderung. Er mag so was nicht.

Goran ist elf Jahre alt. Er stammt aus Belgrad. Der Junge kam vor dem großen Treck, der sich im September 2015 von Ungarn aus in Bewegung setzte. Seitdem ist es eng geworden in den Willkommensklassen, auch an der Carl-Kraemer-Schule in Berlin-Wedding. Insgesamt 17 Kinder lernen gerade in Gorans Klasse. Raum 021 ist voll besetzt.

Tommi kommt an der Hand einer Erzieherin herein. Sieben Jahre alt, helle, aufmerksame Augen. Er guckt sich die Menschen genau an, gespannt, nervös, fast unruhig. Tommi schreibt nicht. Nicht mal U oder T. Er sitzt auf dem blauen Sofa vor dem Fenster und steckt bunte Plastiksteinchen in ein Gitter. Das Spiel bekommt er, weil er so viel herumzappelt. An einem Tag wie diesem, an dem eine Lehrerin und eine Erzieherin fehlen, kann Tommi nur beschäftigt werden. Lernen ist erst wieder möglich, wenn alle Betreuer da sind.

Was in Anja Maiers Klasse geschieht, ist repräsentativer, als man es sich wünschen kann. In reduzierter Besetzung Deutsch zu lehren, das ist quer durch alle Bundesländer der Normalfall. 325 000 Schulpflichtige waren unter den Geflüchteten, die im Jahr

2015 nach Deutschland gekommen sind. Die Schulminister haben ausgerechnet, wie viele Lehrer sie für diese Schüler einstellen müssten. Die Zahl lautete 20 000. Allerdings haben sie bis zum Jahr 2016 nur 8200 davon wirklich angeheuert. In Deutschlands Integrationsklassen geht es also immer so zu wie bei Anja Maier, wenn ihre Kollegin und eine Erzieherin fehlen. Das Integrationssystem im reichsten Land der Erde leidet an chronischer Unterausstattung.

Es gibt keine Rede, keine Vorschrift, kein Einwanderungsprogramm, in dem Deutschlernen *nicht* als erste Integrationspflicht für Immigranten genannt wird. Wenn sich ein Zuwanderer weigert, Deutsch zu lernen, oder bei Deutschkursen durchfällt, muss er mit Sanktionen rechnen. Wer wissen will, warum ausgerechnet die zuständigen Schulminister bei (Deutsch-)Lehrern ihre eigene Einstellungspflicht verletzen, muss sich bei der Konferenz der Kultusminister auf die Suche machen. Er bekommt eine Ahnung davon, welchen Stellenwert dort die wichtigste Voraussetzung jeder Integration hat: das Deutschlernen. »Dem Sekretariat der KMK liegen keine Zahlen zu Flüchtlings-/Willkommens-/Deutschlernklassen oder ähnliches vor und auch nicht zu neu eingestellten Lehrern«, teilte die KMK mit.[2] Das war im Januar 2016 – mitten in der größten Einwanderungsphase seit dem Ende des Zweiten Weltkriegs.

In den Schulen stieß man überall auf dasselbe Phänomen. Lehrer, Eltern und Umfeld der Schulen hatten meist sehr unkompliziert junge Geflüchtete aufgenommen, die bereits in den Jahren 2013 und 2014 in großer Zahl gekommen waren. Die Schulen hatten Konzepte geschrieben, die alle anders hießen, aber im Wesentlichen das Gleiche wollten: Die zuwandernden Kinder bekommen eine Schnellbesohlung in Deutsch parallel zu den normalen Schulklassen. Sobald die Schüler sprachlich so weit sind, wechseln sie in die Regelklassen. Fürs Deutschlernen haben die Schulen alle für sie greifbaren Hilfskräfte mobilisiert – oft freie Mitarbeiter.

Besuch in einer Schule in Nordrhein-Westfalen, die ein ausgefeiltes Lernkonzept für Geflüchtete und Migranten entwickelt hat, die Gesamtschule Saarn in Mülheim an der Ruhr. Dort kann man sehen, wie gut die Schulen die Aufgabe der Integration annehmen – aber auch, wie sehr sie von der Bürokratie im Stich gelassen werden. Ihre internationale Klasse hat sich die Schule aus Eigenmitteln zusammengestottert. Die Lehrerin stammt von der Initiative Teach First, einer Organisation, die Uni-Absolventen ohne Pädagogikstudium an Schulen entsendet. Als arabische Muttersprachlerin tritt eine Frau auf, die aus dem Flüchtlingslager Jarmuk in Damaskus geflohen ist. Sie arbeitet halb ehrenamtlich, halb wird sie über Spenden honoriert. Eine staatlich finanzierte, ausgebildete Lehrkraft gibt es in dieser Klasse nicht.

Nebenan, in einem gesonderten Lernzimmer, sitzt eine Mittvierzigerin in Ballerinas, mit rosafarbener Cashmerejacke und goldenen Ohrringen. Die Mutter eines Schülers einer Nachbarschule liest einem Roma-Jungen vor. Sie hilft als Lesepatin mit, einzelnen Schülern Extraunterricht zu geben, die besonders schnell oder viel langsamer als die anderen sind. Als sie für ein paar Jahre mit ihrer Familie in den USA gelebt habe, erzählt die Frau, seien ihre Kinder gut aufgenommen worden. Davon wolle sie nun etwas zurückgeben. Ehrenamtlich, klar. Dann greift sie wieder nach dem Buch und versucht, mit dem Jungen halbwegs gerade Sätze zu bilden.

Es geht aber auch anders. Wenn die Leiterin der Gesamtschule Saarn in Mülheim Mustafa sieht, glänzen ihre Augen. Für Gerhild Brinkmann ist er ein Beweis dafür, wie aus einem chancenlosen Flüchtlingsjungen ein Bildungsaufsteiger werden kann. Der Junge, zwölf, ist seit zwei Jahren in Deutschland, und er spricht beinahe perfekt Deutsch. Für Integration sei die Schule hier genau die richtige, fachsimpelt der Junge. Klar hätte er am liebsten gleich bei den Deutschen mitgemacht. »Aber erst muss man Deutsch lernen.« Inzwischen ist er in seiner Regelklasse angekommen. Was er mal werden will? »Professor, das wäre cool.«

Zurück in die Carl-Kraemer-Schule in Berlin. Goran hat jetzt aufgehört, U zu schreiben. Er guckt sich lieber in der Klasse um. Schließlich wendet er sich Nour zu, die neben ihm sitzt. Sie ist ein Jahr jünger als er und kommt aus Syrien. Nour kämpft nicht mehr mit einzelnen Buchstaben, ihre Schreibhand fliegt förmlich mit dem Stift durchs Heft. Goran sieht ein Vergrößerungsglas an Nours Platz, auf dessen Griff der Tiger Shir Khan aus dem *Dschungelbuch* zu sehen ist. Goran nimmt das Vergrößerungsglas an sich, und als Nour es sich zurückholt, kriegt sie sofort einen Hieb. Anja Maier, die Lehrerin, ermahnt Goran, weiterzuschreiben. Also kritzelt er lustlos in sein Heft, was niemand als U entziffern könnte. Anja Maier widmet sich für einen Moment Tommi am Fenster. Bedächtig steckt der Junge Steckelement für Steckelement in das Gitter. Er versucht ein Muster anzufertigen, es scheint ihm Spaß zu machen. Als Maier aber eine Sekunde nicht achtgibt, fällt Tommi das ganze Spiel zu Boden – Hunderte bunter Steinchen kullern um das blaue Sofa herum. Maier schließt vor Erschöpfung kurz die Augen. In die Klasse kommt hingegen sofort Bewegung. Die einen sammeln die Steckelemente auf, die anderen kommentieren das Malheur. Als die Lehrerin nach einem Augenaufschlag wieder da ist, sieht sie, dass Goran nun die vermaledeiten U direkt auf die Tischplatte schreibt. Maier herrscht ihn an, sie ist aufgeregt. Die Kinder sind mucksmäuschenstill. Goran grinst.

Etwa ein Drittel der Kinder, die bei ihr lernen, seien traumatisiert, berichtet Anja Maier. Das äußere sich in der Regel nicht in Aggressionen, sondern in einem stillen, unsicheren Auftreten. Die Kinder, die zu Hause oder bei der Flucht Furchtbares erfahren hätten, seien oft in sich gekehrt und stumm. »Wenn die Feuerwehr mit Sirene vorbeifährt, wenn die Polizei auftaucht oder sich ein Kind verletzt, dann dreht meine Klasse schnell durch«, sagt Maier. »Man ahnt dann, dass viele von ihnen Zeugen von Gewalt geworden sein müssen.«

Die Schulleiterin ist froh, dass sie Anja Maier hat. »Sie hat für uns ein Konzept der Integration entwickelt«, sagt die Rektorin. »So können wir die Kinder oft schon nach ein paar Monaten in die Regelklassen wechseln lassen.« Allerdings sind inzwischen fast alle Regelklassen voll. Wenn die 17 Kinder von Maier sukzessive im normalen Schulbetrieb angekommen sein werden, ist Schluss. Es gibt ohnehin keine freien Räume mehr. Das gilt für die ganze Hauptstadt. Inzwischen hat Berlin reagiert und beschlossen, 23 neue Schulen zu bauen. Die Hauptstadt, im Kalten Krieg die Stadt mit der ältesten Bevölkerung Deutschlands, boomt von lauter jungen Leuten. Maiers Konzept fürs Deutschlernen sieht so aus: Erst lernen die Kinder sehr intensiv Deutsch, das dauert zwischen drei und fünf Monaten. Dann werden sie phasenweise in die Regelklassen integriert, in Sport und Musik, in Kunst und auf dem Pausenhof, aber auch schon in Mathematik. Erst danach wechseln sie fest in die Regelklasse.

Von Anja Maier, Goran, Tommi, Nour und den anderen führt der Weg an diesem Tag direkt zu einer Pressekonferenz der Leibniz-Gemeinschaft, einer der größten Forschungseinrichtungen des Landes. Es sind zwei wichtige Professoren eingeladen, und die sehen das mit der Integration ganz anders.[3] »Flüchtlingskinder sollten in der Grundschule sofort in den normalen Klassenverband integriert werden«, sagt der eine. Der andere stimmt ihm zu. In der Grundschule sollte man am besten gar keine gesonderten Klassen fürs Deutschlernen bilden, sagt er. Auch Udo Michallik, der Generalsekretär der Kultusministerkonferenz, sitzt dabei. Die Journalisten löchern ihn. »Wer unterrichtet in den Willkommensklassen?«, wollen sie von dem Mann der KMK wissen. »Wie kann man die Regelklassen so mit Personal stärken, dass die Lehrer es schaffen? Wie viele Lehrer stellen Sie ein?« – »Ich weiß es nicht«, wehrt Michallik alle Nachfragen ab.

Man muss an Goran und Tommi denken. Die wissen auch nicht, was sie tun.

Inzwischen ist das Problem nicht mehr, ob Deutschland, der Exportweltmeister und Jobmotor in Europa, genug Lehrer und Klassenzimmer für geflüchtete Kinder hat. Die Schülerzahlen steigen unaufhörlich, auch die der autochthonen deutschen Kinder. Und mit einem Mal bemerken die Schulminister, was der Bildungsökonom Klaus Klemm ihnen vor weit über zehn Jahren prognostiziert hat: Lehrermangel. Die Kultusminister hatten jahrelang zu wenig neue Lehrer eingestellt – obwohl sie wissen konnten, welche Folgen das haben würde. Doch nun wird die Lage durch zwei unerwartete Entwicklungen verschärft: Immer mehr Schüler drängen in die Schulen, weil die Deutschen wieder mehr Kinder bekommen und weil viele Menschen hier Schutz suchen. Für das Bildungssystem ist das ein Segen – und zugleich eine Zerreißprobe. In manchen Bundesländern werden Quereinsteiger ohne jede pädagogische Vorbildung in die Klassen geschickt. Historiker und Politologen nennen solche Momente gern »revolutionär«. Ein Gesellschaftssystem hat es nicht vermocht, seine Pflicht zu erfüllen. Plötzlich kommt Unvorhersehbares hinzu. Das Alte stürzt zusammen, Neues könnte entstehen.

Das Versagen der Kultusminister

Für das deutsche Schulsystem bedeutet die Fluchtbewegung der 2010er-Jahre keine Katastrophe, sondern sie ist ein Geschenk. Einem Land, das an Überalterung und Fachkräftemangel leidet, eröffnet die Zuwanderung junger schulpflichtiger Menschen neue Perspektiven – gerade *weil* es Hunderttausende sind. Schulen auf dem Land etwa müssen nicht geschlossen werden. Das Ausbildungssystem erlebt, wie gesehen, nach Jahren des Dauersinkflugs eine Trendwende bei der Zahl neuer Lehrverträge.

Dass die Schulminister diese Chance nicht nutzten, sondern mit Minimalismus meistern wollten, kann niemanden überraschen. Ihre Zögerlichkeit, um nicht zu sagen Untätigkeit ist nur ein weiteres Beispiel dafür, wie die Bildungsrepublik seit Jahrzehnten geführt wird: langsam, geizig, planlos, ja chaotisch. Das Muster zieht sich quer durch alle Felder des Schul- und Hochschulwesens. Es ist seit der viel beschworenen ersten Bildungsexpansion der 1970er-Jahre stets dasselbe: In den Sonntagsreden ist Bildung der einzige Rohstoff des Landes, den Finanzministern aber dient sie als Sparbüchse. Die Schulen werden im Stich gelassen.

Es war 1964, als Georg Picht mit seiner legendären Artikelserie »Die deutsche Bildungskatastrophe« die Politik wachrüttelte. Der Schulleiter und Theologe bemängelte, dass zu wenig Hochqualifizierte ausgebildet würden. Künftig sollten »die Bildungsgüter, die bisher nur einer kleinen, privilegierten Schicht zugutekamen, allen zugänglich werden«.[4] Im Jahr darauf legte der berühmte Soziologe Ralf Dahrendorf mit seiner Schrift *Bildung ist Bürgerrecht* nach.[5] Die Politik nahm die Impulse seinerzeit auf und verkündete die Öffnung der Hochschulen. Das war historisch. Im Rückblick betrachtet hat die Politik den Bildungsaufbruch allerdings nur für kurze Zeit nachhaltig unterstützt. Entsprechend groß ist der Investitionsbedarf heute. Im Frühjahr 2018 ging man zum Beispiel allein für den Bau und die Sanierung der Hochschulen von einem akuten Finanzbedarf von 40 Milliarden Euro aus. Die Wiederherstellung annehmbarer Schulgebäude würde rund 34 Milliarden Euro kosten, schätzt die Kreditanstalt für Wiederaufbau. Bildung reimt sich hierzulande nicht auf Bürgerrecht, sondern auf Sanierung, Verwahrlosung und Verantwortungslosigkeit.

Genau in dieser Phase findet nun ein historischer Umbau des Schulwesens statt. Im Vergleich zu den 1970er-Jahren werden die Tore zu Abitur und Bildungsaufstieg heute weit geöffnet. Das sehen Ökonomen und Bildungssoziologen – wie einst Picht und Dahrendorf – als Gewinn für eine Gesellschaft an. Allein, diese Bildungsrevolution haben die Kultusminister nicht im Wortsinne geplant, sie ist ihnen irgendwie passiert. (Wahrscheinlich ist das der Grund, dass sie bisher ganz gut geklappt hat.) Wir erleben die zweite und dritte Bildungsexpansion: Dem Abiturboom der 2010er-Jahre wird in absehbarer Zeit ein neuerlicher folgen. Nur wird das Gros der Abiturienten dann nicht von den Gymnasien, sondern von integrativen Schulen kommen. Ausgerechnet jene Schulform, der viele in den 1980ern die Pest an den Hals wünschten, floriert gerade: die Gesamtschule in ihrer neuen, radikaleren Form der Gemeinschaftsschule, die die undemokratische Trennung der Kinder in den Schulen endlich abschafft.

Dieser strukturelle Wandel von Schule und Lernidee steht in seiner Bedeutung auf einer Stufe mit der Einführung der Schulpflicht anno 1763 und der ersten Definition des Abiturs im Jahre 1834. Er wird nicht nur das Bildungssystem, sondern die ganze Republik verändern. Zum einen, weil das prägende Bildungszertifikat, das Abitur, an viel mehr Schüler als bisher vergeben wird. Und zweitens, weil das Abitur von anderen Institutionen als dem klassischen Gymnasium an ganz andere soziale Milieus als das Bildungsbürgertum verliehen wird. Wenn man bedenkt, dass bereits der Abi-Boom seit 2010, angetrieben von Mahnungen Julian Nida-Rümelins, die Öffentlichkeit in größte Verzweiflung über den *Akademisierungswahn*[6] stürzt, dann kann man sich ausmalen, was das neue *Slow Abi* in Wirtschaft und Gesellschaft alles auslösen wird. Steigende Bildungschancen und Prestigegewinne hier, Konkurrenzkämpfe und Statusverluste dort – das Buddenbrook'sche Gesellschaftsdrama von Aufstieg und Fall bürgerlicher Familien wird bald neu geschrieben. Es gibt keinen besseren Anzeiger dafür als die unheimliche Nervosität der Eltern.

Vier große Entwicklungen

Die beiden Post-Pisa-Jahrzehnte sind von vier einschneidenden sozialen und technologischen Veränderungen geprägt. Es sind, in dieser Reihenfolge und einander überlappend, der Abitur-Boom, die Inklusion von Kindern mit Handicaps, die Zuwanderung von Geflüchteten aus aller Welt und die Digitalisierung. Wer sich diese Phänomene genauer ansieht, wird zunächst den Eindruck gewinnen: Die haben nichts miteinander zu tun, außer dass sie alle auf einmal stattfinden. In Wahrheit aber haben die großen Entwicklungen zwei Gemeinsamkeiten.

Erstens entspringt der oft zu beobachtende Widerstand gegen sie dem gleichen überholten Verständnis von Schule: der Homogenitätsidee. Lerngruppen sollen möglichst homogen sortiert sein – und Schulen daher nach Leistung gegliedert werden.

Zweitens gibt es auf alle vier Entwicklungen eine gemeinsame pädagogische Antwort: die Akzeptanz heterogener Lerngruppen und eines anderen, individuellen Lernstils.

Vielfalt, auf Neudeutsch Diversität, ist etwas, was die Deutschen in ihrem Schulsystem über Jahrhunderte durch eine so perfekte wie rigide Auslese vermieden haben. Homogenität im Klassenraum, fabriziert durch die große Sortiermaschine Dreigliedrigkeit plus Sonderschule, bedeutet Uniformität im Lernarrangement: Frontalunterricht ist das alles beherrschende Unterrichtsformat und *das* Kennzeichen der wahren Einheitsschule.

Nur ist die Heterogenität nun nicht mehr zu verhindern. So unterschiedlich sich die vier großen Faktoren im Detail gestalten, so bedeuten Abi-Boom, Inklusion, Zuwanderung und Digitalisierung pädagogisch doch alle das Gleiche: eine Mischung der Bildungseinrichtungen mit ganz verschiedenen Gruppen – und ein anderes Lernen. Die Öffnung ist beispiellos in ihrer Dimension. Und sie ist alternativlos in ihrer historischen Faktizität. Die Öffnung der Gymnasien für neue soziale Schichten ist nicht mehr umkehrbar. Wollte eine Partei wagen, den Elternwillen bei der Schulwahl wieder einzuschränken, würde sie sofort Stimmen verlieren oder gar abgewählt werden. Die Inklusion stellt ein verbrieftes Menschenrecht dar, ist also letztlich nicht verhandelbar, wenn man kein Schurkenstaat sein will. Flucht und Migration treten nicht als singuläres Ereignis des Jahres 2015 auf, sondern als dauerhafte weltpolitische Herausforderung, die sich selbst durch Abschottung nicht nachhaltig eindämmen lassen wird. Und die Digitalisierung wiederum ist eine der großen industriellen Revolutionen – sie bedeutet so viel wie Buchdruck, Dampfmaschine und Taylorisierung auf einmal. Die Frage ist nicht, *ob* der Online-Tsunami die Schulen erfasst, sondern *wann* das geschehen wird. Die Schulen werden unweigerlich mit all diesen historischen Prozessen konfrontiert. Mit ihren gegliederten Schulformen aber können sie nicht adäquat damit umgehen; dafür ist ihre Anordnung zu starr.

Das ist die schlechte Nachricht. Die gute lautet: Die nicht von der KMK bestimmten Teile des Schulsystems sind viel flexibler als erwartet. Manche Schulformen sind auf den Wandel schon ganz gut vorbereitet.

Anders lernen ist der Schlüssel

Wenn Schule mit Heterogenität umgehen will, braucht sie ein anderes Lernarrangement als das aus dem berühmten Film *Feuerzangenbowle*. Sieht man sich das Format Klassenzimmer an, so hat es sich an erfolgreichen Schulen bereits in vielfältige Lernräume ausdifferenziert. Außer dem Gymnasium haben sich praktisch alle Schulformen darauf eingelassen – einlassen müssen.

Am stärksten ist das in Reformschulen, manchen Privatschulen, Grundschulen und den neuen Gemeinschaftsschulen der Fall. Sie praktizieren häufig schon einen individuellen Lernstil, der die Schüler aktiver mit einbezieht. Digitale Lernformate lassen sich dort viel leichter in den Unterricht integrieren. Die Digitalapostel nennen individuelles Lernen gern ein brandneues Konzept. In Wahrheit existiert die Idee schon lange. In Deutschland hat sie mit Friedrich Fröbel, Wilhelm von Humboldt, Georg Kerschensteiner, Martin Wagenschein, Berthold Otto, Hartmut von Hentig und anderen eine starke Tradition. Die Digitalisierung der Schule, genauer: das digitale Lernen ist auf Individualisierung angewiesen. Gleichzeitig heizt sie den Prozess weiter an: Schüler werden letztlich von Konsumenten zu Produzenten, und auch die Rolle der Lehrer ändert sich – Entwicklungen, die digitale Lerninstrumente forcieren.

Zwei große Fragen stellen sich in diesem Zusammenhang:
Erstens, wie kommt das neue Lernen in die alten Regelschulen?

Zweitens, hat Individualisierung beim Lernen vielleicht auch eine Kehrseite?

Um in den Schulen eine neue Lernkultur zu begründen, ist Schulentwicklung der entscheidende Prozess. Er wird häufig nicht durch die Kultusbürokratien befördert, selbst da nicht, wo sie dies beabsichtigen. Schulentwicklung ist ein eigensinniger Vorgang, da jede Schule dank ihres Konzepts, ihrer Lehrerschaft und ihres sozialen Umfelds ein beinahe einzigartiges Gebilde darstellt. So wie sich manche Reform- und Privatschulen bewusst eigenständig auf den Weg gemacht haben, weil sie von oben gebremst oder gegängelt wurden, bräuchte es so etwas wie eine anti-etatistische Reform der Regelschule: Nicht der Staat soll Schule machen, sondern die Gesellschaft. Aus der Inklusion kann man viel über Schulentwicklung lernen. Es gibt Beispiele gelungener Inklusion, und dabei handelt es sich oft um Schulen, in denen engagierte Lehrer die Inklusion von unten vorangetrieben haben. Analysiert man misslungene Reformprozesse, so sind sie oft deswegen gescheitert, weil die Veränderung von oben nach unten durchgesetzt werden sollte. Von unten sind sehr viele gut funktionierende Inklusionsschulen entwickelt worden. Kaum wird der Prozess jedoch flächendeckend umgesetzt, funktioniert oft (fast) nichts mehr.

Eine neue Schulkultur lässt sich folglich nicht so einfach von außen in eine Einrichtung hineinbefehlen. Das gilt für die Inklusion genau wie für digitales Lernen, das einen ähnlich tief greifenden Wandel benötigt. Letztlich hängen erfolgreiche Schulentwicklungen also vom Engagement der Schulgemeinden ab. Sie selbst können am meisten bewirken – unterstützt, aber nicht bevormundet von der Schuladministration. Die sollte den Akteuren vor Ort besser personell und konzeptionell Hilfestellung leisten.

Reformerische Schulen zeigen schon lange, wie man mit Schülern individuell lernen kann. Lernen für den einzelnen Schüler findet oft nicht mehr in festen Klassenstrukturen statt, sondern in vielfältigen Lernräumen, in Projekten in oder außerhalb der Schule und bei großen Exkursionen. Nun erweitern digitale Lerninstrumente und -plattformen diese Freiheit weiter. Mit dem Tablet, um nur ein Beispiel zu nennen, kann der Schüler von überall her mit seiner Klasse zusammenarbeiten.

Die so gewonnene Freiheit bietet zahllose Möglichkeiten – birgt aber auch Nachteile. Bei der großen Freiheit kann etwas verloren gehen, was viele Schüler brauchen: das Gefühl von Sicherheit, den Zusammenhalt der Gruppe. Zu wissen, zu wem man gehört, welche Lerngruppe und welcher Lehrer als Fachmann und erwachsene Bezugsperson für einen da sind, das wird immer wichtiger, je flexibler das Lernen wird. »Dass wir alle zusammengehören, dass wir ein gemeinsames Projekt bewältigen, zu dem jeder einen individuellen Beitrag leistet, ist ein unverzichtbarer Aspekt des Lernens«, sagt Studienrat René Scheppler von der Helene-Lange-Schule in Wiesbaden. »Das Projekt, also das Ganze ist mindestens so wichtig wie die Leistung des Einzelnen.«[7] Grundschulen wissen das, da sie unter den Regelschulen bereits am längsten mit Individualisierung arbeiten. Sie bauen daher ganz gezielt Sicherheiten in Form von Wiederholungen ein: Rituale, Stammgruppen, Morgenkreise. In der Grundschule Kleine Kielstraße in Dortmund etwa lernen Schüler so frei wie wohl nirgendwo sonst in der Republik – aber die Klassenzimmer sehen alle vollkommen gleich aus: Die Leseecke, die Bänke für den Gesprächskreis, die Boxen für das Lernmaterial, die laminierten Poster mit den Klassenregeln und so weiter sind in jedem Raum gleich angeordnet. Die Erst- und Zweitklässler, die klassenübergreifend lernen, sollen eine feste Umgebung vorfinden, um mit dem Kopf möglichst frei agieren zu können. Sicherheit ist die Bedingung für Freiheit.

Das individuelle Lernen ist, genau besehen, nicht nur eine Pädagogik, die dem Einzelnen besonders gerecht wird – es kann auch auf den Weg in eine Einsamkeit führen, die entwicklungspsychologischen Erkenntnissen für gutes Lernen widerspricht. Es enthält auch ein Moment ökonomischer Verwertbarkeit. Es bereitet Kinder von Anfang an darauf vor, das Maximale aus sich herauszuholen. Insofern ist die Gemeinschaftsschule die wahre, verschärfte Leistungsschmiede. Daher gilt besonders für individuelles Lernen: Schule darf nicht nur fordern, sie muss auch immer fördern und sozialen Zusammenhalt schaffen.

Lerner wollen nämlich nicht nur Einzelkämpfer sein, die Mitschülern vorauseilen, ständig die Gruppen wechseln oder gar Klassen überspringen. Sie wollen eine Bezugsgruppe haben und sich geborgen fühlen. »Der Job des Lehrers besteht darin, eine räumliche und zeitliche Umgebung herzustellen, in der sich der Einzelne sicher, wertgeschätzt und beschützt fühlt, um sich auf das Abenteuer des Lernens einzulassen«, sagt Scheppler, der seit vielen Jahren an einer der bekanntesten Reformschulen des Landes arbeitet. Lernen, sagt er, sei ein enorm anstrengender Vorgang. »Lernen bedeutet, Fehler machen zu dürfen, es heißt, Unbekanntes zu erobern, es heißt, sich woanders hin zu entwickeln, es heißt, Überzeugungen infrage zu stellen.« Für dieses Abenteuer brauchten Schüler zuverlässige Begleiter.

René Scheppler ist ein großer Anhänger digitaler Methoden. Seit Jahren arbeitet er mit Tablets, Pads, Blogs und so weiter. Aber er weiß auch um deren Risiken und Nebenwirkungen. Die größte Gefahr besteht seiner Ansicht nach darin, dass eine digitalisierte Schule das individuelle Lernen für andere als pädagogische Zwecke benutzt – also Leistung einseitig in den Vordergrund stellt, Daten sammelt oder Schulen zu Produktionsstätten für Dritte macht. Das heißt, nicht mehr das Kind steht im Mittelpunkt, sondern die digitale Methode und die durch sie hervorgebrachte Leistung. Digitales Lernen drängt durch das Überschreiten der Raum- und Zeitgrenzen stets danach, den Klassenraum als didaktischen Raum zu sprengen – und den sozialen gleich mit. »Beim Individualisieren durch Rechner ist die Gefahr groß, dass sowohl das Soziale als auch das Gesamtprojekt völlig egal wird«, sagt Scheppler. »Was übrig bleibt, ist eine kalte, seiner sozialen Seite entkleidete Pädagogik.« Die Verantwortung des Pädagogen werde bei Anwendung digitaler Methoden deshalb größer, nicht kleiner. Das gelte gerade, weil Digitalisierung oft auch ein Geschäft ist, bei dem große Konzerne (mit)verdienen oder biografische und Lerndaten gewinnen wollen.

Das Gymnasium war bisher von der Individualisierung noch am wenigsten betroffen. Es konnte seine vergleichsweise homogene Schülerschaft oft weiter im Gleichschritt führen. Frontalunterricht ist nach wie vor *die* Lehrmethode der Gymnasiallehrer. Was bedeutet das für den Fall der Digitalisierung, der auch das Gymnasium nicht ausweichen kann?

Gymnasium, sei unpraktisch!

Das Gymnasium war lange Zeit jene Schulform, die sich von gesellschaftlichen Entwicklungen abschottete. Das ist im Gefolge der Pisa-Studien nicht mehr gelungen. Der Wert des Abiturs ist gesunken, weil die Hochschulreife zur Massenware geworden ist. Das muss man nicht beklagen, aber darin liegt ein marktbestimmter Effekt, der eine eigene Logik hat: Inflation heißt Abwertung. Das Gymnasium hat auch durch seine zum Teil rigide Ablehnung der Inklusion Schaden genommen. Lehrer der Anstalt lehnen dieses Menschenrecht immer wieder ab, ja es wird nun sogar, wie in Kapitel 6 gezeigt, gegen das völkerrechtlich abgesegnete Prinzip geklagt. Die nachhaltigste Beschädigung erleidet das Gymnasium sicher durch die chaotische und unpädagogische Verkürzung und Wiederverlängerung der Lernzeit bis zum Abitur.

Gleichzeitig erweist sich das Gymnasium als extrem robust. Es beherbergt nach der Grundschule die meisten Schüler, knapp 2,2 Millionen. Es stellt überdies historisch die wichtigste deutsche Schule dar. Das gymnasiale Lernmodell ist tief in der deutschen pädagogischen Tradition verankert. Der Status des Gymnasiums ist durch das Festlegen der Abiturstandards am besten und stärksten kodifiziert. Seit 1834 ist das ein dauernder Prozess, der die pädagogische Leitwährung immer wieder neu justiert, sei es in der Gleichstellung der Gymnasien in der Reichsschulkonferenz von 1900, sei es mit dem Hamburger Abkommen von 1964 oder durch die 1972 eingeführte Kollegstufe. Die gesellschaftliche Anerkennung des Abiturs ist nach wie vor überragend. Die Marke Gymnasium zieht. Das Abitur ist die Mutter aller Bildungszertifikate, Eintrittskarte zu den Hochschulen, Goldstandard unter den Schulabschlüssen, Grundvoraussetzung für gesellschaftliche Anerkennung.

Die Geschichte des Gymnasiums ist zugleich eine ewige Auseinandersetzung zwischen dem humanistischen Gymnasium und den Realgymnasien. Lange Zeit hielt sich das humanistische für das bestimmende Gymnasium. Im Laufe der Zeit freilich haben die – wie man es früher nannte – Realien die philosophischen und geistigen Fächer an den Rand gedrängt. Zunehmend wurde auch das Gymnasium zu einer praktischeren Anstalt, als es je sein wollte.

Die Digitalisierung des Gymnasiums wird diesen Prozess der

Praxisorientierung verstärken. Das Gymnasium wird förmlich überschwemmt werden von den digitalen Tools, Plattformen und Gadgets, den Apps und Smartboards. Das kann man an der Schüleraufgabe Präsentation sehen, die immer häufiger die Klausur ersetzt. Die dafür verwendeten unzähligen digitalen Präsentationsmethoden werden immer bunter, kurzatmiger und deskriptiver. Sie hinterfragen Wirklichkeit nicht, sondern verdoppeln sie. Im Netz zusammengegoogelte Referate fischen schnell im Trüben problematischer Quellen. Im schlimmsten Fall könnte aus dem *Gymnasion* als der alten Turnstätte von Körper und Geist eine mit Tablets und Gadgets zugestellte Technikhalle für onlinesüchtige Teenager werden.

Dabei ist das Gymnasium eigentlich alles andere als praktisch. Es ist so theoretisch, dass es manche zum Schreien finden. »Ich bin fast 18 und hab keine Ahnung von Steuern, Miete oder Versicherungen«, klagte eine Kölner Abiturientin. »Aber ich kann 'ne Gedichtsanalyse schreiben. In 4 Sprachen.«[8] Dem Post – vom Twitteraccount @nainablabla gesendet – folgte maximale öffentliche Empörung darüber, wie das Gymnasium nur Gedichtinterpretation verlangen könne! Vielleicht liegt in dieser Anekdote auch so etwas wie eine Erklärung für den Zustand des Gymnasiums.

Wenn das Gymnasium dem Ruf nach noch mehr Praxis folgen würde, dann wäre es um die wichtigste deutsche Schule geschehen. Retten kann sie sicherlich nicht eine weitere Entwicklung hin zu einer Berufsanstalt. Das Gymnasium muss sich auf das besinnen, was es – eigentlich – am besten kann: seine aus der digitalen Zeit fallende Tiefenschärfe und das Disziplinenwissen seiner Lehrer wertzuschätzen. Das Gymnasium kann kraft seiner fachlichen Autorität und seiner kritischen Grundhaltung viele der Veränderungen besser begreifen als der einzelne Schüler der Generation, die »always on« genannt wird, weil sie ihre Smartphones praktisch nicht mehr abschaltet.

Das heißt: Digitalisierung braucht nicht mehr Realien, sondern mehr Reflexion. Das Gymnasium geht dann zugrunde, wenn es zu praktisch wird.

Der Humboldt-Code

»Die Digitalisierung ins Gymnasium einzubeziehen bedeutet vor allem, die inhaltlichen Implikationen dieses Gesellschaftswandels zu thematisieren«, sagt der Bühler Gymnasiallehrer Bob Blume.[9] Er entwirft ein didaktisches Programm, mit dem Schule Digitalisierung verstehen und kritisch reflektieren könnte. Blume will nicht zuerst die Gadgets und Geräte ins Gymnasium importieren – was viele als Voraussetzung für digitales Lernen betrachten. Ihm ist es wichtig, die Folgen der Digitalisierung mit seinen Schülern zum Thema zu machen, »und zwar in dem Maße, in dem die Digitalisierung selbst die Gesellschaft bestimmt«. Das Gymnasium als Ort des Diskurses über das Digitale.

Blumes Ausgangspunkt ist der nach wie vor gültige und durch das Abitur dokumentierte Anspruch des Gymnasiums: dass es Bildung als Allgemeinbildung begreift, die zu universitärem Studieren befähigen soll. »Wenn wir das wollen, dann müssen wir offen sein für kulturelle Entwicklungen, die von der Digitalisierung beeinflusst sind.« Für Blume bedeutet das aber gerade keine Abkehr von klassischen Stoffen. Wer das wolle, der gebe das gymnasiale Selbstverständnis auf. Gerade in digitalen Zeiten. »Um zu gestalten, brauchen wir mathematisches Verständnis, biologische Tiefsicht und die Klassiker der Literatur. Es bedeutet, nicht nur den isolierten Gegenstand in seiner Tiefe zu betrachten, sondern auch die Wechselwirkung zwischen ihm und dem

Lernenden zu reflektieren.« Nach der Idee des humanistischen Gymnasiums lernt der Schüler durch die Auseinandersetzung mit einem Lerngegenstand, egal ob es sich dabei um Mathematik, eine Fremdsprache oder konkrete Gegenstände und Fertigkeiten handelt. Es entsteht eine Wechselwirkung, indem der Schüler sich mit dem Gegenstand befasst, ihn durchdringt und hinterfragt. Dieser Vorgang ist das zentrale Moment höherer Bildung. Studienrat Blume ist wie René Scheppler ein Fan des Digitalen – aber er ist kein Anhänger des kritiklosen Einsatzes von Geräten, Apps und Plattformen. »Mir ist es wichtig, dass das digitale Lernen nicht zu einem ›Einfach so‹-Lernen heruntergewirtschaftet wird. Man kann nicht alles zusammengoogeln und irgendetwas aufschreiben«, sagt er. Ihm sei ein Feuerwerk an Power-Point-Karaokes nicht genug. »Ich möchte digitales Arbeiten in einem gymnasialen Setting machen.« Damit wird die kritisch-reflexive Funktion des Gymnasiums stark gemacht.

Was Bob Blume da sagt, ist so etwas wie die moderne Anwendung der Gedanken eines Herrn, der für das Gymnasium nicht unwichtig ist. Die Rede ist von Wilhelm von Humboldt, dem Erfinder des (neu-)humanistischen Gymnasiums. Dessen grundlegende Idee von Bildung bedeutet, dass sich Persönlichkeit in der gedanklichen Auseinandersetzung mit dem Gegenstand herausbildet – und sich in Urteilsfähigkeit ausdrückt. Humboldts Codes sind tief in das Rückenmark deutscher Studienräte wie auch der Gesellschaft eingesickert; keine Bildungsrede ohne Verweis auf Humboldts Einsamkeit und Freiheit des Studierenden. Doch auch wenn seine Formeln aus einer anderen Zeit stammen, klingt seine Beschreibung des Lernens am Gymnasium und seines Anspruchs so, als wäre sie um 1800 für den Umgang der heutigen Schule mit der Digitalisierung gedacht. Freiheit und Individualität des einzelnen Schülers führen nach Humboldt dann zu Persönlichkeit und Weltverstehen, wenn sie in Eigentätigkeit die äußere Umwelt zum Forschungsgegenstand machen. »Allein wenn dieser Gegenstand genügen soll«, schreibt Humboldt in seiner Bildungstheorie, »so muss er der Gegenstand schlechthin, die Welt seyn.«[10] Das ist, in die heutige Zeit übersetzt, ein Projekt »Jugend forscht«, das an den Umständen und Erscheinungen der Digitalisierung lernt.

Höchster Bildungswert des Einzelnen ist nach dem, wenn man so will, ersten Kultusminister Preußens die Individualität. »Das also, worauf die ganze Größe des Menschen zuletzt beruht«, schreibt er, »ist Eigentümlichkeit der Kraft und der Bildung.«[11] Sie entstehe besonders da, wo die »Freiheit des Handlens und Mannigfaltigkeit der Handlenden gewirkt wird«, und »so bringt sie beides wiederum hervor«. Die Mannigfaltigkeit der Lernenden – poetischer kann man heterogene Lerngruppen kaum beschreiben. Selbst die leblose Natur, so philosophiert er in seinen *Ideen zu einem Versuch, die Grenzen der Wirksamkeit des Staates zu bestimmen*, erscheine dem *eigen*gebildeten Menschen eigentümlicher. »Er trägt gleichsam sich selbst in sie hinüber, und so ist es im höchsten Verstande wahr, daß jeder immer in eben dem Grade Fülle und Schönheit außer sich wahrnimmt, in welchem er beide im eignen Busen bewahrt.« Am besten funktioniere das dort, »wo der Mensch nicht bloß empfindet und äußere Eindrücke auffaßt, sondern selbst tätig wird«. Oder anders gesagt: Feldforschung von Pennälern ist zunächst nicht dazu da, einen Job kennenzulernen, sondern selbsttätig Material zu sammeln, um mit kritischen Geistern und schlauen Studienräten über den Zustand der Gesellschaft zu räsonieren.

Dafür hat Schule unbegrenzte Möglichkeiten – wenn sie Humboldts Forscherauftrag als kritische Inspektion der Wirklichkeit praktiziert. Das könnte zum Beispiel ein Ausflug zu einem der neuen Google-Labs sein, in dessen Anschluss man mit den Schülern die Datenspuren identifiziert, welche die Suchmaschine von jedem Einzelnen anlegt. Oder man könnte in der Schule ein Smartphone hacken, analysieren, aus welchen Rohstoffen es besteht und unter welchen Arbeitsbedingungen das Gerät zusammengebaut worden ist, für das Schüler bis zu 1000 Euro bezahlen. Oder man könnte in der Schule über die Bedeutung von WhatsApp für die Kommunikation der Jugendlichen (und des Klassenchats) sprechen – und mit einem »Chaos-macht-Schule«-Team des Chaos Computer Clubs herausfinden, was die Allgemeinen Geschäftsbedingungen von WhatsApp für den Datenabfluss aus den Smartphones der Schüler bedeuten. Oder man könnte mit einer Kinderschutzeinrichtung untersuchen, wie Mobbing und Grooming auf Chatplattformen für Kinder stattfinden – und wer sich alles nicht darum kümmert: die Plattformanbieter, die Jugendschützer, die Polizei und schon gar nicht die Eltern.

All das kann jede Schule machen. Aber keine Schule ist im selben Maße wie die gymnasiale Oberstufe in der Lage, darüber zu diskutieren, was das eigentlich bedeutet. Der Grundschulpädagoge Thomas Irion mutet es – wie erwähnt – Sechs- bis Zehnjährigen in der Grundschule zu, kritisch über die Digitalisierung zu reflektieren. Solche Mündigkeitsfantasien äußern viele, Grundschüler sollen auch Programmieren lernen und so für Algorithmen fit gemacht werden. Diese Vorstellung ist abwegig, denn mit solchen Erwartungen überfordert man Grundschüler. Sie können der Gesellschaft nicht das kritische Denken abnehmen.

Das Philosophieren ist vielmehr die alte Tugend des Humboldt'schen Gymnasiums, aber sie ist in Vergessenheit geraten. Genau sie indes könnte Lehrern helfen, sich zusammen mit ihren Schülern aus einem Sumpf von Semesterwochenstunden und Klausuren zu ziehen, in den sie skrupellose Landesfürsten, unfähige Kultusminister und nervöse Eltern getrieben haben. Das Gymnasium muss endlich wieder tun, was es in seiner 200-jährigen Geschichte stets am besten konnte – nur diesmal mit den Schülern zusammen.

Das ist keine kleine Neuerung – denn seine Eleven einzubeziehen, um die äußere Welt zu erkunden, haben die Gymnasiallehrer schnell wieder vergessen, nachdem Humboldt im Jahr 1810 nach nur 16 Monaten Amtszeit das preußische Ministerium verließ. Mit Humboldts Weggang blieb eine Bestimmung des Gymnasiums unentwickelt, die heute wichtig ist.

Das Gymnasium muss seine Schüler dabei nicht zu Handwerkern und Produzenten von Sachen machen. Das ist die verführerische Idee, die ihm manche Digitalisierer einreden wollen. Makerspaces sind interessante Orte der Begeisterung. Abiturienten aber sollen vor allem zu Mitdenkenden im besten Humboldt'schen Sinne werden. Die reale Entwicklung der Schulen in den letzten zwanzig Jahren lässt sich gewissermaßen zu einem Tauschgeschäft zwischen den Gymnasien und den in großer Zahl entstehenden Gemeinschaftsschulen nutzen. Das Gymnasium lernt von den großen Projekten der integrativen Schulen die Welterkundung; und die Gemeinschaftsschulen gucken sich beim Gymnasium ab, dass solche Projekte nicht allein dazu da sind, Orte kennenzulernen, sondern sie zu hinterfragen und kritisch zu betrachten.

Keine Frage: Das Gymnasium kann nicht so bleiben, wie es ist. Aber es muss auch nicht so werden, wie es viele Verfechter der Digitalisierung fordern. Es muss seine geschlossene Form an Stellen öffnen, die Humboldt einst dem Gymnasium als der Oberstufe einer Schule für alle aufgetragen hat: mehr aktive Beteiligung der Schüler und mehr Auseinandersetzung mit der (digitalen) Welt. Nicht um sie zu kopieren, sondern um sie kritisch zu reflektieren. Auf diese Weise könnte ein Gymnasium 2.0 genau wie die Oberstufe der Gemeinschaftsschule mit Schülern zusammen eine digitale Zukunft entwickeln – anstatt sie zu paralysierten Nerds zu erziehen, wie das viele technikergebene und der Digitalisierung kritiklos gegenüberstehende Eltern tun. Statt die stärksten Schüler des Jahrgangs zu Smartphone-Käufern zu machen, kann das Gymnasium helfen, kritische Geister zu formen, die auf dem Scheitelpunkt der Digitalisierungswelle surfen – und eben nicht in ihren Untiefen untergehen.

Wer das Gymnasium retten will, der muss es also pädagogischer, vielfältiger und ja: *unpraktischer* machen. Das Gymnasium repräsentiert nämlich Tugenden, die einerseits für das digitale Lernen zu langsam und zu tiefsinnig sind, andererseits aber dessen denkbar besten Gegengewichte wären. Tugenden, die nicht unter digitaler Massenware verschüttgehen dürfen.

Vielleicht ist das die große Ironie der Reformabstinenz, die das Gymnasium seit Jahrhunderten gekennzeichnet hat. Weil es sich in einem gegliederten Schulsystem auf das sokratische Gespräch mit einer kleinen, ausgewählten Gruppe konzentriert hat, konnte es sich viel von seiner elitären Gründlichkeit, Tiefe und Langsamkeit bewahren. Wenn es sich jetzt nicht völlig verweigert, sondern die Digitalisierung auf kluge Weise zu seinem Thema macht, dann kann die wichtigste deutsche Schule ein wertvolles Gegengewicht zu Beschleunigung, Vereinsamung und Individualisierung darstellen. Und so eine Schule erschaffen, die wieder über die Welt nachdenkt.

ÜBERSICHT INFOKÄSTEN

Seite 20   Ist die Privatschule eine gute Alternative?
Seite 50   Im Labyrinth der Schulformen
Seite 64   Woran erkenne ich ein sanftes Abi?
Seite 82   Ist »Kuschelpädagogik« gefährlich?
Seite 104   Abiturienten gut beraten
Seite 126   Traumjob Lehrer?
Seite 148   Wie ein gutes Lernprojekt aussieht
Seite 176   Gibt es digitale Mündigkeit?

ANMERKUNGEN

Einleitung

1 Christopher F. Schuetze, »Thousands of German Students Protest ›Unfair‹ English Exam«, *New York Times*, 5.5.2018, https://www.nytimes.com/2018/05/05/world/europe/germany-english-test-abitur.html (zuletzt abgerufen am 25.6.2018).

2 »Dummkopf!«, *Economist*, 13.12.2001, https://www.economist.com/europe/2001/12/13/dummkopf (zuletzt abgerufen am 25.6.2018).

3 Bärbel Krauß, »Eine nationale Katastrophe«, *Stuttgarter Zeitung*, 3.12.2001.

1 Flucht ins Abitur

1 Christian Füller, »Rektor soll Abitur-Noten geschönt haben«, *Spiegel Online*, 17.7.2013, http://www.spiegel.de/lebenundlernen/schule/coburger-schuldirektor-soll-abi-noten-nach-oben-korrigiert-haben-a-911334.html (zuletzt abgerufen am 15.1.2018).

2 Manja von Nida, »Abiturienten des Casimirianum sind bereit mutige Schritte zu gehen«, *In Franken*, 28.6.2013, https://www.infranken.de/regional/coburg/Abiturienten-des-Casimirianum-sind-bereit-mutige-Schritte-zu-gehen;art214,468486,::pic628,1045875?_FRAME=1,C,C (zuletzt abgerufen am 7.6.2018).

3 »Gerechtere Noten«: Schuldirektor pimpt Abi-Noten, *RTL*, 22.7.2013, https://www.rtl.de/cms/gerechtere-noten-schuldirektor-pimpt-abi-noten-1573507.html (zuletzt abgerufen am 7.6.2018).

4 »Coburg: Geldstrafe für Direktor des Gymnasiums Casimirianum«, 24. Juni 2014, *TVO: Fernsehen für Oberfranken*, https://www.tvo.de/mediathek/video/coburg-geldstrafe-fuer-direktor-des-gymnasiums-casamirianum/ (zuletzt abgerufen am 2.6.2018).

5 Im Gespräch mit dem Autor, August 2014.

6 Hildgard Bruns, »Riesen-Zoff um Abitur in Berlin und Brandenburg«, *BILD*, 13.12.2016, https://www.bild.de/regional/berlin/allgemeine-hochschulreife/riesen-zoff-um-berliner-und-brandenburger-abitur-49288298.bild.html (zuletzt abgerufen am 3.6.2018).

7 Christine Henry-Huthmacher u.a. (Hg.), *Eltern – Lehrer – Schulerfolg. Wahrnehmungen und Erfahrungen im Schulalltag von Eltern und Lehrern*, Stuttgart 2013, S. 2.

8 Statistisches Bundesamt, *Bildung und Kultur. Private Schulen*, Fachserie 11, Reihe 1.1 Schuljahr 2009/2010, Wiesbaden 2010, S. 148. Und: Statistisches Bundesamt, *Bildung und Kultur. Private Schulen*, Fachserie 11, Reihe 1.1 Schuljahr 2016 / 2017, Wiesbaden 2017, S. 35.

9 Heinz Bude, *Bildungspanik. Was unsere Gesellschaft spaltet*, München 2011.

10 Statistisches Bundesamt, *Bildung und Kultur. Allgemein bildende Schulen*, Fachserie 11, Reihe 1. Schuljahr 2002 / 2003, Wiesbaden 2003, S. 48.

11 Statistisches Bundesamt, *Bildung und Kultur. Allgemein bildende Schulen*, Fachserie 11, Reihe 1. Schuljahr 2016 / 2017, Wiesbaden 2017, S. 43.

12 »Bildungsbericht 2018 in Berlin vorgestellt«, Pressemitteilung BMBF vom 22.6.2018.

13 Im Gespräch mit dem Autor, August 2014.

14 Oliver Nachtwey, *Die Abstiegsgesellschaft. Über das Aufbegehren in der regressiven Moderne*, Berlin 2016.

15 Marco Maurer, *Du bleibst, was du bist. Warum bei uns immer noch die soziale Herkunft entscheidet*, München 2015.

16 Statistisches Bundesamt, »Schulentlassene_Bund_1948_1999« und ders., »Zeitreihe Schülerinnen 1950 / 1960 / 1970«.

17 Petra Lölkes im Gespräch mit dem Autor, September 2014.

18 Statistisches Bundesamt, *Bildung und Kultur. Allgemein bildende Schulen*, Fachserie 11, Reihe 1. Schuljahr 2010 / 2011, Wiesbaden 2011, S. 314.

19 Statistisches Bundesamt, *Bildung und Kultur. Allgemein bildende Schulen*, Fachserie 11, Reihe 1. Schuljahr 2016 / 2017, Wiesbaden 2017, S. 618.

20 Statistisches Bundesamt, »Fast dreimal so viele Integrierte Gesamtschulen wie vor zehn Jahren«, Pressemitteilung Nr. 173 vom 16.5.2018.

21 »PISA-Sonderauswertung zum Schulerfolg sozial benachteiligter Schülerinnen und Schüler: Durch ein geordnetes Lernumfeld können die sozial schwächsten zu den leistungsstärksten gehören«, Pressemitteilung der OECD vom 29. Januar 2018, http://www.oecd.org/berlin/presse/pisa-sonderauswertung-resilienz-29012018.htm (zuletzt abgerufen am 4.6.2018).

22 Baumert, Jürgen, Petra Stanat, Rainer Watermann, »Schulstruktur und die Entstehung differenzieller Lern- und Entwicklungsmilieus«. In: Baumert et al., *Herkunftsbedingte Disparitäten im Bildungswesen. Differenzielle Bildungsprozesse und Probleme der Verteilungsgerechtigkeit*, Wiesbaden 2006, S. 177 (S. 95–188).

2 Sterbende Hauptschule

1 Susanne Vieth-Entus, »Notruf aus Neukölln«, *Der Tagesspiegel*, 30.3.2006, https://www.tagesspiegel.de/berlin/gewalt-an-berliner-schule-notruf-aus-neukoelln/697886.html (zuletzt abgerufen am 7.6.2018).

2 »Der Brandbrief. Dokumentation des Hilferufs aus der Rütli-Schule«, *Der Tagesspiegel*, 30.3.2006, https://www.tagesspiegel.de/berlin/dokumentation-der-brandbrief/698218.html (zuletzt abgerufen am 7.6.2018).

3 Statistisches Bundesamt, »Schulentlassene_Bund_1948_1999« und ders., Zeitreihe Schülerinnen 1950 / 1960 / 1970.

4 »Der Brandbrief«, a.a. O.

5 Baumert et al., »Schulstruktur und die Entstehung differenzieller Lern- und Entwicklungsmilieus«, a. a. O., S. 171.

6 Ebenda, S. 151.

7 Ebenda, S. 171.

8 Harald Martenstein, »Experimente am lernenden Objekt«, *Der Tagesspiegel*, 10.1.2010, https://www.tagesspiegel.de/meinung/bildungspolitik-experimente-am-lernenden-objekt/1622298.html (zuletzt abgerufen am 7.6.2010).

9 »Kinder aus benachteiligten Familien haben massiv Schulprobleme«, *Thüringische Landeszeitung*, 29.11.2011, https://www.tlz.de/web/zgt/leben/detail/-/specific/Kinder-aus-benachteiligten-Familien-haben-massiv-Schulprobleme-1909791103 (zuletzt abgerufen am 6.6.2018).

10 Friedrich II., »Kabinets-Schreiben an den Stats-Minister von Zeydlitz«, 5. September 1779, in: Jürgen Bona Meyer, *Friedrichs des Großen Pädagogische Schriften und Äußerungen*, Langensalza 1885, S. 170.

11 Heike Solga, »Die Zurückgelassenen – Die soziale Verarmung der Lernumwelt von Hauptschülerinnen und Hauptschülern«, in: Rolf Becker und Wolfgang Laudenbach (Hg.), *Bildung als Privileg. Erklärungen und Befunde zu den Ursachen der Bildungsungleichheit*, Wiesbaden 2004, S. 221–251.

12 Friedrich Adolph Wilhelm Diesterweg, »Zur Schulfrage«, in: Diesterweg, *Volksbildung und allgemeine Menschenbildung: Ausgewählte bildungspolitische, sozialpolitische und pädagogische Schriften und Reden in 2 Bänden*, Bd. II, Frankfurt am Main 1989, S. 196.

13 Friedrich Adolph Wilhelm Diesterweg, »Über Inspektion, Stellung und Wesen der neuen (modernen) Volksschule«, in: Diesterweg, *Volksbildung und allgemeine Menschenbildung*, a. a. O., S. 183.

14 »Protokoll einer Verhandlung beim Schulkollegium der Provinz Brandenburg, Berlin. 13. April, 1844«, in: Friedrich Adolph Wilhelm Diesterweg, *Sämtliche Werke*, II. Abteilung, 24. Band: Briefe, Amtliche Schreiben und Lebensdokumente aus den Jahren 1832 bis 1847, hg. von Svenja Schütze, Berlin 2014, S. 419.

15 Diesterweg, »Zur Schulfrage«, in: Diesterweg, *Volksbildung und allgemeine Menschenbildung*, a. a. O., S. 190.

16 Karl Stöcker, *Volksschuleigene Bildungsarbeit. Theorie und Praxis einer volkstümlichen Bildung*, München 1957, S. 98.

17 Herwart Kemper, *Schule und bürgerliche Gesellschaft. Zur Theorie und Geschichte der Schulreform von der Aufklärung bis zur Gegenwart*, Rudolstadt u. Jena 1999, S. 138 ff.

18 Ludolph von Beckedorff, »Beurteilung des Süvernschen Unterrichtsgesetzentwurfs«, in: *Schulreform in Preußen 1809–1819*, Weinheim 1966, S. 225.

19 Mail vom 26. Januar 2018.

20 Eckhard Klieme (Hg.), *Pisa 2009. Bilanz nach einem Jahrzehnt*, Münster 2010, S. 56.

21 Im Gespräch mit dem Autor, Februar 2018.

22 Name geändert, Gespräch mit dem Autor, Februar 2018.

23 Alle Schülernamen im Text wurden geändert, C. F.

24 Gespräch mit dem Autor, Februar 2018.

25 Jürgen Rekus, Dieter Hinz, Volker Ladenthin, *Die Hauptschule. Alltag, Reform, Geschichte, Theorie*, Weinheim und München 1998, S. 217.

26 Ebenda, S. 218.

27 Ebenda, S. 221.

3 Slow Abi: die Lernrevolution

1 Im Gespräch mit dem Autor, Februar 2018.

2 Im Gespräch mit dem Autor, Februar 2018.

3 Im Gespräch mit dem Autor, April 2018.

4 Im Gespräch mit dem Autor, März 2018.

5 Winfried Kretschmann in seiner Rede am 3. Februar bei der Veranstaltung: »Wir feiern: 5 Jahre Gemeinschaftsschule«.

6 Im Gespräch mit dem Autor, Februar 2018.

7 Im Gespräch mit dem Autor, April 2018.

8 Im Gespräch mit dem Autor, Januar 2018.

9 Bei der Festveranstaltung der Grünen am 3. Februar: »Wir feiern: 5 Jahre Gemeinschaftsschule«.

10 Im Gespräch mit dem Autor, März 2018.

11 Im Gespräch mit dem Autor, Februar 2018.

12 Fritz K. Ringer, *Die Gelehrten. Der Niedergang der deutschen Mandarine 1890–1933*, Stuttgart 1983, S. 51.

13 Ebenda, S. 34.

14 Christian Füller, »,Mein Kind first': Wie Eltern gute Schulen verhindern«, *Spiegel Online*, 12. Juni 2009, http://www.spiegel.de/lebenundlernen/schule/mein-kind-first-wie-eltern-gute-schulen-verhindern-a-627628.html (zuletzt abgerufen im April 2018).

15 Beim Festakt der Grünen am 3. Februar 2018: »Wir feiern: 5 Jahre Gemeinschaftsschule«, https://www.gruene-landtag-bw.de/index.php?id=12859 (zuletzt abgerufen am 8.6.2018).

16 Im Gespräch mit dem Autor, November 2016.

17 Ernst Rösner, *Die Einführung von Gemeinschaftsschulen in Schleswig-Holstein. Veränderungen der Schulstruktur als Konsequenz demografischer und gesellschaftlicher Entwicklungen*, Münster u. a. 2008.

18 Im Gespräch mit dem Autor, April 2018.

19 Ernst Rösner, *Hauptschule am Ende. Ein Nachruf*, Münster 2007.

20 Im Gespräch mit dem Autor, April 2018.

21 »Neues Realschulkonzept auf den Weg gebracht«, Homepage des Staatsministeriums Baden-Württemberg, https://www.baden-wuerttemberg.de/de/service/presse/pressemitteilung/pid/neue-realschulkonzept-auf-den-weg-gebracht/ (zuletzt abgerufen am 8.6.2018).

22 Im Gespräch mit dem Autor, März 2018.

23 Im Gespräch mit dem Autor, April 2018.

24 Im Gespräch mit dem Autor, März 2018.

4 Leere Lehrstellen, volle Unis

1 Sabine am Orde und Christian Füller, »Quittung für geringen Einsatz«, *die tageszeitung*, 25.6.2002, http://www.taz.de/!1103005/ (zuletzt abgerufen am 8.6.2018).

2 Autorengruppe Bildungsberichterstattung, *Bildung in Deutschland kompakt 2018*, Bielefeld 2018, S. 11.

3 *Schule, und dann? Herausforderungen bei der Berufsorientierung von Schülern in Deutschland*. Eine Studie des Instituts für Demoskopie Allensbach im Auftrag der Vodafone Stiftung Deutschland, Düsseldorf 2014, https://www.vodafone-stiftung.de/uploads/tx_newsjon/Schule_und_dann.pdf (zuletzt abgerufen am 29.5.2018).

4 Erik Albrecht und Klaus Hurrelmann, »Ausbildung, Beruf, Karriere: wie ›tickt‹ die neue Generation? Die kühnen Vorstellungen der Generation Y«, in: Christine Henry-Huthmacher und Elisabeth Hoffmann (Hg.), *Duale Ausbildung 2020. 19 Fragen & 19 Antworten*, Bonn 2016, S. 15, http://www.kas.de/wf/doc/kas_42233-544-1-30.pdf?150811171345.

5 Im Gespräch mit dem Autor, Juli 2016.

6 Willy Brandt, Regierungserklärung vom 28.10.1969, https://www.willy-brandt.de/fileadmin/brandt/Downloads/Regierungserklaerung_Willy_Brandt_1969.pdf (zuletzt abgerufen am 29.5.2018).

7 Helmut Kohl, 5. März 1993, Rede auf dem bildungspolitischen Kongress der CDU in Wiesbaden, http://www.helmut-kohl.de/index.php?menu_sel=17&menu_sel2=&menu_sel3=&menu_sel4=&msg=1463 (zuletzt abgerufen am 29.5.2018).

8 Gustav Seibt, »Ende einer Lebensform«, *Süddeutsche Zeitung*, 17.5.2010, http://www.sueddeutsche.de/karriere/bachelor-und-masterstudiengaenge-ende-einer-lebensform-1.553485 (zuletzt abgerufen am 29.5.2018).

9 Ulrich Greiner, »Verzweiflung bei den Bachelors«, *Die Zeit*, 6.9.2013, https://www.zeit.de/kultur/2013-09/bolognaprozess-bachelor-misserfolg (zuletzt abgerufen am 29.5.2018).

10 Christian Füller, »Wir haben zwei Studentengenerationen verschlissen«, *Spiegel Online*, 8.12.2009, http://www.spiegel.de/lebenundlernen/uni/herumdoktern-am-bachelor-wir-haben-zwei-studentengenerationen-verschlissen-a-665567.html (zuletzt abgerufen am 29.5.2018).

11 Anna Lehmann und Christian Füller, »Die Bildungsbaustelle«, *die tageszeitung*, 24.9.2011, http://www.taz.de/!238909/ (zuletzt abgerufen am 25.6.2018).

12 Roland Bloch u. a., »Wer lehrt warum? Strukturen und Akteure der akademischen Lehre an deutschen Hochschulen«, Leipzig 2014, http://www.hof.uni-halle.de/web/dateien/pdf/Wer-lehrt-warum.pdf (zuletzt abgerufen am 29.5.2018).

5 Turbo-Abi: die Macht der Eltern

1 »Diese Turbo-Schule ist ... Quatsch«, Interview mit Reinhold Beckmann und Doris Schröder-Köpf, *Stern*, 2.3.2008, https://www.stern.de/politik/deutschland/schulen-diese-turbo-schule-ist-quatsch-3082328.html (zuletzt abgerufen am 11.6.2018).

2 Katrin Sanders, »G8 und das gute Schulklima«, *Deutschlandfunk*, 16.10.2008, http://www.deutschlandfunk.de/g8-und-das-gute-schulklima.680.de.html?dram:article_id=37109 (zuletzt abgerufen am 11.6.2018).

3 Barbara Roth, »Abitur in nur acht Jahren«, *Deutschlandfunk*, 29.5.2008, http://www.deutschlandfunkkultur.de/abitur-in-nur-acht-jahren.1001.de.html?dram:article_id=156552 (zuletzt abgerufen am 11.6.2018).

4 Uli Bachmeier, »Wie alles begann und wohin es führte«, *Augsburger Allgemeine*, 22.2.2017, https://www.augsburger-allgemeine.de/augsburg/Wie-alles-begann-und-wohin-es-fuehrte-id40656871.html (zuletzt abgerufen am 11.6.2018).

5 Ebenda.

6 Josef Karg, »Was macht eigentlich Monika Hohlmeier?«, *Augsburger Allgemeine*, 3.3.2010, https://www.augsburger-allgemeine.de/bayern/Was-macht-eigentlich-Monika-Hohlmeier-id7402136.html (zuletzt abgerufen am 11.6.2018).

7 Auskunft der KMK auf Anfrage des Autors im April 2018, per E-Mail.

8 »Diese Turbo-Schule ist ... Quatsch«, Interview mit Reinhold Beckmann und Doris Schröder-Köpf, a. a. O.

9 Angelika Dietrich, »Jeder kommt durch«, *Die Zeit*, 10.2.2011, https://www.zeit.de/2011/07/C-G9 (zuletzt abgerufen am 11.6.2018).

10 Christian Füller, »Mit dem Turbo-Abi ins Chaos«, *die tageszeitung*, 10.2.2011, http://www.taz.de/!5147915/ (zuletzt abgerufen am 11.6.2018).

11 Sabine Robrecht, »Umsetzung dauert zu lange«, *Westfalenblatt*, 24.3.2018, http://www.westfalenblatt.de/OWL/Kreis-Hoexter/Hoexter/3231460-Rueckkehr-zu-G9-Muetter-fordern-Nachbesserungen-fuer-die-verbleibenden-G8-Jahrgaenge-Umsetzung-dauert-zu-lange (zuletzt abgerufen am 11.6.2018).

12 G9 jetzt! BW. Homepage der G9-Initiative in Baden-Württemberg, http://www.g9-jetzt-bw.de (zuletzt abgerufen am 11.6.2018).

13 Im Gespräch mit dem Autor, April 2014.

14 Ulrich Trautwein u. a., »Konsequenzen der G8-Reform. Eine Studie über Leistungen, Wohlbefinden und Freizeitverhalten von Schülerinnen und Schülern vor und nach der G8-Reform in Baden-Württemberg«, Tübingen, April 2014, https://www.uni-tuebingen.de/index.php?eID=tx_securedownloads&p=41105&u=0&g=0&t=1528821704&hash=d650b781f1fe60f9e29c5bc6ded7c329dc639f28&file=/uploads/media/Studie_Konsequenzen_der_G8-Reform.pdf (zuletzt abgerufen am 11.6.2018).

15 »Der Stress ist da, aber G8 ist nicht der Auslöser«, Interview mit Svenja Mareike Kühn, *Spiegel Online*, 27.3.2014, http://www.spiegel.de/lebenundlernen/schule/g8-stress-kommt-nicht-vom-turbo-abi-a-960958.html. (zuletzt abgerufen am 30.6.2018).

16 Christine Henry-Huthmacher, »Eltern unter Druck: Zusammenfassung der wichtigsten Ergebnisse der Studie«, S. 13, http://www.kas.de/upload/dokumente/2008/02/080227_henry.pdf (zuletzt abgerufen am 11.6.2018).

17 Catrin Boldebuck, »Gute Schulen bekommen G8 gut hin«, *Stern*, 27.3.2014, https://www.stern.de/familie/kinder/pisa-studien-leiter-manfred-prenzel-gute-schulen-bekommen-g8-gut-hin--3408812.html (zuletzt abgerufen am 11.6.2018).

18 Manuel J. Hartung, »Die Eltern verhalten sich postfaktisch«, *Die Zeit*, 3.5.2017, https://www.zeit.de/2017/19/g9-rueckkehr-olaf-koeller-abitur-mythen (zuletzt abgerufen am 11.6.2018).

19 Christian Füller, »Black Box der Unzuständigkeit«, *die tageszeitung*, 30.9.2011, http://www.taz.de/!5110726/ (zuletzt abgerufen am 11.6.2018).

20 Wolfram Hammer und Janina Dietrich, »CDU will zu G9 zurück«, *Lübecker Nachrichten*, 3.2.2017, http://www.ln-online.de/Nachrichten/Politik/Politik-im-Norden/CDU-will-zu-G9-zurueck (zuletzt abgerufen am 11.6.2018).

21 Friedrich Paulsen, *Die deutschen Universitäten und das Universitätsstudium*, Berlin 1902, S. 149.

22 Zeitschrift des VDI Nr. 41, 1891, zit. nach: Eckhard Glöckner, *Zur preußischen Schulreform im Zeitalter des Imperialismus*, Dissertation Johann-Wolfgang-Goethe-Universität, 1974, S. 110.

23 »Aufruf zur Begründung eines ›Deutschen Einheitsschulvereins‹«, *Evangelisches Monatsblatt für die deutsche Schule*, 6, 1886, S. 198–200, S. 198.

24 *Zwischen Ehrgeiz und Überforderung. Bildungsambitionen und Erziehungsziele von Eltern in Deutschland.* Eine Studie des Instituts für Demoskopie Allensbach im Auftrag der Vodafone Stiftung Deutschland, Düsseldorf 2011, S. 22, https://www.vodafone-stiftung.de/uploads/tx_newsjson/zwischen_ehrgeiz_und_ueberforderung.pdf. (zuletzt abgerufen am 11.6.2018).

6 Inklusion: verwehrtes Menschenrecht

1 Jule Schulte, »Gymnasium will keine Kinder mit Behinderung aufnehmen: Das ist Diskriminierung!«, *Neon*, 12.4.2018, https://www.stern.de/neon/wilde-welt/gesellschaft/klage-gegen-stadt-bremen--gymnasium-will-keine-inklusionsklasse-7937872.html (zuletzt abgerufen am 11.6.2018).

2 Ls-rio 12.4.2018, 18:42, Leserbrief zu: Christian Füller, »Ungesundes Volksempfinden«, *Spiegel Online*, 12.4.2018, http://www.spiegel.de/forum/lebenundlernen/gymnasium-gegen-inklusion-ungesundes-volksempfinden-thread-738263-1.html (zuletzt abgerufen am 11.6.2018).

3 Per Mail an den Autor.

4 Christian Füller, »Kinder ohne Chance«, *die tageszeitung*, 5.3.2007, http://www.taz.de/!308510/ (zuletzt abgerufen am 11.6.2018).

5 Heinrich Ernst Stötzner, »Schule für schwachbefähigte Kinder«, in: Sieglind Ellger-Rüttgardt (Hg.), *Lernbehindertenpädagogik*, Weinheim 2003, S. 37–48.

6 Werner Brill, *Pädagogik der Abgrenzung. Die Implementierung der Rassenhygiene im Nationalsozialismus durch die Sonderpädagogik*, Bad Heilbrunn 2011, S. 13 f.

7 Allgemeine Anordnung über die Hilfsschulen in Preußen. Deutsche Wissenschaft, Erziehung und Volksbildung [Elektronische Ressource] / Zeitschriftenband (1938) / Zeitschriftenheft / Artikel / 232 234, http://www.digizeitschriften.de/dms/resolveppn/?PID=ZDB991084217_0004|LOG_0325 (zuletzt abgerufen am 11.6.2018).

8 Brill, *Pädagogik der Abgrenzung*, a. a. O., S. 19.

9 Hans Wocken und Carola Gröhlich, »Kompetenzen von Schülerinnen und Schülern an Hamburger Förderschulen«, in: W. Bos, M. Bonsen & C. Gröhlich (Hg.), *KESS 7 – Kompetenzen und Einstellungen von Schülerinnen und Schülern an Hamburger Schulen zu Beginn der Jahrgangsstufe 7 (HANSE – Hamburger Schriften zur Qualität im Bildungswesen, Bd. 5)*, Münster 2009, S. 133–142.

10 Aktenzeichen 5 O 182/16. Siehe dazu auch Armin Himmelrath, »Ehemaliger Förderschüler erhält Schadensersatz«, *Spiegel Online*, 17.7.2018 http://www.spiegel.de/lebenundlernen/schule/landgericht-koeln-schadensersatz-fuer-ex-foerderschueler-a-1218841.html (zuletzt abgerufen am 19.7.2018)

11 Petra Stanat u. a., »Wo lernen Kinder mit sonderpädagogischem Förderbedarf besser? Ein Vergleich schulischer Kompetenzen zwischen Regel- und Förderschulen in der Primarstufe«, *Kölner Zeitschrift für Soziologie und Sozialpsychologie* 66 (2014), S. 181.

12 Katrin Hummel, »Illusion mit der Inklusion«, *Frankfurter Allgemeine Sonntagszeitung*, 27.5.2014, http://www.faz.net/aktuell/gesellschaft/inklusion-die-grosse-illusion-12956330.html (zuletzt abgerufen am 11.6.2018).

13 Leserbriefe zu: »Illusion mit der Inklusion«.

14 Ute Kirch, »AfD vergleicht Förderschüler mit ansteckenden Patienten«, *Saarbrucker Zeitung*, 19.4.2018, https://www.saarbruecker-zeitung.de/saarland/saarland/afd-vergleicht-foerderschueler-mit-ansteckenden-patienten_aid-17434503 (zuletzt abgerufen am 24.6.2018).

15 Michael Felten, »Frei nach dem Prinzip Banane«, *Spiegel Online*, 17.4.2018, http://www.spiegel.de/lebenundlernen/schule/bremen-kommentar-zur-klage-einer-schulleiterin-gegen-inklusion-a-1203210.html (zuletzt abgerufen am 11.6.2018).

16 Im Gespräch mit dem Autor, August 2014.

17 »Es gibt zu viel Angst vor dem ersten Schritt«, *Spiegel Online*, 13.1.2014, http://www.spiegel.de/lebenundlernen/schule/loehrmann-ueber-inklusion-behinderter-kinder-und-reden-auf-gedenktage-a-942648.html (zuletzt abgerufen am 11.6.2018).

18 Im Gespräch mit dem Autor, Dezember 2013.

19 Im Gespräch mit dem Autor, Mai 2018.

20 Lena Greiner, »Kinder, das wird teuer«, *Spiegel Online*, 12.2.2014, http://www.spiegel.de/lebenundlernen/schule/inklusion-nrw-streitet-um-integration-behinderter-kinder-a-952634.html (zuletzt abgerufen am 11.6.2018).

21 Bastian Behrens, »Ein weiteres Stück aus dem Inklusionstollhaus«, *Junge Freiheit*, 10.4.2018, https://jungefreiheit.de/debatte/kommentar/2018/ein-weiteres-stueck-aus-dem-inklusionstollhaus-bremer-bildungsideologen/ (zuletzt abgerufen am 11.6.2018).

22 »Henri sollte für sein und das Wohl aller nicht auf das Gymnasium gehen«, Petition an Kultusminister Andreas Stoch, Baden-Württemberg, https://www.change.org/p/herr-stoch-henri-sollte-für-sein-und-das-wohl-aller-nicht-auf-das-gymnasium-gehen (zuletzt abgerufen am 11.6.2018).

23 »Erhalten Sie das Gymnasium als Schule mit zielgleicher Inklusion«, Petition an Kultusminister Andreas Stoch, Baden-Württemberg, https://www.change.org/p/erhalten-sie-das-gymnasium-als-schule-mit-zielgleicher-inklusion (zuletzt abgerufen am 11.6.2018).

7 Der Roboter lehrt und lenkt

1 Im Gespräch mit dem Autor, Juli 2018.

2 Manfred Spitzer, *Digitale Demenz. Wie wir uns und unsere Kinder um den Verstand bringen*, München 2014

3 Manfred Spitzer, *Cyberkrank! Wie das digitalisierte Leben unsere Gesundheit ruiniert*, München 2015.

4 Im Gespräch mit dem Autor, Oktober 2014.

5 Christian Füller, »Das ist eine Lawine, die auf uns zurollt«, *der freitag*, 25/2016, https://www.freitag.de/autoren/christian-fueller/das-ist-eine-lawine-die-auf-uns-zurollt (zuletzt abgerufen am 11.6.2018).

6 »Spielebranche ignoriert Suchtgefahr«, *Ärzte Zeitung online*, 28.8.2017, https://www.aerztezeitung.de/politik_gesellschaft/article/941883/drogenbeauftragte-spielebranche-ignoriert-suchtgefahr.html (zuletzt abgerufen am 11.6.2018).

7 Jörg Dräger, »Der gläserne Lerner – Wie wir Bildungsdaten nutzen und schützen müssen«, *Blog Digitalisierung der Bildung der Bertelsmann Stiftung*, 16.2.2016, https://www.digitalisierung-bildung.de/2016/02/16/der-glaeserne-lerner-wie-wir-bildungsdaten-nutzen-und-schuetzen-muessen/ (zuletzt abgerufen am 11.6.2018).

8 MiKADO-Studie »Missbrauch von Kindern: Aetiologie, Dunkelfeld, Opfer«. Forschungsprojekt gefördert durch das Bundesministerium für Familie, Senioren, Frauen und Jugend, 2015, http://www.mikado-studie.de/index.php/101.htm#Online (zuletzt abgerufen am 11.6.2018). Vgl. u. a.: Schulz, A., Bergen, E., Schuhmann, P., Hoyer, J., & Santtila, P., »Online Sexual Solicitation of Minors: How Often and Between Whom Does It Occur?«, *Journal of Research in Crime and Delinquency*, 6 (2015), S. 1–24.

9 Innocence in Danger (Hg.), *Was Sie heute über Kinderschutz im Internet wissen sollten*, 2018, https://www.innocenceindanger.de/faqneu/ (zuletzt abgerufen am 11.6.2018).

10 Sandra Basan und Miriam Hollstein, »Besser weniger Hausaufgaben?«, *Bild am Sonntag*, 1.5.2018, https://www.bild.de/politik/inland/schulreform/sind-hausaufgaben-qual-oder-qualitaet-55541508.bild.html (zuletzt abgerufen am 11.6.2018).

11 Patrick Beuth, »Dieser Computer kann unser Schulsystem revolutionieren«, *Zeit Online*, 11.10.2016, https://www.zeit.de/digital/internet/2016-10/calliope-mikrocontroller-grundschule-dritte-klasse (zuletzt abgerufen am 11.6.2018).

12 Thomas Irion, »Digitale Mündigkeit beginnt in der Grundschule!«, Stellungnahme des Grundschulverbands zum »DigitalPakt Schule« und zum KMK-Beschluss »Bildung in der digitalen Welt«, April 2018, S. 2, https://grundschulverband.de/wp-content/uploads/2018/04/180424-Stellungnahme-GSV-DigitalPakt-Schule.pdf (zuletzt abgerufen am 11.6.2018).

13 Thomas Irion, »Wozu digitale Medien in der Grundschule?«, *Grundschule aktuell*, 142, Mai 2018, S. 5, https://grundschulverband.de/wp-content/uploads/2018/04/Artikel-Wozu-digitale-Medien-in-der-Grundschule.pdf (zuletzt abgerufen am 11.6.2018).

14 Konferenz Bildung Digitalisierung 2017, Keynote Dr. Jörg Dräger, https://youtu.be/MW3vGjyqooo (zuletzt abgerufen am 11.6.2018).

8 Eine Schule, die über die digitale Welt nachdenkt

1 Name geändert.

2 Auf Anfrage per Mail an den Autor, Januar 2016.

3 Pressekonferenz »Bildungsreformen vor der Herausforderung durch die Flüchtlingsströme«, 1.10.2015.

4 Georg Picht, *Die deutsche Bildungskatastrophe*, Olten 1964.

5 Ralf Dahrendorf, *Bildung ist Bürgerrecht. Plädoyer für eine aktive Bildungspolitik*, Hamburg 1968.

6 Julian Nida-Rümelin, *Der Akademisierungswahn. Zur Krise beruflicher und akademischer Bildung*, Hamburg 2014.

7 Im Gespräch mit dem Autor, März 2018.

8 Siehe u. a. Franz Nestler, »Wie ein Tweet eine Bildungsdebatte auslösen konnte«, *FAZ*, 16.1.2015, http://www.faz.net/aktuell/wirtschaft/netzwirtschaft/

naina-debatte-wie-ein-tweet-eine-bildungsdebatte-ausloesen-konnte-13372015.html. (zuletzt abgerufen am 11.6.2018).

9   Im Gespräch mit dem Autor, Februar 2018.

10 Wilhelm von Humboldt, »Theorie der Bildung des Menschen«, *Werke in fünf Bänden, Bd. I Schriften zur Anthropologie und Geschichte*, Stuttgart 1995, S. 237.

11 Wilhelm von Humboldt, *Ideen zu einem Versuch, die Grenzen der Wirksamkeit des Staats zu bestimmen*, Stuttgart 1995, Kapitel 3 [Projekt Gutenberg-DE] http://gutenberg.spiegel.de/buch/ideen-zu-einem-versuch-die-grenzen-der-wirksamkeit-des-staats-zu-bestimmen-2640/3 (zuletzt abgerufen am 11.6.2018).

LITERATURVERZEICHNIS

Erik Albrecht und Klaus Hurrelmann, »Ausbildung, Beruf, Karriere: wie ›tickt‹ die neue Generation? Die kühnen Vorstellungen der Generation Y«, in: Christine Henry-Huthmacher und Elisabeth Hoffmann (Hg.), *Duale Ausbildung 2020. 19 Fragen & 19 Antworten*, Bonn 2016

Amtsblatt des Reichsministeriums für Wissenschaft, Erziehung und Volksbildung und der Unterrichtsverwaltungen der Länder (Hg.), »Allgemeine Anordnung über die Hilfsschulen in Preußen«, *Deutsche Wissenschaft, Erziehung und Volksbildung*, 4/1938, S. 232–234, http://www.digizeitschriften.de/dms/resolveppn/?PID=ZD-B991084217_0004|LOG_0325

Autorengruppe Bildungsberichterstattung, *Bildung in Deutschland 2016*, Bielefeld 2016

Autorengruppe Bildungsberichterstattung, *Bildung in Deutschland 2018*, Bielefeld 2018

Uli Bachmeier, »Wie alles begann und wohin es führte«, *Augsburger Allgemeine*, 22.2.2017, https://www.augsburger-allgemeine.de/augsburg/Wie-alles-begann-und-wohin-es-fuehrte-id40656871.html

Sandra Basan und Miriam Hollstein, »Besser weniger Hausaufgaben?«, *Bild am Sonntag*, 1.5.2018, https://www.bild.de/politik/inland/schulreform/sind-hausaufgaben-qual-oder-qualitaet-55541508.bild.html

Jürgen Baumert, Petra Stanat, Rainer Watermann, »Schulstruktur und die Entstehung differenzieller Lern- und Entwicklungsmilieus«. in: Jürgen Baumert u. a., *Herkunftsbedingte Disparitäten im Bildungswesen. Differenzielle Bildungsprozesse und Probleme der Verteilungsgerechtigkeit*, Wiesbaden 2006, S. 95–188

Reinhold Beckmann und Doris Schröder-Köpf. »Diese Turbo-Schule ist ... Quatsch«, *Stern*, 2.3.2008, https://www.stern.de/politik/deutschland/schulen-diese-turbo-schule-ist-quatsch-3082328.html

Patrick Beuth, »Dieser Computer kann unser Schulsystem revolutionieren«, *Zeit Online*, 11.10.2016, https://www.zeit.de/digital/internet/2016-10/calliope-mikrocontroller-grundschule-dritte-klasse

Roland Bloch u. a., *Wer lehrt warum? Strukturen und Akteure der akademischen Lehre an deutschen Hochschulen*, Leipzig 2014

Werner Brill, *Pädagogik der Abgrenzung. Die Implementierung der Rassenhygiene im Nationalsozialismus durch die Sonderpädagogik*, Bad Heilbrunn 2011

Maria-Anna Schulze Brüning und Stephan Claus, *Wer nicht schreibt, bleibt dumm. Warum unsere Kinder ohne Handschrift das Denken verlernen*, München 2017

Heinz Bude, *Bildungspanik. Was unsere Gesellschaft spaltet*, München 2011

Kai S. Cortina u.a. (Hg.), *Das Bildungswesen in der Bundesrepublik Deutschland. Strukturen und Entwicklungen im Überblick*, Reinbek 2008

Ralf Dahrendorf, *Bildung ist Bürgerrecht. Plädoyer für eine aktive Bildungspolitik*, Hamburg 1968

Deutsches Pisa-Konsortium (Hg.), *Pisa 2000. Ein differenzierter Blick auf die Länder der Bundesrepublik Deutschland*, Opladen 2003.

»Der Brandbrief. Dokumentation des Hilferufs aus der Rütli-Schule«, *Der Tagesspiegel*, 30.3.2006, https://www.tagesspiegel.de/berlin/dokumentation-der-brandbrief/698218.html

Friedrich Adolph Wilhelm Diesterweg, *Volksbildung und allgemeine Menschenbildung: Ausgewählte bildungspolitische, sozialpolitische und pädagogische Schriften und Reden in 2 Bänden*, Bd. II, Frankfurt am Main 1989

Friedrich Adolph Wilhelm Diesterweg, *Sämtliche Werke*, II. Abteilung, Bd. 24: *Briefe, Amtliche Schreiben und Lebensdokumente aus den Jahren 1832 bis 1847*, Svenja Schütze (Hg.), Berlin 2014

Kirsten Ehrhardt, *Henri. Ein kleiner Junge verändert die Welt*, München 2015

Michael Felten, »Frei nach dem Prinzip Banane«, *Spiegel Online*, 17.4.2018, http://www.spiegel.de/lebenundlernen/schule/bremen-kommentar-zur-klage-einer-schulleiterin-gegen-inklusion-a-1203210.html

Ludwig von Friedeburg, *Bildungsreform in Deutschland. Geschichte und gesellschaftlicher Widerspruch*, Frankfurt 1989

Friedrich II., »Kabinets-Schreiben an den Stats-Minister von Zeydlitz«, 5. September 1779, in: Jürgen Bona Meyer, *Friedrichs des Großen Pädagogische Schriften und Äußerungen*, Langensalza 1885, S. 170.

Christian Füller, »Das ist eine Lawine, die auf uns zurollt«, Interview mit Prof. Matthias Brand, *der freitag*, 25/2016, https://www.freitag.de/autoren/christian-fueller/das-ist-eine-lawine-die-auf-uns-zurollt

Christian Füller, »Die Handschrift soll Gedanken fliegen lassen«, *Frankfurter Allgemeine Sonntagszeitung*, 11.5.2014, http://www.faz.net/aktuell/politik/cornelia-funke-die-handschrift-soll-gedanken-fliegen-lassen-12933060.html

Christian Füller, *Die gute Schule. Wo unsere Kinder gerne lernen*, München 2009

Christian Füller, »Digitale Hochschul-Revolution«, *DSW-Journal* 3/2016

Christian Füller, »Privates Engagement für Schüler? Nicht in Kreuzberg!«, *Welt am Sonntag*, 24.5.2016, https://www.welt.de/politik/deutschland/article155639819/Privates-Engagement-fuer-Schueler-Nicht-in-Kreuzberg.html

Christian Füller, »Rektor soll Abitur-Noten geschönt haben«, *Spiegel Online*, 17.7.2013 http://www.spiegel.de/lebenundlernen/schule/coburger-schuldirektor-soll-abi-noten-nach-oben-korrigiert-haben-a-911334.html

Christian Füller, *Schlaue Kinder, schlechte Schulen. Wie unfähige Politiker unser Bildungssystem ruinieren – und warum es trotzdem gute Schulen gibt*, München 2008

Christian Füller, *Sündenfall. Wie die Reformschule ihre Ideale missbrauchte*, Köln 2011

Manfred Fuhrmann, *Der europäische Bildungskanon des bürgerlichen Zeitalters*, Frankfurt am Main 1999

Eckhard Glöckner, *Zur preußischen Schulreform im Zeitalter des Imperialismus*, Dissertation Johann-Wolfgang-Goethe-Universität, 1974

Lena Greiner, »Kinder, das wird teuer«, *Spiegel Online*, 12.2.2014, http://www.spiegel.de/lebenundlernen/schule/inklusion-nrw-streitet-um-integration-behinderter-kinder-a-952634.html

Manuel J. Hartung, »Die Eltern verhalten sich postfaktisch«, *Die Zeit*, 3.5.2017, https://www.zeit.de/2017/19/g9-rueckkehr-olaf-koeller-abitur-mythen

Matthias Hofmann, *Geschichte und Gegenwart Freier Alternativschulen*, Ulm 2013

Wilhelm von Humboldt, *Ideen zu einem Versuch, die Grenzen der Wirksamkeit des Staats zu bestimmen*, Stuttgart 1995

Wilhelm von Humboldt, »Theorie der Bildung des Menschen«, in: *Werke in fünf Bänden*, Bd. I: *Schriften zur Anthropologie und Geschichte*, Stuttgart 1995

Katrin Hummel, »Illusion mit der Inklusion«, *Frankfurter Allgemeine Sonntagszeitung*, 27.5.2014, http://www.faz.net/aktuell/gesellschaft/inklusion-die-grosse-illusion-12956330.html

Christiane Henry-Huthmacher u. a. (Hg.), *Eltern unter Druck. Selbstverständnisse, Befindlichkeiten und Bedürfnisse von Eltern in verschiedenen Lebenswelten*, Stuttgart 2008

Christiane Henry-Huthmacher u. a. (Hg.), *Eltern – Lehrer – Schulerfolg. Wahrnehmungen und Erfahrungen im Schulalltag von Eltern und Lehrern*, Stuttgart 2013

Thomas Irion, »Wozu digitale Medien in der Grundschule?«, *Grundschule aktuell*, 142, Mai 2018

Christel Jungmann, *Die Gemeinschaftsschule. Konzept und Erfolg eines neuen Schulmodells*, Münster 2008

Herwart Kemper, *Schule und bürgerliche Gesellschaft. Zur Theorie und Geschichte der Schulreform von der Aufklärung bis zur Gegenwart*, Rudolstadt u. Jena 1999

Eckhard Klieme (Hg.), *Pisa 2009. Bilanz nach einem Jahrzehnt*, Münster 2010

Anna Lehmann und Christian Füller, »Die Bildungsbaustelle«, *die tageszeitung*, 24.9.2011, http://www.taz.de/!238909/

Harald Martenstein, »Experimente am lernenden Objekt«, *Der Tagesspiegel*, 10.1.2010, https://www.tagesspiegel.de/meinung/bildungspolitik-experimente-am-lernenden-objekt/1622298.html

Marco Maurer, *Du bleibst, was du bist. Warum bei uns immer noch die soziale Herkunft entscheidet*, München 2015

MiKADO-Studie »Missbrauch von Kindern: Aetiologie, Dunkelfeld, Opfer«. Forschungsprojekt, gefördert durch das Bundesministerium für Familie, Senioren, Frauen und Jugend, 2015, http://www.mikado-studie.de/index.php/101.htm#Online

Damian Miller und Jürgen Oelkers (Hg.), *Reformpädagogik nach der Odenwaldschule – Wie weiter?*, Weinheim und Basel 2014

OECD (Hg.), *Knowledge and Skills for Life. First Results from Pisa 2000*, Paris 2001

Oliver Nachtwey, *Die Abstiegsgesellschaft. Über das Aufbegehren in der regressiven Moderne*, Berlin 2016

Julian Nida-Rümelin, *Der Akademisierungswahn. Zur Krise beruflicher und akademischer Bildung*, Hamburg 2014.

Sabine am Orde und Christian Füller, »Quittung für geringen Einsatz«, Interview mit Andreas Schleicher, *die tageszeitung*, 25.6.2002, http://www.taz.de/!1103005/

Friedrich Paulsen, *Die deutschen Universitäten und das Universitätsstudium*, Berlin 1902

Georg Picht, *Die deutsche Bildungskatastrophe*, Olten 1964

Pisa-Konsortium Deutschland (Hg.), *Pisa 2003. Der zweite Vergleich der Länder in Deutschland – Was wissen und können Jugendliche?*, Münster u. a. 2005

Pisa-Konsortium Deutschland (Hg.), *Pisa 2006 in Deutschland. Die Kompetenzen der Jugendlichen im dritten Ländervergleich*, Münster u. a. 2008

»PISA-Sonderauswertung zum Schulerfolg sozial benachteiligter Schülerinnen und Schüler: Durch ein geordnetes Lernumfeld können die sozial schwächsten zu den leistungsstärksten gehören«, Pressemitteilung der OECD vom 29.1.2018, http://www.oecd.org/berlin/presse/pisa-sonderauswertung-resilienz-29012018.htm

Jürgen Rekus, Dieter Hinz, Volker Ladenthin, *Die Hauptschule. Alltag, Reform, Geschichte, Theorie*, Weinheim und München 1998

Fritz K. Ringer, *Die Gelehrten. Der Niedergang der deutschen Mandarine 1890–1933*, Stuttgart 1983

Ernst Rösner, *Die Einführung von Gemeinschaftsschulen in Schleswig-Holstein. Veränderungen der Schulstruktur als Konsequenz demografischer und gesellschaftlicher Entwicklungen*, Münster 2008

Ernst Rösner, *Hauptschule am Ende. Ein Nachruf*, Münster 2007

Gundel Schümer u. a., *Die Institution Schule und die Lebenswelt der Schüler. Vertiefende Analysen der Pisa-2000-Daten zum Kontext von Schülerleistungen*, Wiesbaden 2004

Schule, und dann? Herausforderungen bei der Berufsorientierung von Schülern in Deutschland. Eine Studie des Instituts für Demoskopie Allensbach im Auftrag der Vodafone Stiftung Deutschland, Düsseldorf 2014, https://www.vodafone-stiftung.de/uploads/tx_newsjson/Schule_und_dann.pdf

Lothar Schweim (Bearb.), *Schulreform in Preußen 1809–1819*, Weinheim 1966

Gustav Seibt, »Ende einer Lebensform«, *Süddeutsche Zeitung*, 17.5.2010, http://www.sueddeutsche.de/karriere/bachelor-und-masterstudiengaenge-ende-einer-lebensform-1.553485

Heike Solga, »Die Zurückgelassenen – Die soziale Verarmung der Lernumwelt von Hauptschülerinnen und Hauptschülern«, in: Rolf Becker und Wolfgang Laudenbach (Hg.), *Bildung als Privileg. Erklärungen und Befunde zu den Ursachen der Bildungsungleichheit*, Wiesbaden 2004, S. 221–251.

Martin Spiewak, »Förderung? Unterforderung!«, *Die Zeit*, 8.5.2014, https://www.zeit.de/2014/20/sonderschulen-inklusion

Manfred Spitzer, *Digitale Demenz. Wie wir uns und unsere Kinder um den Verstand bringen*, München 2014

Manfred Spitzer, *Cyberkrank! Wie das digitalisierte Leben unsere Gesundheit ruiniert*, München 2015

Karl Stöcker, *Volksschuleigene Bildungsarbeit. Theorie und Praxis einer volkstümlichen Bildung*, München 1957

Stötzner, Heinrich Ernst, »Schule für schwachbefähigte Kinder«, in: Sieglind Ellger-Rüttgardt (Hg.), *Lernbehindertenpädagogik*, Weinheim 2003

Statistisches Bundesamt, *Bildung und Kultur. Private Schulen*, Fachserie 11, Reihe 1.1, verschiedene Ausgaben

Statistisches Bundesamt, »Schulentlassene_Bund_1948_1999«

Statistisches Bundesamt, »Zeitreihe Schülerinnen 1950/1960/1970«

Ulrich Trautwein u. a., »Konsequenzen der G8-Reform. Eine Studie über Leistungen, Wohlbefinden und Freizeitverhalten von Schülerinnen und Schülern vor und nach der G8-Reform in Baden-Württemberg«, Tübingen, April 2014, https://www.uni-tuebingen.de/index.php?eID=tx_secu-redownloads&p=41105&u=0&g=0&t=152

8821704&hash=d650b781f1fe60f9e29c5bc-6ded7c329dc639f28&file=/uploads/media/Studie_Konsequenzen_der_G8-Reform.pdf

Julia von Weiler, *Im Netz. Kinder vor sexueller Gewalt schützen*, Freiburg 2014

Hans Wocken und Carola Gröhlich, »Kompetenzen von Schülerinnen und Schülern an Hamburger Förderschulen«, in: Wilfried Bos u. a. (Hg.), *KESS 7 – Kompetenzen und Einstellungen von Schülerinnen und Schülern an Hamburger Schulen zu Beginn der Jahrgangsstufe 7* (*HANSE* – Hamburger Schriften zur Qualität im Bildungswesen, Bd. 5), Münster 2009

Zwischen Ehrgeiz und Überforderung. Bildungsambitionen und Erziehungsziele von Eltern in Deutschland. Eine Studie des Instituts für Demoskopie Allensbach im Auftrag der Vodafone Stiftung Deutschland, Düsseldorf 2011, https://www.vodafone-stiftung.de/uploads/tx_newsjson/zwischen_ehrgeiz_und_ueberforderung.pdf

© Duden 2018   D C B A
Bibliographisches Institut GmbH, Mecklenburgische Straße 53, 14197 Berlin

Redaktion Dr. Ludger Ikas
Herstellung Ursula Fürst
Layout und Satz Schimmelpenninck Gestaltung, Berlin
Umschlaggestaltung Schimmelpenninck Gestaltung, Berlin; 2issue, München
Umschlagabbildungen © Shutterstock/Reljic Aleksandra (Stift)
Druck und Bindung Beltz Bad Langensalza GmbH
Am Fliegerhorst 8, 99947 Bad Langensalza
Printed in Germany

ISBN 978-3-411-74222-6
Auch als E-Book erhältlich unter: ISBN 978-3-411-91270-4
www.duden.de